萝北县革命老区发展史

萝北县老区建设促进会　编

黑龙江教育出版社

图书在版编目（CIP）数据

萝北县革命老区发展史 / 萝北县老区建设促进会编
. -- 哈尔滨 : 黑龙江教育出版社, 2021.5
ISBN 978-7-5709-2218-5

Ⅰ. ①萝… Ⅱ. ①萝… Ⅲ. ①萝北县－地方史 Ⅳ.
①K293.54

中国版本图书馆CIP数据核字(2021)第078452号

顾　　问　于万岭
丛书主编　杜吉明
副 主 编　白亚光　张利国　李树明　李　勃

萝北县革命老区发展史
Luobeixian Geming Laoqu Fazhanshi
萝北县老区建设促进会　编

责任编辑　高　璐
封面设计　朱建明
责任校对　杨　彬
出版发行　黑龙江教育出版社
地　　址　哈尔滨市道里区群力第六大道1305号
印　　刷　哈尔滨博奇印刷有限公司
开　　本　787毫米×1092毫米　1/16
印　　张　17.75
字　　数　210千
版　　次　2021年5月第1版
印　　次　2021年5月第1次印刷

书　　号　ISBN 978-7-5709-2218-5　　定　　价　38.00元

黑龙江教育出版社网址：www.hljep.com.cn
如需订购图书，请与我社发行中心联系。联系电话：0451-82533097　82534665
如有印装质量问题，影响阅读，请与我公司联系调换。联系电话：0451-51789011
如发现盗版图书，请向我社举报。举报电话：0451-82533087

《萝北县革命老区发展史》编纂领导小组

组　　长　李思勇　县委书记
　　　　　　孙　坤　县委副书记、政府县长

副 组 长　于　浩　县委副书记
　　　　　　朱全江　县委常委、政府副县长
　　　　　　吴根远　县委常委

成　　员（按姓氏笔画为序）
　　　　　　马云峰　县扶贫办主任
　　　　　　孔祥生　县老促会会长
　　　　　　史大鹏　县财政局局长
　　　　　　史本兴　县发展和改革局局长
　　　　　　李宝昌　县委办公室主任
　　　　　　祝晓建　县档案馆馆长
　　　　　　赵淑萍　县统计局局长
　　　　　　董智奇　县政府办公室主任

办公室主任　孔祥生

《萝北县革命老区发展史》编纂人员

主　编　孔祥生　祝晓建

副主编　王宏丽　赵玥红　艾　颖　李春霞

编　辑　崔树昆　孙兴隆　马思艳　李艳凤

　　　　　穆丽娜　叶春平

插　图　谭　琪

编　务　谭　琪

校　对　王志伟　郭贵东

《萝北县革命老区发展史》评审人员

主　审　于　浩

副主审　李宝昌　董智奇　王子水

编　审　焦连平　周宜生　王守芳

总 序

在举国欢庆新中国成立70周年前夕，中国老区建设促进会王健会长请我为《全国革命老区县发展史》丛书作序，作为一名在老区战斗过并得到老区人民生死相助的老兵，回首往事，心潮澎湃，感慨万千，深感义不容辞，欣然应允。

中国革命老区，是以毛泽东为代表的中国共产党人在领导人民推翻帝国主义、封建主义和官僚资本主义三座大山，争取民族独立和人民解放伟大斗争中建立的革命根据地，在这片红色的土地上，诞生了无数可歌可泣的革命英雄儿女，为后人树起了一座不朽的丰碑。她是新中国的摇篮，是党和军队的根。

在艰苦卓绝的战争年代，老区人民把自己的命运与中华民族的命运紧紧地联系在一起，与中国共产党和人民军队的命运紧紧地联系在一起，他们生死相依，患难与共。我曾亲历过战争年代，并得到过老区红哥红嫂的救助，切身感受到发生在身边的一幕幕撼天动地的革命故事，在那极其艰难的条件下，老区人民倾其所有、破家支前，不怕艰难困苦，不怕流血牺牲。“最后一碗米送去做军粮，最后一尺布送去做军装，最后一件老棉袄盖在担架上，最后一个亲骨肉送去上战场”，这是当时伟大的老区人民为建立新中国做出巨大牺牲的真实写照，它将永远镌刻在中国共产党、中国人民解放军、中华人民共和国的历史丰碑上。他们的光辉业绩永载史册，他们的革命精神必将影响一代又一代的革命新人，造就一代又一代的民族脊梁。

在社会主义革命和建设时期，革命老区和老区人民响应党的号召，面对落后的面貌、脆弱的经济、恶劣的生态环境，他们本色不变，精神不丢，自力更生，艰苦奋斗，干一行爱一行。始终坚持“革命理想高于天”，自觉做共产主义远大理想的坚定信仰者和忠实实践者，勇于向恶劣的自然环境和贫穷落后宣战，他们在各条战线上为国建功立业，用平凡的双手创造了一个又一个不平凡的奇迹，彰显了老区人的崇高精神和人格力量。

在改革开放的伟大进程中，老区人民解放思想，勇于创新，发奋图强，攻坚克难，老区的经济社会建设取得了辉煌成就。特别是在改变中国的面貌、中华民族的面貌、中国人民的面貌、中国共产党的面貌的伟大实践中发挥了至关重要的作用。老区人民既是改革开放的参与者，也是改革开放的推动者。

艰苦练意志，危难见精神。老区人民在近百年的革命战争、社会主义建设和改革开放的伟大实践中，孕育形成了伟大的老区精神：爱党信党、坚定不移的理想信念；舍生忘死、无私奉献的博大胸怀；不屈不挠、敢于胜利的英雄气概；自强不息、艰苦奋斗的顽强斗志；求真务实、开拓创新的科学态度；鱼水情深、生死相依的光荣传统。这是党和人民宝贵的精神财富、丰厚的政治资源，是凝心聚力、振奋民族精神的重要法宝，也是社会主义核心价值观的重要内容。

中国老区建设促进会怀着强烈的政治责任感和历史使命感，组织全国各地老促会人员克服困难，尽心竭力编纂《全国革命老区县发展史》丛书，记录老区的光辉历史和辉煌成就，传承红色基因，弘扬老区精神，是功在当代，利及千秋的一件大事。手捧这部丛书的部分书稿，读着书中的故事，倍感亲切，深感这部丛书具有资政、育人、存史的社会功能，有着重要的时代和历史价值。它是不忘初心、牢记使命的源头活水，是赞颂共产党、讴歌老区人民的一部精品力作，是弘扬老区精神、传承红色记忆的丰厚载体，是一项继承优秀传统文化、弘扬革命文化、发展社会主义先进文化，坚定“四个自信”的宏大文化工程。它必将成为一种文化品牌，为各界人士了解老区宣传老区支持老区提供一部有价值的研究史料。希望读者朋友们能从中了解并牢记这些为党和民族的利益不断奉献的老区人民，从中得到教益，汲取人生奋斗的精神动力。

新时代赋予新使命，新起点开启新征程。让我们更加紧密地团结在以习近平同志为核心的党中央周围，坚持以习近平新时代中国特色社会主义思想为指导，增强“四个意识”，坚定“四个自信”，做到“两个维护”，弘扬老区精神，铭记苦难辉煌。为实现“两个一百年”奋斗目标，实现中华民族伟大复兴的中国梦做出新的更大的贡献！

遲浩田

2019年4月11日

编写说明

2017年6月，中国老区建设促进会组织全国各地老促会启动编纂《全国革命老区县发展史》丛书，按照“建立中国共产党、成立中华人民共和国、推进改革开放和中国特色社会主义事业”三大里程碑的历史脉络，系统书写革命老区百年历史，深入挖掘革命老区红色文化资源，这对于充实丰富中国革命史籍宝库、在新时代传承红色基因、弘扬革命精神、强固根本，对于激励人们在新的历史条件下夺取中国特色社会主义伟大胜利，实现中华民族伟大复兴的中国梦具有重要意义。

丛书编纂以习近平新时代中国特色社会主义思想为指导，以《中国共产党历史》《中国共产党的九十年》等重要文献为基本依据，以党的领导为核心，以老区人民为主体，以老区发展为主线，体现历史进程特征，突出时代发展特色，坚持辩证唯物主义和历史唯物主义相统一、历史真实性与内容可读性相统一的原则，书写革命老区从站起来、富起来到强起来的光辉革命史、不懈奋斗史、辉煌成就史，把老区人民的伟大贡献、伟大创造、伟大成就、伟大精神充分展示出来，形成一部具有厚重历史特征和鲜明时代特色的精品力作。这是一部培根铸魂、守正创新，既为历史立言，又为时代服务，字里行间流淌着红色血脉、催生着革命激情的传世之作。丛书的编纂出版将成为讴歌党讴歌人民讴歌时代、传播红色文化、为革命老区和老区人民树碑立传的重要载体。丛书按照编年体与纪事本末体相结合、以编年体为主的编写体例确定框架结构；运用时经事纬、点面结合的方式记述史实；坚持人事结合、以事带人的原则处理人与事的关系；采取夹叙夹议、叙论结合以叙为主的方法展开内容。做到史料与史论、历史与现实、政治与学术统一，文献性、学术性、知识性相兼容。

为编纂好《全国革命老区县发展史》丛书，打造红色文化品牌，中国老区建设促进会认真组织积极协调，提出政治立场鲜明、史料真实准确、思想论述深刻、历史维度厚重、时代特色突出、编写体例规范、篇目布局合理、审读把关严格、出版制作精良的编纂出版总要求，力求达到革命史籍精品的精神高度、思想深度、知识广度、语言力度，增强丛书的权威性和社会影响力。各省（区、市）、市（州、盟）、县（市、区、旗）老促会的同志，以强烈的使命感、责任感和紧迫感，勇于担当，积极作为，认真实施，组织由老促会成员、专家学者等参加的十余万人编纂队伍。编纂工作主体责任在县，省、市组织协调、有力指导、审读把关。各方面人员以高度负责的精神和科学严谨的态度，满腔热情地投入工作，为丛书编纂出版做出了重要贡献。丛书编纂工作还得到了党和国家有关部委、地方各级党委政府及有关部门的大力支持和积极参与，社会各界也给予了热情帮助。中共中央政治局原委员、中央军委原副主席、原国务委员兼国防部长迟浩田上将，对老区人民怀有深厚感情，对革命老区建设发展十分关注，欣然为《全国革命老区县发展史》丛书作总序。

丛书由总册和1 599 部分册（每个革命老区县编纂1部分册）组成，共1 600 册。鉴于丛书所记述的史实内容多、时间跨度长和编纂时间紧，不妥之处，敬请批评指正。

中国老区建设促进会

目　录

序言

习近平总书记指出：老区和老区人民，为我们党领导的中国革命作出了重大牺牲和贡献。这些牺牲和贡献永远镌刻在中国共产党、中国人民解放军、中华人民共和国的历史丰碑上。我们要永远珍惜、永远铭记老区和老区人民的牺牲和贡献，继承和发扬老区和老区人民的光荣传统，为实现“两个一百年”奋斗目标、实现中华民族伟大复兴的中国梦而不懈奋斗。

萝北是中国共产党组织建立较早的革命老区，萝北人民有着长期的革命斗争光荣历史。早在1928年，上级委派专人到鸭蛋河建立党组织，1929年创建了萝北第一个党支部——中国共产党梧桐河支部。萝北革命老区是较早组织开展抗日活动的地区之一。“九一八”事变爆发后，萝北地区的一些地方武装在中国共产党的组织引导下，积极投身到抗击日本侵略者的斗争当中。抗日战争期间，萝北地区是东北抗日联军的主战场，抗联儿女活跃在凤翔、团结、肇兴、太平沟的山岭江河，沉重地打击了日本侵略者的嚣张气焰。萝北革命老区还是全国最早光复的地区之一。1945年8月9日，苏联红军越过黑龙江，正式向日本关东军宣战。8月10日，在苏联红军的帮助下，驱逐日本侵略者，萝北全县光复。解放战争期间，中共合江省委派干部到萝北剿匪建政，创建根据地，发动群众进行土地改革，掀起大生产运动，全力支援前线，萝北成为我党进行解放战争巩固的后方根据地，为全国解放提供了大量物资支持。

新中国成立后，萝北又走在了建设北大荒的前列，涌现出一大批英雄人物，垦荒精神在这片热土上代代相传。90年来，在中国共产党的坚强领导下，萝北人民前赴后继、顽强奋斗，谱写了一曲又一曲争取民族解放、建设美丽家园、实现人民幸福的光辉乐章。

时代是思想之母，实践是理论之源。在决胜全面建成小康社会的关键时期，我们越发需要总结历史、传承精神、开拓未来。《萝北县革命老区发展史》就是贯彻落实党的十八大精神，弘扬优良革命传统，弘扬抗联精神、北大荒精神，加强“四个自信”和精神文明、物质文明、政治文明建设，总结历史经验，传承红色经典的宗旨组织编纂的。

《萝北县革命老区发展史》运用了大量的史实，翔实地记录了中国共产党带领萝北人民革命和发展的曲折历程；生动再现了萝北革命老区人民在党的领导下抗击日本侵略者、清缴顽匪、建立人民政权的奋斗历程；真实反映了萝北人民在新中国成立后，特别是改革开放、党的十八大以来，在党的领导下，发扬自力更生、艰苦奋斗的光荣传统，奋发图强建设各项事业，改革开放谋求快速发展，精准扶贫造福于民的光辉历程。

回顾萝北革命老区的发展历程，老一辈共产党人“不忘初心、牢记使命”的革命意志；献身真理、不怕牺牲的奋斗精神；勇于担当、艰苦创业的垦荒精神，时时刻刻感染着我们，为萝北的建设和发展提供了强大的精神动力。

鉴古知今，才能继往开来；把握历史，才能把握未来。今天，在县委、县政府的坚强领导下，全县人民奋发图强、砥砺前进，为建成富强、民主、文明、和谐、美丽的社会主义现代化新萝北而努力奋斗。《萝北县革命老区发展史》让我们更加深入地了解了中国共产党带领萝北人民进行革命、建设和改革的历程，是留给萝北人民取之不竭的精神财富。我们要从中汲取历史智慧和前进动力，进一步坚定走中国特色社会主义道路的信心和决心，为加快萝北革命老区的发展，实现中华民族伟大复兴的中国梦做出更大的贡献。

概 述

有这样一个地方，只要听说就会心驰神往；有这样一个地方，只要踏入就会怦然心动；有这样一个地方，只要接触就会魂牵梦萦；这就是革命老区——萝北。

萝北县地处黑龙江省东北部、小兴安岭南麓与三江平原交汇处，黑龙江中下游，地理坐标为东经130° 01′ —131° 34′，北纬47° 12′ — 48° 21′，东北以黑龙江为界与俄罗斯阿穆尔捷特犹太自治州相望，边境线长146.5公里，西北与嘉荫县相连，西以梧桐河为界与鹤岗市、汤原县毗邻，南临桦川县，东与绥滨县接壤，是一座拥有神奇自然景观、优势产业资源和深厚文化底蕴的边境县份，在经济社会发展上特色突出、优势明显、潜力巨大。

萝北历史悠久，民族融合包容开放。早在周朝以前，居住在萝北地区的先民肃慎氏就以朝贡的形式与中原保持政治、经济联系。隋唐时期属黑水靺鞨，人们居徙无常，以渔猎为主。明朝开始在境内各满族部落设“卫”。1644年清军入关后，萝北境内生活的鄂伦春族、达斡尔族、赫哲族等民族都随军入关，萝北地区实行封禁，十室九空，村屯废弃，土地荒芜。鸦片战争后，清王朝为了增加财源摆脱困境，解除金银封禁政策，允许黄金等矿自由开采。1893年隶属漠河金矿下属之观音山金厂在太平沟成立。随着黑龙江沿岸及太平沟等地采金业的兴起，萝北地区山民、流民和俄匪等人员增多，开始了清末的繁荣时期。1906年，为加强边疆管理，“设官施治”，将绥兰海兵备道自绥化城移驻小兴安岭以东，改为兴东兵备道，道属设置在今萝北县太平沟乡兴东村，属黑龙江将军。1908年在托罗山以北设置萝北直隶厅，归兴东道管辖。1912年正式裁撤兴东道，改设萝北厅设治局。1914年，将萝北设治局改为萝北县，隶属黑龙江省黑河道。县署设在原兴东道署。东北沦陷后，隶属黑龙江省。1933年，伪县公署从兴东迁驻兆兴（今肇兴镇），属伪三江省。解放战争时期先后属合江省、松江省。1954年属黑龙江省合江专区管辖，县政府移驻万财村（今凤翔镇）。1985年1月属佳木斯市。1988年1月划归鹤岗市至今。其间，汉、回、朝鲜等多民族涌入，使萝北逐步演变成为一个标准的移民地区，多民族生活于此，团结融合开发。

萝北文化多元，开发历史独具特色。萝北的开发，起于清金先人狩猎和当地少数民族淘金。抗战时期，日本人的占领、抗联的武装斗争、苏联红军的进入，使这一地区逐步搭建起了政治、经济骨架。新中国成立初期，苏联援建、20世纪50年代转业官兵成建制进入、60年代大批知青到来，在萝北的早期建设中发挥了不可替代的作用。特殊的开发史，铸就了独具萝北特色的原住民、清金、垦荒、抗联、知青、俄犹“六大文化”体系。在深入挖掘历史文化的同时，萝北更加注重文化产业发展，着力打造了“鼓乐文化”“柴窑文化”等产业品牌。2013年萝北被评为“全国特色文化产业县”。

萝北地域广阔，经济板块构成丰富。县域总面积6 784平方公里，居住着汉、满、回、蒙、朝鲜等19个民族，总人口23万，县属面积2 167平方公里，人口8.6万。萝北下辖2乡6镇63个行政村，境内还有农垦宝泉岭管理局及所属6个国营农场、鹤北林业局及所属19个森工林场，区域经济多元，共建基础良好，县域经济发展步伐较快。

萝北土地肥沃，现代农业提档升级发展迅速。县域共有耕地354.2万亩，县属112.6万亩。在这片肥沃的黑土地上，盛产大豆、水稻、玉米三大作物，拥有25个“三品一标”产品，东北绿色大豆、水稻享誉中外，被誉为“绿色食品之乡”。农业科学技术得到广泛应用，种植业发达，综合机械化水平达到95.6%，科技成果转化率达到85%，粮食总产连年递增。

萝北资源丰富，工业支柱地位突出。在这片神奇的土地上，大自然无私地馈赠了萝北丰富的资源。林地面积48.5万公顷，草原湿地面积29万亩。矿产资源有石墨、石灰石、硅石等29种金属、非金属矿藏，储量十分丰富，尤以石墨资源优势最为明显，储量达到6.36亿吨，居亚洲首位。依托得天独厚的资源和地缘优势，萝北坚持以“建项目、壮产业、惠民生、筑和谐”为目标，实施“四轮驱动”产业发展战略，强力推进重大产业项目建设，做大做强主导产业，优化升级战略产业，培育发展新兴产业，形成了矿产资源精深加工、农副产品精深加工、商贸物流和文化旅游四大产业。近年来，萝北突出石墨核心地位，着力打造“中国石墨之都”，形成了享受省级开发区政策的专业性特色石墨产业园区。

萝北生态优越，旅游产业快速崛起。生态兴则文明兴，“环境就是民生，青山就是美丽，蓝天也是幸福”。习近平总书记说：“我们既要绿水青山，也要金山银山。宁要绿水青山，不要金山银山，而且绿水青山就是金山银山。”萝北按照绿色发展理念，像对待生命一样对待生态环境、保护生态环境，这里山川秀丽，景色优美，是“全省十大旅游集合区之一”“国家级生态示范区”。依托丰富的生态资源，萝北旅游产业突飞猛进。围绕界江游核心品牌，开发了太平沟、名山、都鲁河湿地三大红色精品景区，自然景观、人文风情交相辉映，其中太平沟、名山两个风景区已晋升为国家AAAA级风景区，都鲁河湿地晋升为国家AAA级风景区。浩瀚的大界江穿越小兴安岭的莽莽群山缔造的龙江三峡美景蔚为壮观；充满清金古风的太平沟古镇重温了晚清黄金托起的繁华梦；集聚了中、俄、犹三大民族历史与文化的名山风景区依山傍江，展示着独特的魅力；辽阔的嘟噜河湿地自然保护区仙鹤傲立、群鸟争鸣，将萝北这片神奇的土地点缀得分外美丽。随着三大景区的不断完善，形成了区域内多条精品红色旅游线路，依托口岸优势，对俄边境游不断升温，通过“中俄犹国际戏水狂欢节”“中俄界江滚冰节”“全国徒步露营大会”“中国两极冰雪汽车挑战赛”等大型节会、赛事的举办，以及红色旅游的打造，“界江之都”旅游品牌响誉全国。

萝北位置独特，对外开放稳步发展。坐落在名山镇的萝北口岸是国家一级客货口岸，年过货能力可达150万吨，可停靠5 000吨级货轮，是面向东南亚发展江海联运的黄金水道和对外开放的重要窗口，特别是随着横跨黑龙江的浮箱固冰通道、盛大进出口服务基地、在俄加工园区的建成和异地办证业务的重新恢复，口岸四季通关优势更加凸显。伴随着对俄经贸合作领域不断扩大，层次不断提升，赴俄种植养殖、房地产开发、森林和矿石采伐、兴办企业、餐饮娱乐、商品流通等合作成果丰硕，文化、教育、卫生、科技等交流日益频繁，对俄开放由一般性经贸往来向全方位、多领域、高层次合作拓展。

“盛世修史，懿年纂志。”这是中华民族传承千年的优良传统。正如习近平总书记所言：“对我们共产党人来说，中国革命历史是最好的营养剂。”地处边疆的萝北是著名的革命老区，萝北党组织有着光荣而辉煌的历史。早在1928年，党的早期革命活动家崔石泉（崔庸健）和东北早期地下党组织成员李宁先后来到萝北梧桐河境内活动，向群众宣传马列主义，促进了萝北人民的觉醒，并于1929年建立了萝北第一个党组织——中共梧桐河支部，领导萝北人民进行抗租斗争并取得胜利。

1931年“九一八”事变爆发后，萝北地区是东北抗日联军的根据地，也是抗联将士英勇杀敌的主战场。日伪统治时期，在萝北地区梧桐河的老等山、团结南段的桦树林、鹤北、太平沟山区金矿和密营里，活动着大批抗联将士，他们驱日本侵略者、保山河，“野草充饥，树皮御寒”，浴血奋战十四年，留下了光辉的事迹。他们用鲜血和生命铸就了以爱国主义为主要内容的抗联精神。

1945年东北光复后，中共合江省委派干部到萝北剿匪建政，发动群众进行土地改革，掀起大生产运动，全力支援前线，使边疆萝北成为我党解放战争巩固的后方根据地以及后勤物资、人员的供应地。

新中国成立后，为了改变“北大荒”的旧貌，萝北被国家、省列为重点建设县份，进行了有计划的大规模的经济建设，地上和地下资源得到了充分的开发和利用。全县人民为了创造美好的新生活，进行忘我劳动。

从1950年建立宝泉岭农场开始，后经北京等城市青年和山东等省移民的大力开垦，耕地面积逐渐扩大；人民子弟兵——解放军两个预备师响应党的号召，不远千里集体转业到萝北开荒戍边，创业奠基，为保障国家粮食安全，促进县域经济社会发展做出了重要贡献。

始建于1972年的鹤北林业局，经过广大森林职工艰苦奋战，于1987年正式通过国家竣工验收，成为全国唯一列入国家“六五”期间重点建设项目并按合理工期建成的大型森工企业集团，自开发建设以来累计生产木材843.28亿立方米，为国家、省、森工系统和合江林区的经济建设发展做出了巨大贡献。

萝北是一片年轻而古老的土地，萝北物华天宝，人杰地灵。历史昭示着萝北从来不缺少国家情怀、民族情怀和人民情怀，从来不缺少顽强拼搏、不畏艰险、锲而不舍的精神品质，从来不缺少自觉、果断、坚韧的执行力。诞生于萝北这片清新而神奇黑土地上的东北抗联精神、北大荒精神，必将激励一代又一代的萝北人民为祖国发展繁荣而不懈奋斗。

天行健，地势坤。中华文明生生不息，中国精神薪火相传。1978年12月18日至22日，党的十一届三中全会胜利召开，开启了我国改革开放和社会主义现代化建设历史新时期。萝北党组织团结带领全县人民解放思想，大胆创新，用自己的勤奋和智慧，将边疆萝北建设成经济发展、生态优越、文化繁荣、社会和谐、群众富裕的边陲明星县。这一令人可喜成绩的取得离不开23万萝北人民的共同奋斗，离不开党的正确领导，更离不开伟大的改革开放。

改革是波，开放为浪。改革开放是当代中国最鲜明的特色，也是当代中国共产党人最鲜明的品格。习近平总书记强调："改革开放只有进行时，没有完成时。"在如期全面建成小康社会，实现中华民族伟大复兴的进程中，萝北人民重温抗联历史，弘扬可歌可泣的东北抗联精神；寻找精神源流，定位时代的精神坐标；构建精神谱系，汇聚起推动革命老区发展的精气神。在实现中华民族伟大复兴的中国梦的进程中，萝北党组织一如既往地大力弘扬以爱国主义为核心的民族精神和以改革创新为核心的时代精神，坚守革命理想信念，坚持中国道路，放飞时代梦想，追梦圆梦、干事创业，与全县人民一道共同书写革命老区萝北发展的新时代华章。

往者可追，来者可期。2018年是中国改革开放40年。春秋正隆，岁月不惑。党的十九大描绘了中国发展的宏伟蓝图。萝北党组织“不忘初心、牢记使命”，在习近平总书记新时代中国特色社会主义思想指引下，以满足人民日益增长的美好生活需要为根本，贯彻落实省、市、县委部署，紧紧围绕“五位一体”总体布局和“四个全面”战略布局，牢固坚持“依托资源上项目、转换动能兴产业、外向求进促升级、改革创新增活力、优化环境保发展”的工作思路，以加强和改进党的全面领导为保证，以稳中求进为工作总基调，以供给侧结构性改革为主线，以高质量发展为引领，持续实施“四大战略”，着力发展“五大产业”，统筹推进稳增长、促改革、调结构、惠民生、防风险等工作，奋力开创萝北全面振兴、全方位振兴发展新局面，以优异的成绩向祖国70华诞献礼。

滔滔黑水诉说，巍巍兴安作证：在90年极不平凡的峥嵘岁月里，光荣的萝北党组织在各个不同的历史时期，从硝烟弥漫的革命战争年代，到激情燃烧的建设岁月，再到波澜壮阔的改革开放时期，始终沿着党中央指引的正确方向，肩负着全县人民的殷切期望，在白山黑水之间的萝北大地上谱写了彪炳史册的光辉篇章；展望未来，在实现“两个一百年”奋斗目标和中华民族伟大复兴的中国梦征程上，萝北党组织正深入学习、全面贯彻落实习近平总书记系列重要讲话和视察黑龙江重要讲话、重要批示精神，引导全县党员牢固树立政治意识、大局意识、核心意识、看齐意识，扎实践行“三严三实”，认真开展“两学一做”，不忘初心，筑梦思源，继续前进；坚定革命理想和革命信念，提升精气神，增长新本领，按照“一个定位、三个提升”的要求，凝心聚力，攻坚克难，在建设经济文化强县和全面建成小康社会进程中开拓奋进、再创美好未来。

第一篇★革命斗争

萝北是一个边境小县，地处边远、气候严寒、交通闭塞。1914年全县有居民1 000余户，人口近7 000人。随着太平沟金矿的不断开发，吸引了大量的内地人，聚集于各金沟，致使人员骤增，商贾如云。1921年全县辖有8个区，40多个村镇，人口增至18 462人。1927年，黑龙江省军政首脑吴俊升在梧桐河下游兴建福丰稻田公司，招募300多户朝鲜人用“火力机”（即原始的拖拉机）垦殖，种植水稻2万多亩。县知事程汝霖一面“课农劝商”，一面带头躬耕，以身示范，在大马河、鸭蛋河、都鲁河沿岸，利用水源广植水稻，喜获丰收，亩产达1.5石（合270公斤）。当时地方安谧、日臻富庶，颇有“一畦春韭熟，十里稻花香”的江南景象。

萝北地处边陲，在战略上具有重要的地位，一向为帝国主义所垂涎。早在19世纪80年代沙俄帝国就曾越界在这里进行过掠夺式采金。1928年，参加广州起义后北上东北的崔石泉（崔庸健）同志来到萝北，发展了第一批共产党员。1929年，建立了萝北第一个共产党的地方组织——梧桐河党支部，领导萝北人民同敌人展开了不屈不挠的斗争。“九一八”事变后，1932年，日军占领萝北。日本侵略者在萝北实行了野蛮的军事侵略、残酷的政治压迫、疯狂的经济掠夺、惨无人道的血醒屠杀和精神摧残。为了加强所谓的“北边震护”，严密控制抗日联军的活动，仅在1934年至1938年的短短五年间，在萝北地区对抗日联军进行了大小20多次“讨伐”。到处设立警察、特务、宪兵等反动机构，豢养了大批走狗和爪牙。警、宪、特布满萝北城乡各地，充斥各个角落，形成了一个严密的特务网络，借以刺探、监视和抓捕抗联战士和苏联情报人员。加上连年松黑两江洪水泛滥，兵匪、水害人祸天灾，萝北人民生活在水深火热之中，数以千计、万计的难民、灾民背井离乡、奔徙逃亡、流离失所，导致住家不足900户，人口不满5 000人。随着日伪政权的残酷统治，萝北全境日益萧条。原有8个镇被合并为4个村，全县仅剩下二十几个居民点，萝北呈现出“三十里地对面炕，六十里地是邻居”的一片荒凉凄惨的景象。

日军入侵萝北

哪里有压迫，哪里就有反抗，压迫愈急，反抗愈烈。日军的高压政策，殖民统治法西斯暴行，没有镇压住人民的反抗，反而激起全国人民尤其是东北人民的反抗外辱、抗日救国的斗志和决心。东北抗日联军这支由民众自发而起的零散的民间组织，发展成为由中国共产党直接领导的有组织、有纲领、有指挥的人民武装力量，并且迅速发展壮大起来。

萝北是当年抗日联军第三军、第六军、第九军、第十一军的主战场之一，这里建立过抗联密营。据史料记载，从1932年至1942年的10年间，抗联第三、六、九、十一军累计有4 500余名指战员战斗在萝北境内的江河湖汊、深山密林、平原荒野上。在萝北的抗联部队广泛地深入群众，采取各种形式向群众宣传共产党的主张，宣传抗日救国的道理，提高了人民群众的斗争觉悟，军民结下了鱼水深情。许多人冒着生命危险，不断地给部队输送粮草，保证部队的给养。一批觉醒的青年农民，志愿加入抗日联军的行列，成为光荣的抗联战士。有奋斗就会有牺牲，在历次战斗中，抗联战士血染萝北大地。经过14年艰苦卓绝的斗争，抗日战争终于以中国人民的伟大胜利和日本军国主义的彻底溃败而告终。在抗日战争那段岁月里，萝北人民在党的领导下，同仇敌忾、浴血奋战、保家卫国，形成了爱国主义、革命英雄主义、艰苦奋斗、不怕牺牲的抗联精神。如今，它已成为萝北精神的重要内核，已成为富民强县、全面建设小康社会的精神动力。

日本投降后，土匪和日伪残余势力曾一度猖獗，不甘心失败，曾两次颠覆新生的民主政权。1946年11月下旬，合江省军区副司令员张荆璞率部途经萝北，尾追刘光财匪部，全县人民积极支援前线，匪患基本肃清。1947年1月，合江军区后勤部派刘忠民率独立连到萝北建立民主政府，进行军需生产。10月，中共合江省委又派民运工作团进驻萝北县，开展反奸清算和土地改革运动。1948年7月，萝北县“土改”运动结束，随即公开组建中共萝北县委、萝北县民主政府，民运工作团撤销。到1948年，全县共有党员60名，陆续建立6个农村党支部，萝北从此走上伟大的复兴之路。

第一章　萝北党组织的建立

萝北县具有光荣的革命历史。早在土地革命时期，我党一批早期革命家就在这里开展革命活动，使这里成为全省建党最早的地区之一。1928年春，我党早期成员李宁就先后两次来到萝北鸭蛋河（今萝北凤翔镇）一带活动，发展了一批列宁主义青年团团员，建立萝北县境内的第一个团支部。随后，以团员为骨干成功地组织了一次抗租斗争，这次抗租斗争的胜利，打击了地主的威风，鼓舞了群众的斗志，对党组织的建立和发展，奠定了有利的基础。同年，受党中央的派遣，崔石泉（崔庸健）来到萝北境内开展地下活动，在这里组建学校、培养干部、发展党员，1929年11月建立起梧桐河党支部。1931年鸭蛋河（萝北县）区委建立，到1933年秋管辖4个支部，党员发展到30多名。

第一节　中共梧桐河党支部的建立

早在20世纪20年代末，曾参加过1927年广州起义的中共党员崔石泉及蔡平、李春满、金利万等人于1928年春夏之季，先后来到萝北境内的梧桐河西屯（又称福兴屯）从事革命活动。他们开始以卖零工为名深入村屯，了解群众疾苦，向群众宣传革命道理。当时居住在梧桐河东、西屯的居民大多是朝鲜族农民，这些农民都是受雇于福丰稻田公司的佃户。因为崔石泉、李春满等人也是朝鲜族，共同的遭遇、共同的语言把他们紧紧联系在一起。在他们的启迪下，梧桐河东、西两屯的农民开始认识到没有文化就意味着愚昧。在他们的倡议下，渴求文化的农民们筹集钱款与物资，在梧桐河东屯建起了罗兴小学，在梧桐河西屯建起了松东模范学校。

崔石泉（崔庸健）

崔石泉、李春满等人又以教书为公开职业，以学校为阵地开展红红火火的革命斗争活动。白天他们给少年儿童上课，晚上组织农民上夜校。在夜校里，他们积极传播1927年南方大革命和1917年苏联“十月革命”的经验，宣传朝鲜国内的反日斗争情况，揭露日本帝国主义侵略朝鲜的罪行，号召人民行动起来，组织革命团体，开展反日斗争。

1929年11月，崔石泉把在夜校学习中表现突出、政治立场坚定的裴治云、金成刚（女）介绍入党，成为萝北县境内最早的共产党员。随后建立萝北境内的第一个党支部——梧桐河党支部，崔石泉担任党支部书记，隶属于中共汤原县委领导。

党支部建立后，积极吸收先进分子入党，加强军事训练，为抗联第六军的创建、发展、壮大奠定了坚实的基础。当时的梧桐河屯已经成为汤原、萝北革命斗争的摇篮。

第二节　中共鸭蛋河区委的建立

1928年初，中共党员崔石泉、李春满、蔡平、金利万等人受党中央和满洲省委的派遣，先后来到兴山附近的七号屯、梧桐河、鸭蛋河（今凤翔镇）一带从事革命活动，发展党的组织。

1929年初，李春满再次来到萝北鸭蛋河、七马架一带活动，并在鸭蛋河附近的朝鲜屯发展了兴山和绥、萝地区最早一批中共党员，并建立了中共鸭蛋河地下党组织，宋乃振（朝鲜族）任中共鸭蛋河党支部负责人。随着革命斗争形势的不断发展，党员数量不断增加，党的组织也不断发展壮大。为了适应革命斗争形势的需要，1931年重新组建的中共汤原中心县委决定将中共鸭蛋河党支部改为中共鸭蛋河区委，成为汤原中心县委所辖的6个区委之一，周云峰担任区委书记。1932年冬，满洲省委特派员冯仲云到鸭蛋河与区委书记周云峰筹划建立鸭蛋河抗日武装力量，因意外遭到土匪的袭击而失败，周云峰因暴露了身份被迫转移到汤原县，区委书记由家住在七马架的中共党员李凤林接任。李凤林接任区委书记后，广泛深入群众，宣传党的纲领和党领导的抗日斗争形势，不断吸收先进分子入党，使党组织不断发展壮大。到1933年秋天，鸭蛋河区委已建立了4个党支部，党员发展到30多人。

1934年春，李凤林为了配合汤原游击队缴获鸭蛋河自卫团的枪支而暴露身份，与已暴露的党员先后转移到汤原县太平川等地。至此，中共鸭蛋河区委自然解体，鸭蛋河地区的革命活动处于低潮。

第二章 萝北的抗日战争

“九一八”事变后，日本的暴行激起了全国人民的抗日怒潮。在萝北，一批批不甘心被奴役、不甘心做亡国奴的农民、爱国志士、渔民猎户、金矿工人在极其残酷的斗争环境中拿起武器，纷纷走上抗日战场。为驱逐日本侵略军，光复中华，抗日武装力量风起云涌，萝北县域到处举起了抗日义旗。

最早活动在萝北的抗日武装力量——陆军第三旅第五团（老五团）就在这里竖起了反满抗日的旗帜。刘斌率领老五团驻萝北期间，先后将几股土匪收编，壮大了抗日队伍。1932年11月，日军司令官小滨中佐带领日本侵略军1 200余人入侵萝北，胁迫老五团改编受降。迫于日军紧逼和求助苏联无果，老五团自行溃散。

1933年，日军在军事上全面占领了萝北全境。基于民族大义，老五团一部分下级军官及士兵自动组织抗日义勇军，当年报有“名号”的义勇军有：“中侠”“助国”“阎王”等。为保家卫国，他们在森林、川泽之间与敌人周旋，经常袭击日伪军并多次粉碎敌人的进攻。

由于抗日民众和义勇军各自为战，缺乏统一指挥和正确的领导，付出了沉重的代价。1933年至1935年，萝北地区抗日力量较薄弱。1936年中国共产党发表抗日主张，将包括国民党军队、义勇军及各民族抗日民众整合，团结一切可以团结的力量，形成由党直接领导的抗日联军。萝北地区的抗日武装均接受了整合，编入抗日联军第六军。当时，活动在萝北地区的抗日联军有第三军、第六军、第九军、第十一军。这四支军队在这里采取避锐击虚、灵活多变的战术，与日军进行大小战斗百余次，击毙日伪数千人，强有力地震慑了日本侵略者。1938年7月，抗联部队从萝北老等山分三批进行西征，实行战略性转移。主力部队西征后，抗联第六军五师继续留守萝北，与当地人民共同抗击侵略者。在抗击日伪的14年里，萝北人民和一江之隔的苏联都给抗联战士极大地支持与援助，为抗联部队的深入作战提供了必要条件。

1945年8月8日，苏联政府对日宣战，8月9日，从黑龙江畔五路进军萝北地区，结束了日本对萝北长达14年灭绝人性的统治，萝北人民开始在党的领导下踏入新的历史征程。

第一节　抗击日军侵略第一枪

在萝北一带，曾有一支著名的抗日武装，被当地百姓亲切地称之为“老五团”。“老五团”即黑龙江省陆军第三旅第五团，是萝北境内第一支反满抗日的部队。

1932年5月，在新任团长刘斌的带领下将团部和三营十一连经梧桐河镇入驻萝北县兴东镇，机枪连、炮连、十连、十二连驻防在萝北兆兴（今肇兴）。五团官兵均佩红袖标，上书“天良救国，誓死杀敌”八个大字，以示抗日救国决心。

1932年6月，日本侵略军进攻萝北兆兴，被五团三营击退，从而打响了萝北抗击日军的第一枪。

同年10月，刘斌得知萝北县县长廖缉熙和萝北县商会会长王自禹有叛国投敌之嫌，将廖缉熙定为“无坚定守城之心，欲与敌人议和”的罪名，将王自禹定为“筹办军需不力，意在资敌”的罪名，均抓获审问。刘斌满腔怒火地责骂二人：“抗日将士同日军浴血奋战，为国捐躯，你们这些民族败类，贪生怕死，还想去当汉奸卖国贼，罪在当诛！”随后，举枪亲手将两人处决。这一决断使驻军官兵和萝北县广大民众人心大快，士气高涨。这时的兆兴一带成为松花江北岸的抗日中心。

1932年11月，驻扎在富锦的日军司令官小宾中佐带领关东军1 200余人，再次入侵萝北县境，胁迫刘斌率领部队速到已经沦陷的黑河镇接受改编。刘斌一面命令部队坚守阵地与日军对峙，一面带人过江去与苏军商谈，准备将这支部队转移到苏联境内。苏军以“须全部缴械”为前提，同意刘斌率部队转移到苏联境内。刘斌返回兆兴镇后，立即召开全体官兵大会，动员大家过江去苏联，再经新疆辗转回到关内抗日前线。然而，部下官兵都不同意去苏联，认为去苏联接受缴械同去黑河接受改编没有什么两样，万万不可实行。刘斌迫于无奈，只好放弃带部队去苏联的打算，继续率部坚持在萝北一带同日伪军周旋，以小股部队出其不意地多次偷袭日伪据点。1932年底，刘斌带着妻室及少数亲信再次渡江去了苏联。他的离去使驻守在绥、萝地区的第五团群龙无首，失去统一指挥，开始四分五裂，老五团溃散。

出于民族大义，五团三营十连三排在排长刘振声的带领下，组建成一支抗日义勇军，打出“中侠”旗号，在萝北继续坚持抗日斗争。“中侠”队赞成和执行中国共产党提出的抗日救国纲领，同其他抗日武装联合作战，战绩突出，成为当时萝北一带著名的抗日队伍。1937年5月，被改编为抗日联军第六军五师。

老五团由于面对强敌的进攻和国民党政府不抵抗政策的影响，以及自身的弱点和历史局限性，使其抗日热情没坚持多久就自消自灭，老五团也自行瓦解不存在了。但是老五团首先奋起抗日的壮举，对振奋民族精神，推动萝北抗日救国运动起到了积极的作用。

第二节　鸭蛋河缴械

1934年2月，白雪皑皑的北国大地，在阳光照耀下闪烁着耀眼的银光。一支刚刚成立的汤原游击队在队长戴鸿宾的带领下，穿着单薄的棉衣，冒着刺骨的寒风，从格节河出发，经船房子、烟囱山，正在向鸭蛋河区委书记李凤林的家——七马架进发。

李凤林的家里，一场战斗前的谋划工作正在紧张地进行。原来戴鸿宾率初建不久、武器不足、实力不强的游击队来鸭蛋河，是准备要缴获鸭蛋河伪自卫团的枪械以武装壮大队伍，请区委协助配合。李凤林根据打入敌人内部的地下党员王居选提供的情报，和平时自己与伪自卫团团长高奎一是拜把兄弟的特殊关系，决定智取。当时的游击队全是大枪，不便伪装携带，必须有两支匣子枪，才好行动。恰在此时，抗日义勇军“阎王”队来到七马架，于是李凤林亲自出面找廉队长交涉，承诺说：“我们仗打赢了，两支匣子枪立即奉还，再由你任选两支最好的大枪，还在街里给你带一张肥票（即绑票一个人，可索重金）。”廉队长被李凤林无私的精神和必胜信心所感动，重重地与李凤林一击掌，将两支匣子枪交到李凤林手里。

1934年2月8日（农历腊月二十五）下午，李凤林和王居选各揣一支匣子枪，带领30多名扮作农民模样的游击队员去鸭蛋河赶集，李凤林还让舅父宋殿双扛了两捆麻秆以作特殊用途。部队三三两两地来到鸭蛋河街伪自卫团附近，有的蹲在墙角吸烟，有的互相唠嗑，有的在小摊旁假装买东西、讲价钱……突然，李凤林和他的舅父宋殿双从一小胡同里骂骂吵吵、撕撕打打地走出来，并吵着要到自卫团去找高团长评理，王居选装拉架的架式，三个人跌跌撞撞地就往自卫团大门里闯。正在屋里开会的伪自卫团团长高奎一听到吵闹声立即出屋制止，李凤林见高奎一迎面走来，连忙上前微笑着说："团长，真对不起，打扰你了。对了，你家嫂子要的麻秆我给你送来了。"他一边说一边给王居选使了个眼色，示意时机已到。于是两人同时撂下麻秆，迅速掏出手枪，对准高奎一大喝一声："不许动，动就毙了你！"把高奎一和其他团丁吓得目瞪口呆。与此同时，游击队员王钧、翁大成也突然拔出匕首，夺过哨兵的枪，在枪口上安上了捷克式轻机枪的防火帽，从窗外捅向屋里，高奎一束手就擒。伪兵见团长被俘，又被机枪封锁，毫无反抗。

李凤林以他的智慧和胆量，戏剧性地活捉了高奎一及前去开会的13名地方武装，没费一枪一弹缴获了敌人五十多支大枪和一支手枪，使游击队声威大震。撤离鸭蛋河时，把街里一个姓刘的恶霸地主带回七马架，交给廉队长，兑现了借枪时的承诺。此后，"阎王"队在党的争取教育下，于1936年参加抗联队伍，被编为抗联第六军四师二十九团。

第三节　支持抗联的崔村长

崔村长名字叫崔玉佩，萝北兴东人，家境贫寒，排行老大，人称崔老大。由于崔老大有吃苦耐劳的精神，又很精明能干，骗取了伪政权的信任，当上兴东村第18任村长，从此他便以公开的合法或隐蔽的"非法"的身份，积极为抗联活动提供方便。

在崔玉佩当村长的这几年里，每当秋天收庄稼的时候，他都要在自己的地里和他亲友的地里为抗联留够过冬的粮食。他们每家把三分之二的苞米拉回家去，把三分之一的苞米留在地里，用苞米秸盖上，然后派人通知抗联晚上趁夜深人静的时候，把这些贮备粮背回营地去。有时候，还要先行把新苞米晒干，碾成苞米碴子、苞米糁子或苞米面，装进结实的袋子里，派人秘密给抗联送去。抗联给他们付款，他们从来不收，还说："抗日救国，赶走日本侵略者是咱们中国人自己的事，抗联和老百姓是一家人，要什么钱啊！"

1936年，日军实行归屯并户的"集团部落"，把零星的边远的小屯都归并到一个大屯子里。目的就是要掐断抗联跟老百姓的血脉联系，使抗联成为无源之水、无本之木。同时，又对抗联实行"大围剿""大封锁""大讨伐"，妄图三年内把抗联消灭在下江地区。但是日军的阴谋是永远不能得逞的。

这年的气候不正常，冬天来得早。刚过了八月十五，就下起鹅毛大雪，由于日军的封锁，抗联战士的过冬服装成了直接威胁抗联战士生存的大问题。崔玉佩知道这个情况后，马上瞒着汉奸、特务通知村民为抗联准备棉鞋、棉裤、棉袄、棉袜。兴东村爱国村民们夜以继日地、点灯熬油地为抗联战士赶制御寒服装，只用了半个月的时间，就赶制了40套棉衣棉裤，60多双棉鞋、手套。崔玉佩以给上山赶套子的民工送棉衣、为牛马送草料的名义，多派一辆送草料的大马车，把给抗联送的衣物装在草车的底层，顺利地蒙混过日伪军、宪警的眼睛，在进山后的一个三岔路口，交到预先联系安排好的抗联接货的爬犁上，解了抗联的燃眉之急。

抗联有一个侦察队，经常化装成普通农民混进兴东村侦察敌军的部署情况，其中有4个侦察员有"良民证"，这"良民证"也是崔村长以村长的身份给办出来的，随之避免了一次又一次无谓的冲撞，保卫了抗联战士的安全。

第四节　收编“中侠”

肇兴，当年是萝北的县城。肇兴码头是个大码头，客货吞吐量都比较大。在江边长大的人都知道，在陆路交通还很不方便的时候，江上（水路）交通就成了人们出行的重要途径。从省城哈尔滨到边城黑河的客货轮，每月只能跑两次。所以每次过船，便成了当地的一道风景线。

这日，是大江封冻前的最后一趟末班船，上船的人特别多。就在这熙熙攘攘的登船旅客中，有7名特殊的旅客，他们是以王亚民班长为首的抗日义勇军“中侠”山林队队员。“中侠”山林队队长刘振声，原是老五团三营十连三排长。

这7名特殊旅客，都是“中侠”队派出的精英。他们从一名被他们搭救的商人那里得到一个消息：有一艘从黑河途经萝北（肇兴）开往哈尔滨的“东亚号”日本客货轮，也就是他们今天已经登上的这艘船，船上载着几千斤烟土和上百斤黄金。

最后一位上船的贵客是萝北县公署伪县长成友直。成友直头戴黑色礼帽，身披灰色大衣，坐在二人抬的简易坐椅式轿子上，后面跟着四人抬着颇见分量的两只桐油喷漆的木箱，在十几名大小官员的前呼后拥下，走进船舱的高级房间去。

夜晚，王亚民7人和衣而卧躺在卧铺上，没有一点睡意。国仇家恨在他们心头翻滚。

快到三间房了，船上的旅客几乎都进入了梦乡。王亚民7人开始行动，他们神不知鬼不觉地走到甲板上，以迅雷不及掩耳之势，一下子用毛巾堵住了船上两个流动岗哨的嘴，缴了他们的枪，迅速地把他俩绑在甲板边的护栏上。接着抢占了护运室，7个正在酣睡的伪警察没等醒过神来就被缴械成了囚徒。

七位大侠乘胜追击。解除了流动哨和护运室的武装后，立即冲进船长室。船长室里住着船长、伪县长及其警卫员，还有两个日本人。警卫员急忙起身保卫县长，正要举枪射击，被七侠抢先击伤其右臂，警卫员手枪落地。王铁柱、赵小刚一见到这两个日本人，两枪结束了他们的性命。其余三人则都被缴械并捆绑起来。“中侠”队员最后占领了舵楼，逼迫主舵向南靠岸。半夜时分，“东亚”号客货轮终于停靠在三间房。由刘振声大队长带领50多人的接应部队，早已等候在那里。王亚民兴冲冲地走下船来向刘振声汇报：“刘长官，我们胜利完成任务，请弟兄们上船卸货吧！”刘大队长笑呵呵地说：“弟兄们，辛苦了！我代表大家谢谢七位啦！”

这次截夺日伪货轮，把船上的烟土、黄金全部缴获，并发给每位旅客50元伪币，以扩大影响。一位七十多岁的老大爷感动得热泪盈眶地对刘振声说：“中国多出些你们这样的侠客就有救了！我那些被冤屈的亲人也就不会死了，大爷谢谢你们啦，谢谢你们。”

从此，“中侠”杀富济贫、反满抗日、杀敌报国的美誉传遍城乡，闻名遐尔。

这次义举后不久，“中侠”队抗日义勇军被编入抗日联军第六军第五师，刘振声被委任为该师师长。

第五节　袭击金矿局

为配合主力部队西征，分散敌军力量，三军采取西征东进、两线作战的战术。军长赵尚志命令驻扎在汤旺河老营的军政学校教官于保合担任留守一团政治部主任，崔春秀（朝鲜族）任团长，两人共同负责把在各密营休养已康复的伤病员集中起来，组建成留守一连。于保合亲自率领这个连到萝北一带活动，开辟游击区以牵制和打击敌人。

1937年5月，于保合与一连连长王玉生率领刚刚建立的留守一连离开老营，沿梧桐河上游进入萝北境内。部队在大山深处休整了10天后，侦察员回来报告说：“金满沟金矿伪军已经撤走，只剩下十几名伪警察看守。该矿四周筑有土围墙，除东面外，三面设有炮楼。晚上，伪军分组住在三个炮楼里，有情况时互相支援。”于保合主任得知情况后，决定袭击金满沟金矿。随后他召开支委会，研究部署作战方案。支委会决定在全连挑选30名身强力壮、富有作战经验的战士组成一个战斗小分队，由王连长带队主攻，其余人员作后续增援，由于保合亲自指挥。为了尽快消灭敌人，部队经过两天的急行，到达了金满沟金矿附近。精干的小分队按事先的部署，分成三个战斗小组。一个小组从正面发起进攻，以吸引敌人的火力。另外两个小组分别从西北面越过围墙，插入大院，形成三面夹攻之势。

半夜时分，战斗打响了，密集的枪声划破宁静的夜空，战士们从三面包围攻击敌人，经过一阵紧张的激战，打得敌人死的死、伤的伤，剩下的敌人扔下西北两个炮楼蜂拥到南炮楼里凭着工事顽抗。这时，插入院内的两个小组已占领了仓库，仓库里一片漆黑，一名战士刚进仓库就摸到软乎乎的家伙，原来是看守仓库的敌兵。这个敌兵预感不妙，提着枪就往外跑，我方战士照准黑影就是一枪，结束了他的狗命，缴获了数支崭新的俄式步骑枪。这时，王连长也摸进了仓库，他用手电筒一照，发现库内有一瓶沙金和数十袋白面，便命令战士们带走沙金，背走白面。王连长考虑这次战斗的目的已基本达到，为防止敌人增援部队的到来，他带领战士们撤离了战斗。

这次战斗，虽未能全歼敌人，但也使敌人死伤过半，大大地震慑了敌人，使他们没有回击的余地。

第六节　夜袭萝北县城

1938年2月4日（农历正月初五）夜，抗联第六军军长戴鸿宾、第三军一师师长蔡近葵率领第六军、第三军各一部共约500人，奔袭萝北县城。因天寒路远，抵达时已拂晓。马上开始进攻，一举占领敌西门派出所，击毙伪所长崔子彬，击伤警长王久全。接着进攻伪县公署，抗联战士连发38发迫击炮弹，均因受潮未爆而未攻克。蔡师长进攻南大营，遇日军顽抗，被迫后撤，与进攻伪县公署之第六军部队会为一股。戴军长命令向南大营开炮，这一炮击中日军军营，日军被炸得晕头转向。日军不知虚实，未敢妄动。此时天已大亮，抗联部队准备后撤，将仅有的一发炮弹射向苏联，其目的为通知已过江的赵尚志军长，抗联第六军已执行中共北满临时省委的决定，还可使苏方误认为日军挑衅而还击。戴鸿宾、蔡近葵率部西撤途中，见载着日本侵略军的两辆汽车向西疾驶，欲抢先占领城西4里之上街基村，对抗联部队形成东西夹击之势。抗联第六军二十八团郭团长和一名机枪射手飞速前进，抢先占领了上街基村东南炮台。此时敌前车亦已到达，车上的日军猛往下跳，妄图抢先占据有利阵地。当日军跳车时，抗联战士的机枪猛烈扫射，击毙其指挥官板坂少佐、警务局指挥官日本人岩崎以及大部分官兵，仅其中一人因跳车时皮带被车厢挂住，身体悬吊车上，方免一死。后日军继续向炮台进攻，终未得逞。战斗持续到天黑，日军不断增多，抗联部队子弹将尽，又无援军，于是戴鸿宾和蔡近葵决定，突围去苏联。在夜幕掩护之下，这支近500人的抗日队伍，离开了萝北。

日军所立石碑

战后，日本侵略者在上街基村东立一石碑。上刻“板坂少佐及十八勇士战殁之地”。这块碑，从反面提供了抗联将士英勇杀敌的物证。

第七节 高家窝棚阻击战

高家窝棚在今江滨农场西北处，是抗日战争时期萝北至绥滨的必经之路。1938年5月初，活动在萝北的抗联部队得知，近日内将有一支日伪警察部队携带家眷从双城经萝北去绥滨驻防。为了阻击这股敌人，抗联第六军一师师长马德山带领70余名战士，第五师政治部主任高玉斌带领三十九团100多名战士在抗联第六军参谋长冯治纲的指挥下，于5月5日设伏于高家窝棚东南和西面两个小山冈上，等待敌人进入伏击圈。上午9时许，日伪警察及家眷300余人，分乘数十辆马车缓缓而来。走在前面的是敌人尖兵班的12人带着警犬，当队伍走到西山岗前，警犬突然狂叫起来。于是，尖兵班跟着警犬上岗搜索，冯治纲参谋长见此立即命令部队开火，这12个尖兵班的敌人还没弄清怎么回事就全部丧命了。后面的敌人听到枪声立即散开，不顾命地占领了高家窝棚及东侧的旱河沿岸，凭借河岸这天然工事，负隅顽抗。高玉斌主任率领部队迅速绕到旱河东面，从敌人背后发起进攻。敌军腹背受击，伤亡惨重，被迫边打边往东北方向的肇兴逃去。为了不给敌人喘息机会，师长马德山率领部队冲下山冈，经过一个小时的战斗，击毙日军警尉官林安，打死打伤伪警察30余人，警察大队杨队长及下属80余人被俘，缴获手枪14支、步枪100余支、行李100多件。

在这次战斗中，马德山师长在追击敌人时，不幸被流弹击中胸部英勇牺牲。马德山牺牲后，抗联第六军的战士们以沉痛的心情将其安葬，让这位年仅27岁的抗日英雄长眠于萝北大地。

第八节　三间房遭遇战

1938年6月初，抗联第六军二师十一团政治部主任张兴德与白连山、张副指导员率领97名抗联战士，从汤原到萝北县境内黑龙江的一个江通里与敌人相遇。

这个江通里长着山槐、山杨、山丁、臭李子，再加上野藤、野葡萄缠缠绕绕，密不透风，在里面操练呐喊，烧火做饭，站在江边拿望远镜都难以发现。江通的西岸是三间房，三间房面对的公路，敌人经常行走；江通的北岸是苏联，苏联支援抗日，驻在这里，进能攻、退能守。

6月4日晚上，抗联第六军二师十一团部队进驻刘家屯筹备给养，第二天早晨五六点钟刚到三间房，就和敌人遭遇，敌人有400人，骑着战马，从西面压了过来。部队出来筹粮，作战准备不充分，但放过敌人又不甘心。在那个时候，能打击敌人，甚至能骚扰敌人，就会扩大抗联影响，使人民感到抗战力量的存在，这样，仗就不算白打。

张兴德主任当机立断，命令部队伏击敌人马队。王恩和李兴会带领一、二排埋伏在公路南北两侧，由王恩统一指挥，张主任带领其他指战员断后，王恩和战士们在榛柴窠里隐蔽好后，从榛柴缝隙中看到敌人的马队暴土扬长地已经跑进伏击圈了。王恩一声口哨，战士们一齐开火，敌人被打倒一大片，没进入伏击圈的敌人遭到突然打击后，顿时乱了阵营，人喊马叫，东奔西窜，有的被撞下马，死在马蹄子底下。敌人往西跑了四五里路，才稳住阵脚。趁敌人逃窜的时机，王恩命令战士冲到公路上，把敌人死尸上和散落在地的枪支弹药捡回来补充自己，准备迎击敌人的反扑。

敌人经过一番组织，先用迫击炮、撸杆炮开路，然后疯狂地猛扑过来。战士们利用地形躲避敌人的炮弹，但由于炮弹太密，刚泛青的柞树、榛柴一片片飞起来，有的战士躲避不及牺牲了。战友的牺牲，更激起了战士们对日军的仇恨，个个眼睛里充满血丝，拉开了拼命的架势。敌人狂轰滥炸过后，端着刺刀吱哇叫着冲了过来。有几个战士急了眼，抓起枪就要冲出去，大伙好不容易把他们按住。王恩不断提醒战士们，我们人少，子弹不足，又一宿没睡觉，不能硬拼，要瞄准了打，争取一颗子弹消灭一个敌人。战士们把复仇的怒火压进枪膛，等待敌人。敌人越来越近，王恩一声令下，战士们复仇的子弹呼啸着飞出枪膛，冲在前面的日军立刻倒下一排……敌人退了回去。就这样，战士们一直打到下午3点左右，打退了敌人三次进攻，打死敌人二三十人，加上第一次伏击打死的七八十人，共打死敌人100多人。

这时，王恩指挥的一排只剩下7个人了，大家的子弹也快打光了，王恩也只剩下7颗子弹。王恩指挥的一排和二排的部队已被敌人切割开来，通讯联络中断。王恩果断决定趁敌人退回去休整的机会，撤回江通里。在江边和二排长李兴会同志会合。

当晚，李排长和张副指导员游泳到了江通。他们继续隐蔽监视敌人，等待战士归来，等了一宿没等着。这时，撤到江通的抗联战士只剩下7个人，如果天一亮，敌人向江边进攻，就有被全歼的危险。最后，他们决定到苏联去，一方面等待其他同志，另一方面休整等待机会再返回萝北扩建队伍，继续打击敌人。

后来，在苏军的协助下，又有20多名战士退到苏联。团政治部主任张兴德身负重伤，住进苏军医院。

第九节　艰难西征路

漫天的抗日烽火，使日军胆战心惊，敌人妄图扑灭雄雄的抗日烈火。从1937年下半年起，日本关东军增派大批兵力，对抗联部队实行由南到北的分片包围，形成所谓经常性的“威力圈”，梦想实现他们“聚而歼之”的险谋。为跳出敌人的包围圈，1938年5月，北满抗日联军总政治部主任张寿篯（李兆麟）在萝北县境内的麻花林子召开在这一带活动的抗日联军第三、六、九、十一军和下江特委领导人员会议，贯彻中共北满临时省委第八次常委会关于西征的决定。这次会议决定除抗联第六军一师继续留在下江一带牵制敌人外，其余各部队分三批进行西征。

第一批西征部队于8月出发，参加部队有第六军一师、二师各一部200余人，由第六军参谋长冯治纲指挥，陈雷为代理临时党委书记。其他指挥员有二师师长张传福、二师十一团政治部主任王钧等。这支部队在途中袭击了东黄花岗伪军，夜间进入兴山镇，解决给养后便踏上了艰难的征程。8月23日，部队在汤原黑金河西沟宿营时遭日伪军袭击，张传福等8人牺牲。之后，部队在冯治纲、陈雷率领下甩开敌人追击，继续前进。由于给养被敌人截走，指战员们只得以野菜野果充饥，经过一个多月的艰难行军到达海伦，与张光迪部队会师。

第二批西征部队于9月6日从麻花林子基地出发，参加部队有从宝清开来的抗联第三军三师、四师及先期集结于萝北的抗联第六军三师、四师各一部共400余人。指挥员为第三军政治部主任金策及第六军三师代师长王明贵、第三军四师政治部代主任于保合。这支部队于9月中旬渡都鲁河冲出沼泽地之后向鹤立挺进，插入汤原老区，当地群众为部队送来了给养。随后部队继续西进，在石场沟伏击了尾追而来的汤原县伪治安队，毙敌50余人。一路上部队忍饥挨饿，披荆斩棘，于10月上旬到达海伦。第一批和第二批西征部队于10月8日在海伦会师。

第三批西征部队由李兆麟率领。在第一批和第二批西征部队出发之后，李兆麟率第六军教导队180余人于9月份在宝清、富锦一带与第六军一师政治部主任徐光海所率部队及第十一军一师师长李景荫部队会合后，北渡松花江，于1938年11月离开下江，准备翻越小兴安岭向黑嫩平原挺进。在鹤岗附近老白山北坡驻营时，为储备冬装，派部队袭击鹤岗郊区日军仓库，缴获了一些棉布、棉花，自己动手做冬装。远征部队冒着暴风雪和零下40多摄氏多度的严寒，在茫茫林海雪原中坚持行军。千难万险挡不住抗联战士为了民族解放而勇敢前进的步伐，这支远征部队终于在12月末到达海伦与前两批西征部队会师。

在硝烟弥漫的抗日烽火中，在指挥部队西征的艰苦岁月里，李兆麟将军充满革命豪情和抗日必胜的决心，在不到一年的时间里，在不同地区不同季节与战友们共同切磋编写了抗联战士的战歌——《露营之歌》。

露营之歌

（一）

铁岭绝岩，林木丛生，
暴雨狂风，荒原水畔战马鸣。
围火齐团结，普照满天红。
同志们！锐志哪怕松江晚浪生。
起来呀！果敢冲锋，逐日寇，
复东北，天破晓，光华万丈涌。

（二）

浓荫蔽天，野花弥漫，
湿云低暗，足溃汗滴气喘难。
烟火冲空起，蚊吮血透衫。
战士们！热忱踏破兴安万重山。
奋斗啊！重任在肩，突封锁，
破重围，曙光至，黑暗一扫完。

（三）

荒田遍野，白露横天，
野火晶莹，敌垒频惊马不前。
草枯金风急，霜晨火不燃。
弟兄们！镜泊瀑泉唤起午梦酣。
携手吧！共赴国难，振长缨，
缚强奴，山河变，片刻息烽烟。

（四）

朔风怒号，大雪飞扬，

征马踟蹰，冷气侵人夜难眠。

火烤胸前暖，风吹背后寒。

壮士们！精诚奋发横扫嫩江原。

伟志兮！何能消减。

全民族，各阶级，团结起，夺回我河山。

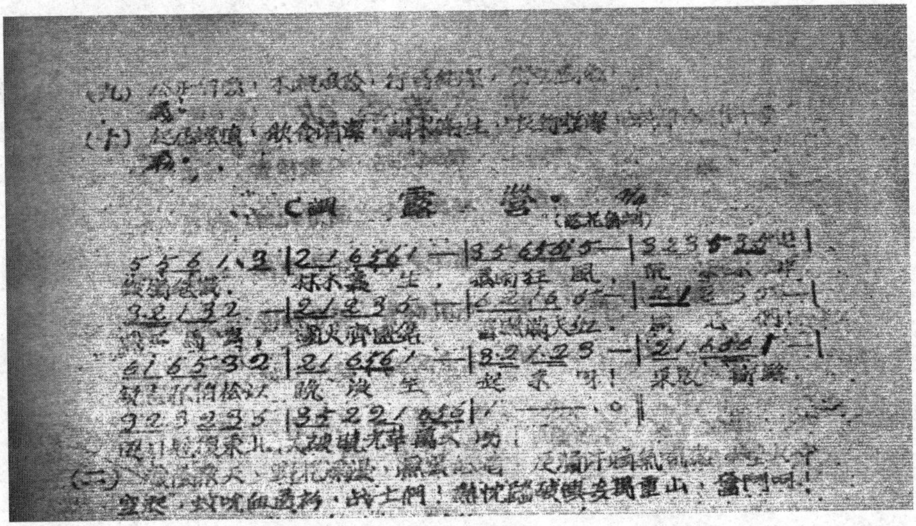

《露营之歌》的歌谱照片版

《露营之歌》的第二段歌词是1938年7月李兆麟将军在鹤岗东南、萝北县南部抗联基地指挥部队西征时编写的，表达了抗联战士不畏千难万险，突封锁，破重围，踏破兴安万重山，夺取胜利的雄心壮志。《露营之歌》成为鼓舞抗联战士英勇杀敌、坚持斗争的有力武器，是中华民族在反抗日本侵略者的战争中，永留青史、鼓舞后人的战歌。

抗联第三、六、九、十一各军，1938年8月至12月先后三批共约一千人从萝北抗联基地出发，西征海伦，历时5个月行程千余里，年末在海伦境内会师，完成了战略转移。粉碎了日伪妄图把抗联部队“围歼”在伪三江省境内的罪恶阴谋，保存了北满抗联部队的主力。部队西征时第六军五师师长刘振声率部在萝北、绥滨一带牵制敌人，掩护西征部队，同年冬在绥滨境内北渡黑龙江去苏联。西征的胜利，为开展黑嫩平原游击战争奠定了基础。

抗联主力部队西征后，仍有抗联小部队继续活动。在梧桐河下游坚持抗日活动的有刘海龙领导的第六军二十三团（原第六军三师独立营）；在宝泉岭一带坚持抗日游击活动的有陈芳钧、马克正领导的第六军四师二十九团；还有阎希保带领小部队活动于太平沟至兴东一带。他们在敌人大举进攻的险恶形势下，并没有被气势汹汹的敌人所吓倒，而是在远离中共北满临时省委和军部领导的情况下，发扬独立自主、顽强斗争的精神，经常利用有利时机主动出击敌人，破坏敌伪政权，破坏敌人的军事设施，给敌人以不时的打击。

第十节　梧桐河畔巧收粮

寒冷的冬天马上就要来了，为了解决过冬的粮食，中共萝北县委书记王永昌带领包括李敏在内的七名战士来到梧桐河北岸下江留守团的营地。

休息一天后，第二天晚上王永昌带着大家顺着梧桐河往东北方向走去，李敏和柳明玉换班扛着一挺轻机枪。走了大半夜，王永昌把大家带进了一位四十多岁老乡的家里，大家喊他王马掌，和王永昌很熟。

春天的时候，王永昌曾经给过王马掌一点钱，让他买种子种玉米，留着冬天用。王马掌种的玉米终于派上用场了。他把玉米棒子都埋在了地垄沟里，上面盖了厚厚的一层雪。大家在地垄沟里刨出玉米棒子，装了三个半袋子。王永昌掂了掂袋子说："这点东西也不够过冬啊，咱们先回去三个人，剩下的人跟我去个地方想法子再弄点粮食。”

周云峰、栾继洲背着玉米回营地了。晚上，天大黑后，老王套了一副马爬犁拉着大家上路了。马爬犁奔驰在梧桐河上，天黑漆漆的。后半夜时，大家来到了一个好像是刚刚圈起来的围子。到了这里，王永昌领大家来到看场院的老宋家，老宋家就一个老头，五十多岁了，他告诉大家现在正在打场并指点了场院的位置。大家迅速摸到了场院边上，王永昌安排李敏带着机枪在一个草垛后面站岗，他领人装粮食。夜，静悄悄的，只听到唰唰的装粮食声。这时，从南边影影绰绰地走来一个人，李敏立刻警觉地把枪端了起来。王永昌也看见了，走到那个人的面前。

日本兵查问是否有良民证。

这时，老宋也赶忙走了过来对答：“他是我地老博带（雇工），良民证有，有啊。”一边说一边掏良民证。

王永昌也假装在掏。说时迟，那时快，只见他掏出了一把三棱刺刀，“扑”地一下就刺中了那个日本兵的心口。那个日本兵“哼”了一声就倒了下去，王永昌和老宋赶忙把他拖进了草垛里。

刺死了日本兵，王永昌催促着：“赶紧装！赶紧装！”场院上的东西不多，共装了两麻袋。这时，老宋从家中又牵出了一匹马，两匹马都套在了爬犁上。

大家装上了麻袋，上了爬犁，王马掌鞭子一甩，马车飞快地驶出了场院，往前跑出不远就上了河套。两匹快马在冰面上奔跑着，天蒙蒙亮了，冰河两边的树木向后面倒去。跑着，跑着，一座大山拦住了去路，王永昌指挥大家把粮袋子藏到了河边的倒木下，并盖上雪。他说：“敌人很快就会追上来，老王和老宋，你们两个赶着马爬犁往南走，我们爬山。”老王和老宋答应着，赶着爬犁飞快地跑远了。

王永昌又和其他几个战士说："听我指挥，咱们分散爬山，小李子（李敏）、柳明玉往东奔山顶上，老朴和老杨（杨聋子）往西奔山顶，我走中间。一会儿我打第一枪后，你们再开枪，等听到我吹冲锋号时，你们就往山顶上撤，到那集合。"

这座大山，东西两侧都有树，中间是放木头的路。李敏和柳明玉穿着树空往山上爬。到了半山腰时，大家看到冰面上有几个黑点，黑点越来越多，敌人的马队果然追了上来。马队到了山脚下顺着中间放木头的路向山上爬。此时，十几岁的李敏心都跳到了嗓子眼儿。大家躲在树后面看，王永昌已经把前面的敌人放过去六七个了，突然他的枪响了，一个敌人从马上栽了下去。听到枪声，李敏的机枪也"嘎嘎嘎"地响了起来，老朴那边也打响了。

敌人的战马"咴咴"地叫着，围着那个尸体直打转，其他的战马也都在原地打转，不肯前进。冲在前面的敌人听到东西方向和正面都有枪声，也不敢再往前走。这时，王永昌的冲锋号吹响了，敌人听到号响，掉过头去，没命地向山下跑去。

五个人，三路人马在山顶集合了，站在山顶上，哈哈大笑。趁着敌人还没反应过来的时候，大家赶紧转移了。估计敌人还在附近，大家没敢回王马掌那里，直接去了炭窑，在窑洞里待了两天。看看没什么动静，第三天晚上，才又回到王马掌那里。到了第四天，老王和老宋也回来了。原来那天他俩拐个弯，回炭窑拉了一车炭，进镇子把炭都卖了。在镇子里的时候，老百姓们闹轰轰地都在传说，说赵尚志从老毛子那儿（指苏联）带着一万多人回来了，说赵尚志带着部队打了日本人的"开拓团"，打死了不少敌人。

听到这个传说，大家十分开心。问王永昌："在山上，为什么你不打前面的敌人啊？"他说："敌人的大官都在中间，我那天打死的敌人，起码也是个中队长，擒贼先擒王，把头干掉了，他们还不乱了阵脚啊。”

过了两天，王马掌套上爬犁把大家埋在倒木下的粮食拉了回来，那两麻袋里有少量的稻子，其余的都是高粱。他这里还有一盘碾子，大家在这里拉磨推碾子，把稻子和高粱都碾成了米，高高兴兴地背回了营地。

通过这次收粮食，证明了在艰苦的抗战路上，多亏了千千万万像萝北县王马掌和老宋这样的百姓，心甘情愿用身家性命对战士们进行帮助。如果没有他们，抗联战士是无法渡过一个又一个难关的。

第十一节　英雄赵尚志

在赵尚志将军10年的抗日生涯中有6年时间（1936—1942年）是在萝北度过的。在萝北荒原和北部山区的小兴安岭中参与谋划或亲自指挥过十多次漂亮的战斗，并两次从萝北过江往返于中苏两国之间，后遇叛徒的暗害牺牲于梧桐河畔。

一、两次赴苏

1938年1月，赵尚志奉中共北满临时省委委托应邀前往苏联向中共中央驻苏代表汇报抗联工作，并争取得到苏联的帮助。他带领郭录等6人小分队于萝北名山江面上踏雪入苏。一入苏境即被苏方扣押、审查，苏方矢口否认有“邀请”一事。直到1939年4月，苏方才以“误会”为由将赵尚志释放，并帮助组织了一支由抗联战士组成的110多人的队伍回东北。苏方还宣布任命赵尚志为东北抗联总司令，同时为这支队伍配备了枪支、弹药和电台。1939年6月27日晚，苏方用船在萝北太平沟村对岸把这支部队送过来。回国的第二天开始，赵尚志便接连指挥了两次战斗。一次是夜袭乌拉嘎金矿日伪警察所，一次是歼灭日本探金测量队。这两次战斗打得干净利落，缴获了极有价值的北满军用地图底稿、大批测量仪器、枪支、弹药、黄金、面粉等，使敌人惊慌失措、惶恐不安。当敌人得知这是赵尚志从苏联回国后所为，便调集了大批日伪军、警察部队和特务来到萝北县境内“围剿”、搜山，并扬言要活捉赵尚志，还曾以“一两骨头一两黄金”的天价悬赏捉拿赵尚志。他们搜山半月，一无所获。

1940年底，赵尚志再次以抗联第二路军副总指挥的身份从萝北的兴东村过江，在夜色掩护下，直奔对岸的苏境小镇萨克兹诺（中国人叫松油子屯）而去，赴苏参加了东北党组织抗联部队主要领导人组成的第二次伯力会议。1941年秋，赵尚志率领由姜立新（原抗联三军留守团团长）、张凤岐（原抗联二路军战士）等5人组成的小组携带武器、弹药秘密渡江，于萝北县境内的大马河口附近登陆回国。回国后的赵尚志一直活动在汤原、萝北一带。敌人获得这一消息后，引起极大注意。伪鹤立警务科为了消灭这支小分队，派警备队长管永昌等25人进山搜索7天毫无结果，便逐令伪鹤岗警察署扩大侦察网，加强第一线的情报工作。鹤岗警察署署长田井久二郎（警佐）、特务主任东城政雄（警尉）精心策划了暗杀赵尚志的罪恶计划。他们派梧桐河金矿局警察刘德山伪装成皮货商的身份混进萝北山区，寻找赵尚志的踪迹以进行暗杀活动。

二、血染梧桐河

1942年2月初，赵尚志带领参谋长姜立新和一名战士，在姜把头窝棚了解敌情时与刘德山相遇。由于姜立新与刘德山过去是熟人，便错误地把刘德山介绍给赵尚志。刘德山伪装出一副忠厚老实相，指天发誓，决心以抗日为本，做一个有良心的中国人，骗取了赵尚志的信任，并将其编入部队。2月8日，赵尚志又收留了为刘德山送情报的敌伪人员张景玉。当天，刘德山向赵尚志献计说："梧桐河金矿警察分驻所情况我最熟悉，只有十几支枪，晚上只设一个岗哨，垂手可得。"赵尚志信以为真，采纳了他的意见，决定袭击梧桐河金矿警察分驻所和警备队，并作了具体战斗部署，他把人员分成两组，一组袭击伪警察分驻所，一组袭击警备队。

2月12日凌晨，正是隆冬时节，天空中呼啸着凛冽的西北寒风，一会儿又下起了小清雪，雪粒打在脸上刺骨地疼痛。赵尚志率领小分队从姜把头趟子房（即打黄皮子的小窝棚）出发了。小分队两组人员相距五六十米，直奔梧桐河警察分驻所和警备队。当队伍行至距梧桐河警察分驻所北2公里的吕家菜园子草屋附近时，刘德山建议到吕家菜园小屋暖暖脚再走，赵尚志表示同意，便改道向吕家菜园小屋走去。当离吕家小屋约有30米时，刘德山谎说要解手，故意留后几步，把赵尚志、王永孝两人让到前面，他随即掏枪向赵尚志腰部射出一发罪恶的子弹，由于近在咫尺，赵尚志当即扑倒在地上，子弹从他的后腰射入，从左前腹部穿出，鲜血直流。接着刘德山又打响第二枪，将走在前面的王永孝也打倒在地。赵尚志不愧为久经沙场的老战士，当刘德山正欲逃跑时，他忍着巨痛，举枪射出愤怒的子弹，当场将刘德山击毙。走在后面的姜立新急忙赶来，将赵尚志抬进吕家菜园小屋。原来跟姜立新分在一组的张景玉听到枪声急忙逃走，到伪警察分驻所报告去了。当时吕家有4口人——吕仙龄老人、老伴、新婚的女儿吕振清、女婿孙可茂，全是老实厚道的种田人。他们见被抬进来的人，身穿日本军用呢子大衣，头发有两寸长，感到十分害怕。赵尚志半躺在炕上和蔼地对屋里人说："我们是抗联的，你们不要害怕，我们不会伤害你们的。"接着赵尚志从怀里掏出一包东西命令姜立新说："这是部队的生命，一定要带好，你们快走。"跟随赵尚志多年的姜立新万分懊悔，当初不该为刘德山说情，但一切都晚了。他坚持要抬走赵尚志，赵尚志不同意，命令姜立新立即转移，姜立新无奈，只好带着另一名战士恋恋不舍地离开了吕家菜园子。姜立新走后不久，敌人在特务长张景玉的带领下坐着马爬犁就到了，他们将吕家菜园子团团围住，接着就是一场激战。对于这场战斗，敌人曾做过这样的描述："讨伐队因积雪尺余，行动不便，遂于赵部房舍400米附近潜伏下来，监视赵部动静，在潜伏中，很快被匪团发觉，于是散开应战。为了切断赵部的退路，派分驻所所长队员迂回后方，交战经历约25分钟，匪部枪声熄灭。"赵尚志和王永孝在重伤、剧痛、昏迷中被俘虏。敌人将身负重伤的赵尚志和王永孝抬到爬犁上，拉到梧桐河警察分驻所附近一个工棚里，赵尚志的伤口流着鲜血，但他拒绝了敌人的治疗。敌人见赵尚志伤势严重，赶紧打电报给鹤岗警察署，要求连夜派车前来押解。在梧桐河警察分驻所附近工棚子里，敌人正忙着突审赵尚志，却遭到赵尚志的严厉斥责。审讯中，赵尚志同敌人进行了顽强的斗争，表现出了宁死不屈的英雄气概。12日上午9时许，赵尚志因伤势过重，流血过多，壮烈牺牲。2月14日下午3点，敌人将赵尚志的遗体从梧桐河伪警察分驻所运到鹤岗警察署后，又由鹤岗经鹤立运往佳木斯伪三江省警务厅。后来，日本关东宪兵司令部编辑的《满洲共产抗日运动概况》这样描述审讯赵尚志的情形：赵尚志受致命重伤，仅生存8小时，于此期间，对审讯之满人警察官称："我是赵尚志。""你们和我们不同样是中国人吗？你们却成为卖国贼，该杀！我死不足惜，今将逝去，还有何可问？"除发泄等语言之外，缄口不言，一直藐视审讯官，置刀枪痛苦于不顾，显示无愧于匪中魁首之尊严，而终于牺牲。赵尚志显示出的尊严，是他作为威震敌胆的抗日将领的尊严，是不甘屈服于帝国主义的伟大中华民族的尊严。

民族英雄赵尚志大义凛然，视死如归，与敌人战斗到最后一息，时年34岁。

第十二节　最后的炮声

1945年8月8日，苏联政府对日宣战。8月9日凌晨1时，苏军开始向驻扎在中国东北地区的关东军发起攻击。黑龙江地区是苏军对日作战的主要战区。

苏后贝加尔方面军第三十六集团军兵分两路，向满洲里、齐齐哈尔方向同时发起进攻。

苏远东第一方面军第一集团主力兵分两路向牡丹江方向实施突击。

苏远东第二方面军第十五集团军兵分两路从列宁斯阔尼柯里斯克地区强渡黑龙江，向驻守黑龙江沿岸的日军发起进攻。

在萝北地区，渡江向日军发起进攻的是苏军远东第二方面军少将捷明指挥的第十五集团军第三十四步兵师及苏霍夫上校的第二五五步兵师及两个坦克旅组成的右翼集团军。他们以驻在萝北延兴对岸的尼柯里斯克为指挥中心，在航空兵的掩护下，从萝北县北起嘉荫河口，南至柴宝屯，长约140公里的宽大江面上，兵分五路向日伪军发起了总攻。于9日、10日两日先后渡过黑龙江，扫清了南岸日伪军的据点，向纵深发展。苏军在萝北地区分别从5个地点渡江登陆。兵力和进军路线如下：

（1）从嘉荫河口登陆约一个营，沿九里庄、老沟向鹤岗方向挺进；

（2）从太平沟小北河和三道沟登陆约一个营，沿都鲁河、尚志向鹤岗方向挺进；

（3）从金满屯登陆约一个团，向尚志方向挺进；

（4）从名山登陆部分兵力，向凤翔方向挺进；

（5）从上街基、柴宝屯登陆部分兵力，向凤翔方向挺进。

日军指挥机关判定，苏军的主攻方向在满洲里、牡丹江，不可能在难以通行的外兴安岭发起进攻。因此，对地处边境前沿、面对外兴安岭的萝北，配置兵力极少。苏军渡江后，进攻兴东镇时，日军躲避在原兴东兵备道衙门及几个炮楼和碉堡里，和苏军进行了一个多小时的交战，作垂死挣扎。最后在情报人员协助下，苏军将炮楼、碉堡、暗道全部炸毁，日军全军覆灭。苏军继续向凤翔和长脖岗等地区挺进时，除遇有小股日军抵抗外，没有进行大规模的战斗，最终将萝北的日伪军驱逐出境。

第三章　萝北政权的建立及其同反动势力的斗争

抗日战争胜利后，萝北人民并没有获得民主与自由。当时的萝北匪患猖獗，几股土匪头目妄图配合国民党中央军占据萝北，实行其反动统治，威胁着人民群众生命财产的安全，全县人民仍处在水深火热之中。

为肃清匪患，全面解放萝北，上级党组织先后派出3批党政干部在萝北4次开展建政工作。1945年12月，刘玉率领工作人员到萝北凤翔镇，遭土匪围攻，组建工作失败；1946年2月20日，刘玉再进萝北，在肇兴成立民主政府，5月17日遭土匪围攻，政府倾覆；1946年7月，邵万财在凤翔镇组建萝北县民主政府，同年10月倾覆，邵万财县长牺牲；1946年11月下旬，在上级组织的领导下，萝北匪患基本肃清；1947年1月，刘忠民到萝北开展建政及军需生产工作。同年10月，白如海、方锐等同志进驻萝北开展“土改”工作，1948年2月，全县“土改”宣告结束。同年7月12日，中国共产党萝北县委员会、萝北县政府成立，白如海任县委书记，颜志任县长。民运工作团撤销。

1949年10月1日，中华人民共和国宣告成立。中国革命由新民主主义时期进入了社会主义新的历史时期。萝北人民在中国共产党的领导下，在自己的土地上辛勤地耕耘，从事着伟大的社会主义建设事业。

第一节　刘玉进萝北

为了尽早消除萝北一带的社会混乱现象，恢复安定的社会秩序，1945年12月中旬，富锦专员公署和富锦军分区根据中共合江省工委、省军分区的指示，任命刘玉为萝北县县长兼县委书记，当时称政委，负责开展萝北工作。

为了尽快解决萝北匪患问题，党组织经会议研究决定做一次冒险行动——与土匪谈判，和平解决萝北问题。但当时萝北一带的土匪头子，被国民党任命的先遣旅旅长徐吉恒（徐大胡子）能否接受谈判，还是个未知数。会议分析：从当时全国形势看，要求和平、停止内战的呼声很高，蒋介石坐在了谈判桌前，徐吉恒即使拒绝谈判，也不会采取什么过激行动。会议对形势的分析过于乐观，“谈”准备得多，“打”准备得少。于是便组成了一个以刘玉为首的5人代表团，其他成员有参谋长牟仁同、秘书吕宝臣、翻译赵财和警卫员石青山。为了代表团的安全，军区抽调一个排，由王排长带队，负责代表团途中的安全。代表团会同萝北县大同监负责人王汉臣、刘玉林等约40人，分乘两辆汽车，从绥滨县出发，直奔萝北县城凤翔。

汽车开到离凤翔二三里远的东明屯停了下来。他们发现情况有些异常，用望远镜一看土匪高居炮楼之上，荷枪实弹，虎视眈眈，去富锦请代表团的凤翔维持会会长佟明山也不见出城迎接。代表团感到其中可能有诈，不能贸然进城，大家商量了一下，决定先派人进城联络一下，摸清情况，然后再决定下一步行动。于是，参谋长牟仁同带领去富锦迎接代表团的王汉臣、刘玉林先进城与徐吉恒交涉。一进村，即被缴械。徐吉恒以王、刘作人质。令牟仁同出城劝刘玉交枪。与此同时，徐吉恒加紧对刘玉的包围。牟参谋长进城后，徐吉恒的儿子徐庆林出城迎接，名为迎接实为刺探。刘玉告诉徐庆林："请让我们的参谋长回来！叫徐吉恒出城迎接我们，否则我们不进城。"徐庆林回去后，牟参谋长回来了，告诉了徐吉恒的阴谋，就是要诱刘玉进城，好一举消灭。刘玉听后，知道徐吉恒非但无谈判之心，还要向代表团下毒手，于是，立即组织战士们撤退。但是已经晚了，七八十个土匪已经把他们包围了。汽车冲出不到一里路，两个司机一伤一亡，战士们只好下车，趴在道路两旁的排水沟中英勇还击，但死伤严重，打到天黑只有刘玉等9人冲出重围。

1946年2月初，徐吉恒这股顽匪被彻底消灭，刘玉奉命二进萝北进行建军建政。刘玉到达萝北后便立即解散了维持会，组建了萝北县民主政府筹备委员会。2月20日，萝北县民主政府在肇兴正式成立，刘玉任县长。县政府成立后设置了秘书科、财粮科、民政科、教育科、公安局等办事机构，组建了萝北县大队。同年5月17日，混入县大队、任凤翔中队长的伪警察栾天光，勾结土匪田九江攻陷肇兴，使新生的民主政府遭到倾覆。

第二节 肃清匪患建政权

1946年7月，中共鹤立中心县委派鹤岗独立团营长邵万财带领骑兵连，雪浪带领"土改"工作团，进入萝北重新组建了县政府、县公安局、公安大队，并在凤翔和肇兴分别组建了区政府。为了便于开展工作，将县政府迁到全县的中心区凤翔镇，邵万财任县长。当时活动在凤翔南段（今团结乡）的土匪是在绥滨受到沉重打击的残匪刘悦、栾天光等匪部，他们仍然经常骚扰建政工作。7月中旬，栾匪又窜入肇兴，抓走萝北区现任和前任区长鲍守仁、刘芝田等数人作人质，并逼迫鲍守仁回村筹集赎金和粮草。萝北县县长邵万财得知后，立即率领部队前去围剿。栾匪闻讯后马上逃离。后来栾天光在土匪内讧中被打死。

1946年9月，“刘山东”匪队从乌云、佛山沿黑龙江下游一路扩充势力窜到萝北，准备卷土重来的残匪刘悦投靠了“刘山东”，他们共同密谋攻打萝北县城凤翔镇，策划了第二次“萝北事件”。这又是一次国民党武装土匪有预谋、有目的地破坏新生民主政权的事件。攻城之前，“刘山东”和刘悦对攻打萝北凤翔作了近一月的充分准备，他们纠集各路土匪达500多人，武器装备精良，并密谋了多个方案。为了摸清城内情况，他们把黑手伸向县大队骑兵连，对其搞策反工作。骑兵连连长单义峰原是伪警长，又是“家礼教”的长辈，骑兵连中60%是“家礼教”帮会成员，这个连队纪律十分松弛。邵万财准备以换防形式将这个连队调回兴山进行整顿。单义峰知道后，对此非常不满，因此当土匪派人同他接触时，他便迫不及待地投向了“刘山东”，将县政府城防计划和兵力部署全盘泄漏给土匪。不仅如此，而且在战斗打响前，单义峰还专门召开了“家礼教”成员会议，布置杀害县领导干部的方案以作内应。

“刘山东”在对县城的防务、兵力部署等了如指掌的情况下，又在萝北与兴山市之间的都鲁河处设了伏兵、毁了桥梁，以防兴山部队增援。一切准备充分后，10月30日，土匪“刘山东”带领500余人的匪队向凤翔镇发起猛攻。战斗打响后，叛匪单义峰的骑兵连阵地不攻自破，土匪很快便从这里进了城。县政府的军政领导被迫带领部分警卫人员撤到中心炮楼，对匪徒的进攻进行顽强的抵抗。县长邵万财、工作团团长雪浪、鹤岗独立团政治部主任胡慧良以及项秀田等同志都是身经百战的老革命，他们无论在军事、政治和群众工作方面都有着丰富的经验，他们马上研究决定雪浪带领部分同志固守一楼，胡慧良、项秀田同志坚守二楼，邵县长在三楼指挥。在县领导临危不惧、机智勇敢的指挥下，战士们以顽强的精神打退了土匪一次又一次疯狂的进攻。战斗进行了一天一夜，土匪仍无法攻进炮楼。土匪见硬攻不成，就用政治诱降、军事包围等手段发动攻势，利用被俘人员和家属喊话，逼迫战士们投降。诱降不起作用，土匪又用柴草烧炮楼，混乱之中，叛匪单义峰混进了炮楼，并尾随邵万财到了三楼。在邵万财作战斗动员时，他从背后向邵万财射出了罪恶的子弹，邵万财中弹身亡，三楼失守。随后叛匪又把目标转向二楼，他们高喊“邵县长牺牲了，邵县长牺牲了”以涣散人心，涣散士气。二楼指挥员胡慧良得知邵万财被害，万分悲愤，他号召二楼全体同志要“坚守阵地、等待援兵，为牺牲的邵县长报仇”。在胡慧良的指挥下，指战员们顽强顶住了炮楼外土匪的进攻，战斗又持续了两个多小时，土匪仍未攻占炮楼。这时，鹤岗独立团接到凤翔告急情报后，带领6个连约500人增援萝北。当部队前进到都鲁河时，遭到匪徒疯狂阻击，无法前行。凤翔的战斗仍在进行着，直到下午2点多还没见到援兵，二楼的战士情绪有些波动。这时单义峰又施诡计，趁胡慧良等人不备之机，示意手下人从背后下手，把胡慧良、项秀田、叶道生等人捆绑起来。县大队的骑兵连叛变，步兵连因寡不敌众丢掉最后的阵地。至此，凤翔镇失守，重建的萝北县民主政府又一次遭到严重破坏。合江省委书记张闻天知道凤翔的情况后，意识到问题的严重性，他立即带领军区直属部队乘火车赶到兴山，并组织部队分路救援。一路直奔“刘山东”退兵必经之路名山，另一路蹚过都鲁河向凤翔镇逼近。匪首“刘山东”得知救援部队逼近的消息，慌忙向乌拉嘎方向逃窜。

土匪在逃窜途中，将胡慧良、项秀田二位干部杀害，还有十多名战士也在战斗中牺牲。

萝北事件损失惨重，教训深刻。省委、省军区决定必须坚决彻底地消灭这股土匪。军区抽调警卫团三个连由副团长吴先开同志带领、五团三个连由副团长薛有良带领、鹤岗独立团四个连等约700多人，由省军区副司令员李荆璞同志统一指挥进剿。在追、堵、围歼的剿匪战斗中，从1946年12月至1947年2月，在龙江军区、嫩江军区的各级配合下，活捉了“刘山东”，生擒了单义峰，把沾满人民鲜血、恶贯满盈的刽子手，押上了历史的断头台。

剿匪胜利结束了，萝北县人民从此结束了匪患，恢复了安定的生活，建立了巩固的人民政权。

第三节　刘忠民在萝北

1947年3月，合江省委、省军区派刘忠民任萝北县县长。指示他到萝北后，迅速组织农民恢复生产，愈合战争创伤，进行军用药材（大烟）的种植。刘忠民接到命令后，带领200多人的部队来到了萝北县。

刘忠民来到萝北后，首先把县政府设在占全县人口二分之一以上的肇兴镇，接着又建立了萝北、凤翔两个县区政府，又把他带来的二百多人的部队分驻在这两个区，担任保卫工作，防止土匪的滋扰和稳定社会治安。

备耕时节，刘忠民了解农民的生活现状后，一面动员农民组织起来，克服眼前困难；一面把情况反映给省委、省军区。并提出了恢复生产，种植军用药材的方案：1.由省军区后勤部调拨种子；2.想尽一切办法把农民急需的布匹、食盐运来，先解决农民燃眉之急；3.由政府出头办一个商店，保证农民日常用品供应。

省委、省军区肯定了刘忠民的想法，并由省军区后勤部出头，把急需日用品预赊给农民，把种植军需药材用的大烟籽发给农民。农民的困难解决了，开始在政府的组织领导下进行春播。为了保证及时收获，刘忠民带领军政人员深入田间帮助农民收获。萝北县土地肥沃，加上种大烟是冷茬，家家的大烟都获得了丰收。

这时县政府在肇兴和凤翔开了两个商店，收购农民的大烟。农民用自己的劳动果实换回了各种日用品和通用货币，脸上露出了欣喜的笑容。

农业生产有了起色后，为了改善百姓的生活，刘忠民决定恢复萝北的渔业生产，但这岂是简单之事。在日军入侵萝北前，两岸的渔业生产可以说是百姓生活的重要来源。日军侵占后，为扼制抗联战士的活动，采取了“封锁江面”的政策，使两岸渔业生产被迫停止。

刘忠民了解情况后，感觉到想要尽快解决渔权问题，只有凭借自己抗联老战士的名义和萝北县长的身份，与苏联方面进行协商。身体力行的刘忠民很快便付诸行动。

1947年5月的一个深夜，刘忠民只身乘着渔民的木船前往苏联。到达苏联后由于语言不通，经过几翻周折，在苏联两名小战士的帮助下来到了白拉哥斯洛维边防哨所。在与苏方翻译说明来意后，刘忠民县长得到了哨所参谋长的亲自接见。二人就渔权问题在会议室里进行了长达三个多小时的交谈。最终，中苏两国达成一致，渔权得到恢复。

返回萝北后，刘忠民没有一丝耽搁，马上组织召开会议，安排这项工作事宜，很快萝北地区的渔业生产就风风火火地开展起来，江面又呈现出以往热闹的景象。

第四节 “土改”工作的开展

由于萝北县情况复杂，匪患非常猖獗，县政权几次遭土匪的袭击破坏，致使“土改”工作从1947年10月初才开始进行，经历了艰苦复杂的斗争过程，到1948年2月基本结束。

1947年10月，“土改”工作团在白如海、方锐等同志的带领下进驻萝北领导“土改”工作。开始，工作团刚进屯就受到了地富和伪区、屯组织的对抗，伪区长任宝山命令各屯组织假农会、自卫队，实行假共产，并威胁当地群众不许任何人破坏“会”规。

针对这种公开的对抗，工作团一面走家串户发动穷苦贫雇农，一面召开大会，宣传党的政策和“土改”的意义。白如海在一次100多人的大会上讲：“你们是最苦难的移民和开拓民，没有一亩土地，整天没黑没夜地劳动，却吃糠咽菜，穿麻袋片，而那些伪村长、伪屯长不劳动却好吃好穿，这是为什么？回想一下，你们有多少父老、兄弟、姐妹饿死、累死，这是谁造成的？是日本侵略者，是把头汉奸、伪村长、伪屯长造成的，我们要彻底清算他们的罪行。共产党、毛主席是为我们穷人做主的，国民党的日子不长了，我们翻身的日子到了，大家一定要团结起来同他们斗争。”经过几次会议，群众的情绪被激发起来，一、二屯抓了6个斗争对象，三、四屯也查封了几家大地主，抓捕了几个恶霸，从而有力地打击了反动势力的嚣张气焰。

随后，在省委的指示下，白如海带领萝北群众发动了反奸除霸、挖坏根、搜山根、绝土匪等运动，萝北的土地改革运动轰轰烈烈开展起来，至1948年2月，凤翔地区的“土改”运动胜利宣告结束。随后，7月12日中国共产党萝北县委员会在肇兴镇正式成立，白如海任县委书记，颜志任县长。

“土改”结束后，在县委、县政府的领导下，萝北人民开始了农业、副业大生产运动，仅1948年就向国家缴公粮几十万斤，并将反奸清算没收地主的黄金16 000两全部上缴，运往军区，使萝北成为解放中国的稳固大后方，也为萝北革命斗争史写下了光辉的篇章。

第二篇★建设发展

北大荒是世界上三大黑土带之一。新中国成立之前，这里是一片“天苍苍、野莽莽、风吹草低见‘豺狼’”的荒凉、肃杀、恐怖的景象。

生活在这片土地上的萝北人民从新中国成立初期到改革开放这一阶段，发扬了老一辈革命家敢于斗争、不屈不挠和艰苦创业的优良传统，克服难以想象的恶劣自然环境和艰苦的生活条件，以无私无畏、勇敢奉献的精神，在这片荒凉的土地上垦荒建设，创建了自己幸福的家园。终于把当年的千里荒原开拓成万顷良田，变成今日的“国家大粮仓”。从“北大荒”到“北大仓”，从熊吼狼嗥到农机欢唱，从野草莽莽到良田万顷，从荒无人烟到瓦舍楼房……萝北的沧桑巨变，谱写了北大荒人征服自然、改造自然的壮丽诗篇。

1949年5月，撤销合江省，萝北划归松江省管辖。1949年末，全县共有1 988户，人口总数为9 896人，分布在萝北、凤翔、镇东3个区，耕地面积6.21万亩。县城驻地肇兴不过是个“大屯子”。

1950年9月8日，县内萝北区、凤翔区、镇东（含太平沟）三个区，依次改称萝北县第一、二、三区。第二区新增加了尚志屯、永富屯、富隆屯和公义永屯。1953年废区，全县划为10个村，自然屯的归属有所变更。1954年8月，划归合江专区管辖，县政府移驻万财村（今凤翔镇）。1956年撤销行政村，成立13个乡镇。同年9月，宝泉岭农场莲花分场成立（后更名国营萝北农场），隶属萝北县管辖。1958年11月，宝泉岭农场又划入鹤岗市。

1958年10月，全县实行人民公社化，成立了政企合一的人民公社，全县划为17个作业区（1959年改称分场），原有乡、镇，自然撤销。全县人口增至10 792户，41 129人。1962年底撤销政企合一的萝北县人民公社及各分场，即成立乡、镇的人民公社。县内所有垦荒青年及移民建立的集体农庄，全部就近划入国营农场。从1963年1月起，5个国营农场由新成立的东北农垦总局萝北分局领导，民政事务由县领导的农场乡管理。1965年1月，宝泉岭农场划入萝北县。萝北的行政区划分包括凤翔、肇兴和团结3个公社，兴东乡和新升、先进、名山、延兴、凤鸣和宝泉岭6个农场乡。全县人口增至22 356户，100 780人。1968年农场改为生产建设兵团，农场乡自然撤销。

1970—1975年，又陆续新建了4个公社：名山公社、奋斗公社、尖山公社（1981年更名环山公社）和苇场公社。1978年，全县划为1镇7乡、1个农场管理局及其所属的6个国营农场和鹤北林业局。共有39 586户，197 654人。耕地248万亩（其中县属31.4万亩）。

新中国成立初期，百废待兴。县委把发展农村生产力、多打粮食，以及提高农民生活水平作为工作重点。积极组织农民生产互助，建立与发展各种形式的农业生产互助组织，到1949年已组成32个互助组。同时，还积极引导广大农民改良农业生产技术和生产设备，另外，普遍发动群众通过选种、试种来提高种子的纯度和抗灾、抗病能力。这些措施都极大地促进了农业的恢复和发展，使农民的收入有所增加，生活水平显著上升。新中国成立以前，萝北县的教育事业比较落后，仅有2所小学，毕业生升初中必须到外县就读。县人民政府建立后，相继创办了村镇小学和中学。建立了卫生所及各级医疗机构，逐步扩充医疗队伍，增添医疗设备，大力宣传常见病和多发病的防治工作。

1950年，中国人民解放军东北军区政治部解放一团集体转业到萝北，创建了萝北境内第一个大型机械化农场——宝泉岭农场。宝泉岭农场的破土垦荒第一犁，是从烟筒山下起步的，它吹响了向荒原进军、向荒地要粮的轰轰烈烈的拓荒运动的进军号，从而拉开了萝北垦荒的序幕，迎来了军垦的第一缕霞光。同年，鹤岗市百货公司在萝北建立营业部，可谓国营商业之始。当时，有8家商店和19家摊床进行营业。9月，鹤（鹤岗）宝（宝泉岭）公路竣工，这是新中国成立后萝北县修建的第一条路段，结束了雨天不能通车的历史。12月恢复萝北税务所。1951年，佳木斯高压电网给解放一团团部地区送电。萝北金矿局组织地方进行小规模开采，最高年产量2 400两。1953年，全县第一所全日制初级中学建成开学。肇兴使用75马力涡驼机发电，县城居民第一次使用电灯照明。建立妇幼保健站，成立带有专业性质的农业银行。全县推行小麦平播和搅麦茬秋翻新技术，产量提高30%~40%。年末开始，萝北境内粮食开始执行由国家统一征购、统一销售的政策，结束了私营粮行的历史。1954年，萝北县第一次人民代表大会在肇兴召开。

1955年，以杨华为首的北京市青年志愿垦荒队60人抵达萝北，以青春和血性向荒原开战，在鸭蛋河畔建立集体农庄，揭开了全国青年开垦北大荒这块处女地的序幕。同年，在肇兴和凤翔各建一个粮食供应部，供应人口食用的商品粮。即便如此，境内粮食储藏仍十分紧张。

1956年3月20日，中国共产党萝北县第一届党员代表大会在凤翔镇召开。这是萝北县有史以来第一次党的盛会。会议期间，县委书记阮永胜作了题为《加强党的领导，克服右倾保守思想，大力增产粮食，为争取四年完成五年计划而奋斗》的报告。

同年，来自哈尔滨、天津、河北、佳木斯的垦荒青年志愿者和从山东省梁山、掖县、文登等县移民相继来到萝北开荒建点。在今共青农场、军川农场、名山农场、江滨农场等地建立24个新村。从肇兴粮库直接向苏联伯力市出口大豆，当年出口大豆420

万斤。对全县个体手工业实行社会主义改造后，成立了7个手工业生产合作社和5个手工业生产合作小组。逐年兴办了一些地方国营的小型工厂，如油米厂、农机修配厂、农具厂和发电厂等。原凤翔邮电营业处升为萝北县邮电局。萝北县人民医院建立。1957年耕地面积跃增，已达土地改革结束时的4.4倍。全县完成对农业、手工业和资本主义工商业的社会主义改造。建立萝北县中医院。成立朝鲜族民办普通初级中学。萝北的体育事业不断发展，比赛成绩也不断提高。参加黑龙江省在宾县举行的全省速度滑冰比赛，获团体总分第1名。

1958年，大批转业官兵来到萝北组建国营农场，同年县和农场合并为政企合一的人民公社，从此萝北的土地开发进入了一个突飞猛进的新时期。耕地面积大量增加，粮豆薯播种面积不断增加，产量也逐年提高。农民生活水平也随着农业生产的发展有很大提高。原联合厂的印刷、发电、酱菜、制材等车间分别独立建厂。同时筹建水泥厂，开办煤矿，充实金矿，商办食品厂、革新厂、皮毛鞋帽厂。经济的全面发展，促进了文化、教育、卫生事业的恢复和发展。群众文化事业单位增加，县城有文化馆、电影院和图书馆，农村较大的乡镇有文化站。教育事业发展也十分迅速，学校有普通中学、朝鲜族中学各1所，小学60所、幼儿园18所、农业大学1所。扫除文盲工作普遍展开，取得很大成绩。卫生事业单位和医疗卫生人员也大大增加。为增强广大人民群众的身体素质，体育活动也初步开展起来。中国人民政治协商会议萝北县第一次会议在凤翔举行，选举产生政协萝北县第一届委员。

1959年12月，中共萝北县第二届二次党员代表大会在凤翔镇召开，会议确定了国营农场的经营方针；坚决完成开荒任务，积极提高单位面积产量，农牧并举，发展多种经营，建立巩固的商品粮基地，保证粮食、蔬菜、饲料自给。

党代会的召开为萝北的发展指明了方向。农业、工业及各项事业稳步发展。1961年，宝泉岭至凤翔的高压输电线路架通，正式供电。县内大量开垦荒地，到1962年底县场分开时，全县共有耕地103.3万亩，其中县属9.3万亩。随着土地的大量开发，新技术和优良品种的推广，农业种植业迅速恢复和发展，逐步建成了粮豆生产基地。

1963年，中共萝北县第三届二次代表大会在凤翔镇召开，确定了今后两年的主要任务是：认真贯彻“调整、巩固、充实、提高”的八字方针，开展社会主义教育运动，学解放军，学大庆，学大寨，搞革命化，争取农业大丰收和国民经济进一步全面好转。

1963—1965年的经济调整，实现了本县财政的自给有余。贯彻中央“调整、巩固、充实、提高”的八字方针后，一部分厂、矿停办、合并，职工精减下放。交通运输、商业贸易规模日益扩大，科技、文教、卫生事业等蓬勃发展，人民的物质文化生活水平有了很大提高。

鉴于国际、国内形势，作为边境小县的萝北，承担着以巩固边防为主、恢复生产为辅的任务。1972年3月，萝北县第六届党员代表大会在凤翔镇召开。讨论确定萝北县的中心任务：建设边疆，保卫边疆，在“四五”期间实现粮豆双上《纲要》，为把萝北建成大寨县而奋斗。

人民政府先后建移民新村21个，其中团结公社4个，奋斗公社7个，名山公社3个，凤翔公社2个，肇兴、太平沟公社各1个，建青年点3个。这些外来的农户，扎根于萝北这片沃土，开垦荒地，建设边疆，保卫边疆，耕地面积跃增到25.3万亩，为萝北的发展做出了应有的贡献。

随着农业的迅速发展，全县的工业也从无到有、从小到大，丰富的自然资源逐步得到开发利用。截止到1978年，在全县范围内（含农场系统），已有采矿、农机修造、减速机生产、制糖、造纸、酿酒、木材综合加工和粮油食品加工等工业企业。特别是宝泉岭的制糖、造纸业和县属的减速机、人造板等产品已在国内享有盛誉。

1978年，商业实行放开经营，个体商业户迅速增加，既活跃了经济，又方便了群众。外贸科在大连设外贸办事处，由大连港直接向日本出口蕨菜、大豆、豆饼碎和蜂蜜。

教育事业经过新中国成立后三十多年的发展，到1978年，全县有中小学校100所，教职员工761人。职业中等教育、高等教育和其他教育也蓬勃发展。全县农民基本上脱盲，职工具有初中以上文化水平的约占其总数的85%。人民文化生活较为丰富，全县有文化馆、站10个，电影院2个，电影放映队60个，图书馆1个。各乡镇大都建有广播放大站，转播中央、省、县节目，50%以上农户安有小喇叭。县城设有电视差转台，覆盖半径35公里，可直接转播中央及省台的电视节目。

财政收入逐年上升，从1951年的12万元增长到1978年的5 494万元。转业官兵、支边青年、山东移民同萝北人民一起在这片无际的荒原上开疆拓土、艰苦奋战，把北大荒建成国家主要商品粮基地和农副产品加工基地。

在北大荒开发建设中，一代又一代的拓荒者们创造了以“艰苦奋斗、勇于开拓、顾全大局、无私奉献”为主要内容的“北大荒精神”。他们把热血与汗水、勤劳与智慧献给了北大荒；他们把如火的年华、壮丽的青春献给了北大荒；他们把宝贵的生命、崇高的理想献给了北大荒；他们把钢铁般的意志、不死的灵魂献给了北大荒。昔日“棒打狍子瓢舀鱼，野鸡飞到饭锅里”的“北大荒”，开始变为繁荣富庶、五业兴旺的“北大仓”。他们所树立的“北大荒人”的英雄形象，将永远刻印在边疆大地上。他们所建立的丰功伟绩将永载史册、彪炳千秋、熠熠生辉、永放光芒。

千古不灭大荒魂，代代传承，永志不忘。

新中国成立以来相当长的一段时期，萝北县的经济都在低速低效中徘徊，劳动力水平低下，制约了经济社会的发展。萝北人民在县委、县政府的领导下，发扬艰苦奋斗的精神，国民经济和各项事业迅速恢复，并有了初步发展。

第一章 农业

萝北处于三江黑土地区，黑土有机质含量大约是黄土的十倍，是肥力最高、最适宜农耕的土地。神奇的、得天独厚的黑土，引来了一代又一代、一波又一波的垦荒人，书写了一段又一段的垦荒史。萝北的近代发展史，是一部典型的垦荒创业史。

萝北县的农业，解放前极其落后。解放后经过多年的建设，虽有长足的发展，但仍属于产品型经济，直到党的十一届三中全会以后，县委、县政府认真贯彻“绝不放松粮食生产，积极发展多种经营”的战略方针，才有了突破性的发展。

解放后，人民政府把开发萝北当作头等大事来抓。积极组织农民生产互助，建立与发展各种形式的农业生产互助组织，到1949年已组成32个互助组。同时，还积极引导广大农民改良农业生产技术和生产设备，另外，普遍发动群众通过选种、试种来提高种子的纯度和抗灾、抗病能力。这些措施都极大地促进了农业的恢复和发展，使农民收入有所增加，生活水平显著上升。1950年，中国人民解放军东北军区政治部解放一团集体转业到萝北，创建了萝北境内第一个大型机械化农场——宝泉岭农场，从而拉开了萝北垦荒的序幕。同年9月，接收第一批来自山东、热河两省的垦荒移民。1952年春，李鹤奎农业生产合作社在浩兴屯（黎明村）诞生，是全县第一个农业社。1953年，在县城驻地肇兴建立农业技术指导站。随后于1955年迎来了由团中央组织的北京青年志愿垦荒队，在鸭蛋河畔建立了萝北县第一个集体农庄，揭开了全国青年开垦北大荒的序幕。相继有天津、哈尔滨、佳木斯等大中城市青年接踵而至，组建了3个庄。1955年9月20日，李鹤奎农业生产合作社转为全县第一个高级农业生产合作社。1956年，全县掀起了办高级农业生产合作社的高潮。同年4月份，从山东梁山、掖县、文登等县迁来移民4 796户，在今共青农场、名山农场、江滨农场和军川农场等地组建了24个新庄。为了开荒建点的需要，同年经省政府批准组建了萝北县农业机械垦荒站。新庄耕地全部用拖拉机开垦，结束了传统的镐刨、锹挖和老牛拉犁的开荒历史。到1957年底，全县开垦耕地已达31万亩，为土地改革结束时的4.4倍。

1958年5月，中国人民解放军和志愿军归国部队官兵先后到萝北组建国营农场。同年，县和农场合并为政企合一的萝北县人民公社。从此，萝北的土地开发进入了一个突飞猛进的新时期。县内大量开垦荒地，到1962年底县场分开时，全县共有耕地103.3万亩，其中县属9.3万亩。随着土地的大量开发，新技术和优良品种的推广，农业种植业迅速恢复和发展，逐步建成了粮豆生产基地。农民生活水平也随着农业生产的发展有了很大提高。1969—1974年，先后建移民新村21个。这些外来的农户，扎根于萝北这片沃土，开垦荒地，建设边疆，保卫边疆，耕地面积跃增到25.3万亩。为萝北的发展做出了应有的贡献。

到1978年，耕地面积从解放初期的6.21万亩发展到248万亩（其中县属31.4万亩）。从1949年到1978年，除了大量增加耕地面积外，还在机械、电力、水利、化肥等方面进行了大量投资；在调整作物布局、改进耕作制度、推广优良品种、推广新式农具、防治病虫害、发展多种经营、渔业和畜牧业等方面采取了一系列有效措施，促使萝北农业有了飞跃的发展。

第一节 种植业（土地开发）

北大荒、黑土地为萝北提供了不可多得的先天的优越条件。萝北的土地开发应该算是空前绝后了，开垦者来自政府、民间、部队、青年、支边。

萝北县土地平坦，有利于机械化生产。国家逐年投入大量大中型机械，社队亦不时添置农用机具。

1958年5月份，中国人民解放军和志愿军归国部队官兵2 582人，先后来到萝北境内建立了预一师和预七师两个农场，同时加强了县营萝北农场的建设。这些农场全部使用了链轨拖拉机垦荒，使萝北的土地开发有了飞快的发展，全县耕地比新中国成立初期增加了11倍。

新中国成立后随着土地的大量开发，新技术和优良品种的推广，农业种植业迅速恢复和发展，逐步建成了粮豆生产基地。20世纪50年代以大豆、玉米为主，大豆占34%，玉米占28%，两大作物占总面积的62%；小麦占1.8%，水稻占11.2%，谷子占10%，其余是杂粮。目前的农作物，有麦、豆、稻、黍、甜菜、麻、薯、烟、瓜、果、蔬菜、杂粮12大门类近百种。

在这一时期里，王震将军亲自指挥十万解放军转业官兵开始的军垦，胡耀邦同志倡导下北京青年志愿垦荒队发起的青垦，民间自发开展的民垦，以及2万多名城市知识青年的辛勤耕耘，终于把当年的千里荒原开拓成万顷良田，变成今日的“国家大粮仓”。

垦荒，几乎成了东北艰苦创业的代名词，其不惧艰难困苦的精神，叠加在北方人豪迈的性格中成为一股不屈的创业魂。就让我们走近他们，感受那段激情燃烧的岁月。

一、人机畜开荒

宝泉岭农场的前身，是东北军区政治部解放第一团。1950年春，为响应“军队参加生产”的号召，来到萝北县宝泉岭开辟农场。全团有四千多人，当年自力更生，盖房、修路。建设农场最重要的是拥有土地面积。而面对这长满茂盛野草的莽原沃土，战士们多么向往早日把它开出万顷良田，建设一个大型的机械化农场。“千里之行，始于足下；九层之台，起于累土。”团首长王世英号召大家：“学习三五九旅，发扬南泥湾精神，路要一锹一锹地修，开荒要一镐一镐地刨，北大荒神奇的土地属于战胜困难的开荒者。”听了王世英的动员后，都在摩拳擦掌争当先锋。团决定抽出两个中队（连的编制）的人力，每人发一把大平镐开荒。像军队打仗一样，习惯地以班、排为单位，一字排开，抡起大平镐使劲地刨。北大荒的土地，上层是多年草根形成的十多厘米厚的草皮植被。如皮一般的弹性，一镐刨下去，土不松散，掘不出来，刨到树疙瘩上，猛听得咔的一声两膀子震得发麻，镐把两截了，双手都磨出了血泡、震出了裂口。平均一天能开垦一亩就是高效的了。为加快开荒的进度，掀起了竞赛的高潮。连队的宣传员想出了一些办法，如当天划成地块，以连排为单位，四面包围，像战场打歼灭战，命令一下，冲锋陷阵，挥镐全歼。还有的把班、排当天要开的地块，分段插上红旗，一声令下，像冲杀一样越过防线，你争我撵谁先到终点谁争到荣誉。

建场时还用过畜力开荒，但不是用马。建场时没有道路，许多运输，汽车倒不如马车。上山拉木头、下河套拉柳条子、洼塘拉羊草，真是立下了汗“马”功劳。为了开荒买了些朝鲜黄牛，体大有驮力犍子，四十多头黄牛交给一个中队管理，加强饲养准备开荒。

开始两头牛拉一台犁，牛累得尾巴都竖起来了，也拉不动。四头牛拉一台犁，拉一会儿、站一会儿，牛累得顺嘴流白沫直喘，第二天拉稀了，最后用六头牛合拉一台犁，这些牛既不懂中国“驾驭”的话，也不合套。中队长杜治平是农民出身，他带头扶犁驯牛，驯服了两天后，工效开始上升，一天一台犁能开一垧地了，但可给修理班的人忙得够呛，绳套经常被拉断，木犁杖和犁铧子经常被拉坏，坏了就得连夜修好，以便第二天赶早继续工作。

八台牛犁开荒，也展开了夺红旗竞赛，三天一评，得红旗的那台犁，驭手高兴得把获得的红旗绑在黄牛的脊背上，扬鞭策牛向荒原驶去。

宝泉岭农场用拖拉机开荒的时间是1950年8月6日。这天，副团长莫余生率领部分大队级干部（营级）、各中队垦荒者代表、机关干部、战士和团宣传队，来到烟囱山下，举行具有历史意义的开犁典礼大会。会场设在一棵大树底下，利用汽车货厢板围上幕布，挂上国旗、领袖像。有七台履带式拖拉机牵引五铧犁，严阵待发。在军乐声中，莫余生同志剪彩后，拖拉机一阵轰鸣，农具手跃上犁架，灵活地掌握深浅轮，黑油油的垡片，浸出泥土的芳香。与会者亲眼看到拖拉机的威力，一会儿土地连片，给每个人以鼓舞。拖拉机手都是20岁上下的小伙子，作业环境是非常艰苦的。每天作业，除了保养、加油的时间外，两大班操作，歇人不歇机器。日夜开荒，抢翻在烟囱山下。机车翻地，回转后套翻，得有站在地的另一头打标志旗的人，以便照直开荒翻地。这个工作，特别是早晚不但下半身是露水，一个人站在四周草丛里，机车离得老远，远处听到狼叫嗥，前后无人真害怕。开始往地里送饭，炊事员也无经验，出于好心，窝头、稀粥“一干一稀”。盛粥的饭碗都被蚊子小咬糊满了，拖拉机手们饥不择食，一顿饭谁不吃进些蚊子小咬呢？夜班开车荒地上蚊子多得几乎把灯都给遮暗了。下班时你看我，我看你，脸上、手上都是打死的蚊子血迹。有时翻地到半夜，突然雷雨交加，大犁一再拖堆，实在干不了，摸黑往驻地走，仅能借着雷电瞬间的光朝前一滑一跌地走去。本来只有二三里远的距离，可是走了半夜，天亮时才发现走反了，离回去的地方更远了。

农场第一批13名拖拉机手，他们披荆斩棘，顶风冒雨，驾驶“钢马”，当年开荒1 315垧。现在这些同志虽然退居二线，但他们指导与传授拖拉机的技术和实际操作经验，仍在全场各个机务生产岗位上发挥着作用。

二、青垦第一犁

1955年9月10日，一个永远值得纪念的日子。因为这一天，全国第一支青年垦荒队——北京市青年志愿垦荒队，在萝北荒原上划开了中国青运史上青年集体垦荒的第一犁。

青垦第一犁

这一天，晴空万里、秋高气朗、金风送爽，一望无际的萝北荒原，黄绿相间、五花斑斓。微风掠过，掀起无边涟漪层层绿浪。北京青年志愿垦荒队就在这都鲁河畔的一片像展翅欲飞的蝴蝶形的荒地上，举行隆重的开荒仪式。60颗火热的心在激烈地跳动、60腔鲜红的热血在沸腾……开发北大荒这一壮举，犹如一块硕大无边的磁石吸引着数以千万计的新中国的新青年渴望的眼睛。团中央的领导们来了，省地县场各级团组织的领导来了，萝北县委、县政府的领导来了，当地的农民代表来了，各级新闻媒体的记者们更是蜂拥而至。开犁仪式的现场一片节日的欢庆气氛：垦荒队的大旗呼啦啦地迎风飘动，现场的人们，笑语欢歌、满面春风、人头攒动，四米长待剪的彩带红花，映红了人们的脸庞，映亮人们兴奋的瞳孔，就连等待开犁的四套犁杖上的24匹膘肥体壮的马儿，也按捺不住临阵的亢奋和激动，不时地抬蹄、晃尾摆动着辔头上的红缨。

与会者谁都不会忘记，开犁仪式上，萝北县委书记阮永胜那热情洋溢的讲话：他首先向北京垦荒队的开犁仪式表示热烈的祝贺。祝贺他们争分夺秒、雷厉风行的开荒行动，祝贺他们在人迹罕至的旷古荒野上建起青年新村、青年新城。温暖的话语间表达着萝北党政领导和人民群众的浓浓深情。他说请北京的青年朋友们相信，在开荒过程中，不管你们遇到怎样的艰难险阻、怎样的暴雨狂风，萝北县委、县政府和全县人民都会全力以赴地支持你们，作你们坚强的后盾，与你们风雨同舟、甘苦同享、生死与共。衷心地希望你们继续高举大旗，坚定信心，艰苦奋斗，勤劳顽强，战胜一切预想不到的任何艰难险阻。开发北大荒、建设北大荒，把北国边疆建造成一座坚不可摧的铜墙铁壁，把荒无人烟的北大荒建设成粮山豆海的北大仓。扎根边疆、热爱边疆，为伟大的祖国和社会主义建设贡献毕生的智慧和力量。他那热情洋溢的讲话，洪亮而充满激情的嗓音，赢来一阵阵热烈而兴奋的掌声。最后，阮永胜书记当场赋诗一首，盛赞北京青年垦荒队。

北京青年破天荒，为做贡献来垦荒。

千辛万苦踩脚下，青天做帐地当床。

沉睡土地被唤醒，沃野千里换新装。

稻谷飘香绿浪滚，塞北变成米粮仓。

阮书记讲话后，在队长杨华带领下，垦荒队员们高高举起右手，向党和人民宣誓：“我是一名青年垦荒队的队员，我自愿来到萝北县，面对着祖国的河山，脚踏着边疆的荒原，背负着人民的希望，我们宣誓：第一，坚持到底，不作逃兵，要把边疆变成家乡。第二，勇敢劳动，战胜困难，把荒原变成乐园。第三，服从领导遵守纪律，决不玷污垦荒队的旗帜。第四，完成计划，争取丰收。为后来的青年们开辟道路。倘若我违背了自己的誓言，辜负了党的领导，我愿受集体的制裁。我一定要全心全意完全实现我的誓言。”诤诤誓言，响彻大地，震撼荒原，大旗招展，阳光灿烂。天苍苍、野茫茫的荒原，卷起一阵钢铁意志的狂澜。接着，县委书记手握一把锋利的大剪，迈着稳健的步伐，来到红绸带前，为开犁仪式隆重一剪，剪开了青年垦荒史上的一个新纪元。

杨华队长一声长腔的标准京味的“开犁”命令下达后，一字排开的四副分别由6匹蒙古马拉动的犁杖同时启动，高低长短各不相同的“驾！”“驾！”赶马的吆喝声，犁铧划开沃土、划断草根的“哧啦、哧啦”清脆而又厚重的翻地声，“啪哒”“啪哒”拉犁前行的马蹄声，参观人群的欢声笑语，对翻出的土地的长嘘短赞声，赶套子的人和扶犁手互相沟通的喊话声，24匹马不时发出的打鼾声，汇成开犁后多重音调的交响曲，回响在刚刚被垦荒者唤醒的荒原上。

看着犁后翻起的层层黑色波浪，深深呼吸着处女地散发出沃土幽幽的芳香，凝视着扶犁手踉踉跄跄前进的脚步，远望着赶套子人手中挥舞的小棒，看着垦荒队员兴奋不已的情况，县委书记阮永胜和垦荒队长杨华会心地相视而笑，笑得那样开心，笑得那样爽朗。

是啊，他们怎能不开心，怎能不欣喜若狂？沉睡了多少年的荒无人烟的黑土地醒来了，北疆的处女地已经洒下，并将继续洒下来自祖国心脏的垦荒青年的汗水，亘古荒原将在青年垦荒者脚下变成沃野良田，几乎所有的垦荒队员们不约而同地捧起一把把黑土，睁大了双眼仔细地端详着、审视着，用鼻子深情地呼吸着、嗅着，甚至有的竟用舌尖舔尝着、品味着。面对着从未见过的肥沃得流油的黑黝沙土，惊喜着、激动着、欣慰着，眼里溢满了晶莹的泪花。

不知是谁，首先情不自禁地哼起了《青年垦荒队之歌》。一人唱百人和，于是，在空旷无际的荒原上，大家共同放声高唱起来：

告别了母亲，背起行装，
踏上征途，远离故乡，
穿过那无边的原野，
越过那重重的山冈，
高举起垦荒的旗帜，
奔向遥远的边疆，
勇敢地向困难进军！
战胜那风雪冰霜！
在那荒凉的土地上，
将要起伏着金色麦浪，
让那丰收的粮食，

早日流进祖国的粮仓。

在那辽阔的土地上，

我们要建立起美好的家乡，

用我们辛勤的双手，

建设祖国富饶的边疆。

正如歌中所唱，他们的垦荒第一犁，正在实践着“在那荒凉的土地上，将要起伏着金色的麦浪，让那丰收的粮食早日流进祖国的粮仓”的美好理想。

北京青年志愿垦荒队的垦荒第一犁，翻开了萝北开荒史上新的一页，开创了中国青年运动垦荒史的新纪元。这一天后，天津、哈尔滨、山东、河北的青年垦荒队便络绎不绝，接踵而来。从而沸腾了边疆大地，火热了萝北荒原，杨华的垦荒大旗，无数支垦荒队，用青春与智慧、勤劳与血汗支撑起萝北大地，不，支撑起全国所有荒原一片片光辉灿烂的明天。

三、抢种抢收的战斗

广大转业官兵在“边开荒、边生产、边建设、边积累、边扩大”五边方针指导下，不仅在北大荒开荒建场，而且成为黑龙江农场社会经济、文化建设的重要力量。既促进了黑龙江地区社会经济文化的发展，也为巩固边疆、建设边疆和发展边疆做出了贡献。

转业官兵吃在田间抢种场景

转业官兵来到北大荒，主要任务是开垦荒地，保证国家的粮食安全。他们刚到农场生产队，经过了两天的休整就劳动编组。第三天，就投入到紧张的春播战斗中。

1958年春，与正常年景比，气温偏低，春雨多，内涝严重。4月下旬，播小麦的黄金季节即将过去，但计划播种面积还有40%没有完成。全场动员战低温，抗春涝，抢农时，人、机、畜齐上阵。

为了完成任务，有明水的地里，同志们赤脚拉播种机抢播。肩磨肿了，脚被冰水冻木了，大家也没有叫苦喊累的，仍然精神抖擞、斗志昂扬。经过一个星期的连续奋战，全部完成了小麦的播种任务。

向荒原进军，与时间要粮。小麦播种结束后，紧接着就是春开春播。即当年开荒，当年播种受益。由于时间紧，任务重，只有集中力量打歼灭战，才能完成任务。

开垦莲花泡东南一片柞桦林带，是一次紧张的战斗。同志们自告奋勇，背起行李卷，在远离村屯的桦树林中搭起帐篷，建起地窝棚。要开地播种，首先必须清除柞桦树林等障碍物，拖拉机才能作业。说干就干，同志们雷厉风行，在前面的同志用斧子砍、用镐刨挖树。你追我赶，勇往直前。斧镐换了一把又一把，斧镐把上血迹斑斑。拖拉机、播种机紧张地在后面开荒耙地、播种。扶犁的同志个个“满面尘灰烟火色”。

8月上旬，接连下了几天伏雨，莲花泡附近的生产队因地势低洼，麦地四周都是水。眼看到手的小麦，难以收割。机械下不了地，只能人工抢收。生产队集中全部劳力，人手一把镰刀，男女老少下麦田。战士们冒着酷暑，不怕蚊蠓叮咬，挥汗如雨。在比质量、比安全、比速度的劳动竞赛中，志愿军战士郑则达同志，一天割了两亩地，成为全场有名的飞刀手。经过三天的紧张抢收，处于低洼地的一千五百多亩小麦，终于从龙口中夺了回来。

1959年王震到萝北县看望转业官兵
左一为原预七师二十一团上校团长、县委第一书记刘海

每天同志们吃窝头，喝菜汤，啃咸菜疙瘩，并愉快地战斗着。奋战一个多月，原萝北农场三个生产队当年开荒播种一万多亩。秋后，为国家提供商品大豆二百多万斤。

四、充满青春活力的知青大军

知青中，从事农业生产等其他各条战线的约占其总数的55%，约14 000人。他们中有的被推选为生产队会计或保管员，成了农民和农村的“红管家”；有的被选拔到农村的各级领导岗位，成为深受农民和职工欢迎、爱戴的带头人；有的则在社队企业中积极奉献，大显身手，成为后来乡镇企业的开拓者、奠基人；而其中的大多数则以一个普通农民的身份，默默地耕耘着，以他们辛勤的汗水浇灌出来的农产品，无私地支援祖国的社会主义建设。

当时正值农业学大寨运动轰轰烈烈之时，大会战一个接一个，广大知识青年从“接受再教育”的愿望出发，以高度的热情投入到紧张的劳动中，勇于挑重担，敢于担风险。大会战的突击队绝大多数是这些猛打猛冲的“小虎队”。当时在兵团战士中传唱的一首歌，表现了知青们战天斗地的雄心壮志：身居茅屋踏荒原，胸怀朝阳来戍边。双手高举愚公镐，三年建成大寨团。

北京知青冷学习，刚开始的时候割地慢，有人帮助接垄，她坚决谢绝，一定要“自力更生”，连割带拔到底完成了任务，谁料两年以后，已是小有名气的快手，连一些本地割庄稼能手在她面前也甘拜下风。

五、移民垦荒

新中国成立后为开发边疆，1950年9月，接收第一批来自山东、热河两省的移民。之后数量较大的移民主要集中在20世纪60年代前，这些外来的农户，对于垦荒实边是有益的，有贡献的。

战传银，一位在共青农场二十三队叫得响的能人、名人，一位敦敦实实的山东汉子、山东移民。当年，也就是1959年，他还是一名血气方刚、英姿勃发的山东小伙，如今已是历尽风雨、满脸沧桑的老北大荒人，但依然体格强健、脚步坚实、老当益壮。现在，战传银一家已是祖孙三代献身边疆、献身萝北的“垦荒世家”。

他是来萝北参加垦荒的成千上万个垦荒移民中的一员。战传银的垦荒历史，仅仅是移民垦荒者的一个缩影。下面，就让我们沿着战传银走过的足迹寻觅、领略一下这位移民“垦荒牛”别具一格的风采吧！

1973年春，建三江平原遭受了严重的春涝。建三江管局大田春播告急！东北农垦总局闻讯后，立即从垦区内调集了620台机车，会师建三江。总局在建三江成立了春播大会战临时指挥部。一场规模空前的建三江春播大会战打响了。

一时间，建三江大地一派紧张、繁忙的景象。每天一早，天刚蒙蒙亮，伴随着村屯的鸡鸣狗吠，人欢马叫声，几百辆隆隆作响的“东方红”75马力拖拉机便开始了争先恐后的紧张作业。在建三江农管局七星农场的大田里，有一辆起得最早、起车最快、行动最迅速的04号机车。拖拉机手就是来自宝泉岭农管局共青农场23屯的生产队副队长、机车队队长战传银。近一个月来，战传银在自己所在的共青农场已经赶播完上千亩小麦、几千亩大田。不久前的一次摘挂大犁时，被徒弟的一次错误操作碰伤了左手腕，致使手腕肿得像个大馒头一样粗。吃了十几副调制外伤的中药，才消了肿。至今，手腕子上依然贴着中药膏呢。

战传银驾驶着自己的“铁骑”，轰隆隆、哗啦啦地快速作业在七星农场的原野上。他每天清晨第一个迎来东方的第一缕晨曦，晚上又是最后一个送走落山的夕阳。前十天里，根据会战指挥部公布的春耕“战报”成果，战传银以每天翻地十二垧的优异成绩领先于共青农场的其余21台机车手，更优胜于其他所有参战的机车手。

在支援建三江农管局七星农场春播的那些日子里，战传银的脑海里始终绷着这样一根弦：我是代表共青农场来的，我一定要为共青农场争光！他是这样想的，更是这样做的。

当他一坐上驾驶台，便全身心地投入到春播中。他一会儿目视前方，目不转睛地校正着机车前进的方向，一会儿又不时地回望着机车后翻起的层层土浪，深情地吸几口新翻起的春天泥土的芳香。他一手牢牢地把握着方向盘，不时地转动着方向盘，一手不停地调控着翻地的深浅。一天晚上，几乎所有的机车都收车了，只有战传银的机车还行进在垄长三千米的地块中间。他坚持把这垄地翻完。等收工时，已是晚9点半了，当他刚跳下机车时，天突然下起了一阵瓢泼大雨，把战传银浇得像个落汤鸡，浑身上下都湿透了。原本浑身热汗的他，被冰冷的雨水一激，不由自主地打了几个寒战。第二天早晨一起床，他便感到浑身酸痛难受，脑袋发晕、发胀、鼻塞、流眼泪，到医务室一试体温，高烧40.1摄氏度。医生让他马上卧床休息，但他硬是没听医生的劝阻，只向医生要了几片扑热息痛，随口一下子吃了三片喝了两口热水，就又匆匆爬上了机车。他以每天十三四垧的惊人成绩胜利完成了18天的大会战任务。18天的平均成绩为每天12.8垧，总成绩为1 304垧，名列620台会战机车手的第一名，受到总局大会战指挥部的嘉奖并通报全垦区表扬，获奖金180元。

六、荆棘丛生开荒路

地处黑龙江畔的萝北县名山镇山江村，作为曾经的抗联活动区域，现已变成美丽、富饶的文明村。

饮水思源，每当人们回顾山江村的历史的时候，无不想起一个人——老支部书记祝海山。祝海山原是肇兴公社前哨大队的党支部书记。前哨大队是1971年由肇兴公社群力大队分出来的，有人口230人。1972年一场百年不遇水灾，肇兴镇前哨大队4 000多亩庄稼和社员的住房全部被淹没。地毁房塌，面对这仅收回来的8捆谷子，祝海山的心里也像汛期的江水，上下翻腾。但是他很快意识到，在自然灾害面前，任何悲观失望都是无济于事的，唯一的办法就是自救。他深信，在共产党的领导下，只要人还在，再大的困难也能克服。于是，他振作精神，挨家挨户问寒问暖，一个一个地找社员谈心。他对大家说：洪水冲走了一个旧前哨，我们就建设一个新家园，只要我们大家伙齐心，什么困难都可以克服，什么奇迹都可以创造出来……他那钢铁般的意志，像磁铁一样把群众散了的心又吸引到了一块。他把全队四十多名壮士分成了两伙，他带领一伙到外面揽基建活干，另一伙由一名干部带队上山伐木倒套子。1972年冬，前哨大队党支部组织党员干部5人，进水城子、莲花泡考察荒原，经勘查水城子南岸沼泽地和丘陵面积有一千余垧，呈现的是北大荒的原生态“棒打狍子瓢舀鱼，野鸡飞进饭锅里”，蚊子、瞎蒙、小咬三班倒，野草乱树遍地生。要在这里建村开荒困难重重。勘查之后，党支部立会讨论，下决心要在这片房无一间、地无一垄的荒原上建村开垦。在召兴党委的大力支持下，1973年4月5日，祝海山、罗继民、关喜春、王德忠、张庆林、普东孝、于文祥、廖明山8户社员和4名浙江知青齐水生、陆志伟、贺克奋、邬才国带领时大河、张凤发、王海丰、张良玉、曹金和30多名外地单身汉共50多人到莲花泡南岸开荒建村。在今山江村北岗顶上盖起了两个窝棚和一个地窖子，两个窝棚作为男女宿舍，地窖子是食堂，现有的机械是一台75马力的链轮拖拉机和一台28马力的胶轮拖拉机，三架马车，三架牛车。一场开荒建村的艰苦劳动正式开始了。作为抗联活动区域的莲花泡南岸丘岗上长满了阔叶小杂树，大洼甸子是一尺多深的积水，少见的平地也长满了小叶樟。没有路和桥，党员干部带头用肩扛用人抬。更艰难的是，要想从北岸去南岸，必须要蹚过一条深至腰、长600多米的河，肩上还要扛着开荒必需品。就是在这样艰苦的条件下，开荒队没有向上级要过一分钱。党员干部们和大伙披星戴月，早出工，晚收工，仅一个多月就开荒1 300多亩耕地，并按季节播种上了种子。经过社员们的精心管理，粮食获得了丰收，除“三留”外，还向国家上缴了83 000斤粮食，实现了党支部当年开荒、当年收益、当年做贡献的愿望。他们在这片肥沃的土地上站住了脚。

第二节 水利

萝北境内江、河、泡、沼、泽星罗棋布，大小河流55条，易涝面积75.5万亩。都鲁河、鸭蛋河是境内主要河流，流经沼泽、河道弯曲、坡降平缓、泄水不畅，有时极易出槽，积涝成灾，与松花江洪水顶托，历史上因涝弃耕撂荒达15万亩。

1957年组建水利科，经过20多年的水利建设，已形成管理、设计、施工、供应配套的工作体系。现有勘测队、排灌公司、工程公司、灌区管理站、乡镇水利站，并有常设的县防汛指挥部。水利施工已基本机械化，有挖掘、铲运、推土、平板运输、钻井汽车和修配等机械设备。

经多年的灾害调查分析，人民政府确立了“旱涝兼治、排灌结合、全面规划、综合治理”的战略方针，水利工程建设大体分以下几个阶段：

第一阶段（1949—1957年），修复、扩建日伪时期遗留下来的凤翔渠。

第二阶段（1958—1965年），以排水、防洪、垦荒为重点修建黑龙江防洪堤和向阳排水系统。

第三阶段（1966—1977年），以治涝、护岸工程为主，搞一些农田基本建设。

通过多年实施，现已收益。修筑黑龙江和松花江堤坝全长97.2公里。挖修梧桐河、都鲁河、蒲鸭河等排涝工程，保护了百万亩耕地正常生长。

一、洪水无情人有情

萝北县肇兴镇前锋村，是由肇兴镇勇跃村分离建点的新村。1970年，经肇兴乡政府同意，从勇跃村分出27户农民，到距离乡政府所在地30里外的柞树岗处开荒建点成立新村，取名前锋大队。共同到前锋村开荒建点的还有30名宁波来的知识青年。

1972年的夏天是前锋村人一生难忘的一个夏天。从6月下旬开始，黑龙江涨水，虽然说水来得不是那么凶猛，但对刚刚建村的前锋大队来说，却是一次毁灭性的灾害。

当时已经入党并担任大队妇女主任的陆勇与知青一起在队长康丛喜带领下铲趟江边一块豆地。这时看着江水从地垄沟向地里流淌，抬眼望去，当时弱小的江堤早已被上涨的江水淹没，情况紧急，大队领导当即决定，停止一切工作抢险救人。陆勇率领知青5人一组检查农户家中的抗灾情况，当时大队分给各家各户的口粮玉米都是玉米棒，农民都堆放在院子里和玉米楼里，如不赶紧采取措施，洪水一旦来临，院子里的玉米棒就会随洪水漂走。知青们立即分组跑到各家，把玉米棒全部集中，与农民一起用手工抢剥成玉米粒，装入麻袋压在玉米楼上，保证不被洪水冲走。说来也快，仅两天工夫，洪水已进入村里，低洼处水已涨到窗台。抢险已迫在眉睫。

水越涨越大，高处也都到成年人的齐腰处，为了挽救村民，县政府从富锦调来一艘大拖船，陆勇与其他29名知青一起把全村农民家的财产、牛、猪、鸡、鸭、粮食及村民全部转移到船上。望着刚刚建起的新家园，有些村民不愿上船，陆勇与知青们反复做乡亲们的工作，动员乡亲们暂时离开，有党的关怀，洪水过后一定会帮助乡亲们重建家园的。这样才在大水到来前，将乡亲及他们的财产全部安全转移到乡政府。

当时抢出的农民财产和生产队的财产，全部放在乡里的大车店。为了保护好乡亲们和大队的财产，知青们主动担负了保卫工作，分组分班轮流守护。一直到1973年春天，乡亲们回村重建家园时，这些财产被完整地运回到村里及百姓家中。

转眼几十年过去了，现在的前锋村早已成为全县乃至全市有名的奶牛专业村。家家宽敞明亮、建筑讲究的砖瓦房显示出了这个村农民的富裕。但前锋村农民到什么时候也不会忘记30名宁波知青在帮助他们建点、抢险、重建家园中所做的奉献。

二、修筑“普阳长城”

普阳农场位于松花江下游北岸、萝北和绥滨县境内，属平原沼泽地区，系冲积泛滥地。境内有三河（蒲鸭河、都鲁河、傲来河）一泡（莲花泡），沿江一带更是泡沼密布，地下水位仅2~3米，洪涝之年仅1米左右，不仅内涝严重，且受松花江春秋两汛威胁。

要开发这块地方，要在这里站住脚，不搞好防洪排涝工程是根本不行的。1973年4月18日，在松花江283号航标附近的冰排截流、凌洪暴涨；15时30分，凌洪从九连西北侵入，随着向十一连一带倾泻；16时40分，柳木岗西部进水，十五连、三连水深80厘米，十二连、油库水深30厘米。受凌洪突然袭击的连队指战员，团结一致，奋力抢险，极力保护国家财产和人民的生命财产安全，表现了大无畏的精神。这场洪水，全场被淹耕地占当时耕地总面积的60%以上。被淹的种子、化肥、建筑器材等价值27.3万元，抢险救灾支出17.4万多元，死亡1人，淹死牲畜100余头，部分房屋被冲倒，道路被冲毁，直接损失共81万余元。

1973年的严重教训，更坚定了团党委的治水决心，加快防洪工程的步伐。经过几年努力，西北起自都鲁河，南沿松花江，东至303号航标处的江沿大堤；北沿军川分界线，东沿绥滨社队分界线的防洪围堤，以及蒲鸭河、傲来河洄水堤工程全部完成。沿江防洪大堤高3.35米，顶宽4米，迎水面1∶3，全长45.2公里；洄水堤按1960年最高水位超高1米，顶宽3米，迎水面1∶3，全长7 623公里。全部堤坝总长121.43公里，加上排涝工程总土方为1 800万立方米。整个普阳地区，围起了高达3米的大堤，被群众称为“普阳长城”。

第三节　畜牧业

解放前，萝北县畜禽饲养水平很低，属于自给性家庭副业，一些大牲畜仅供农副生产和交通使用。

新中国成立后，党和政府十分重视畜牧业发展。1957年组建畜牧科，之后不断增设为畜牧业服务的机构，现有兽医院、种畜场和防疫站，各乡镇设畜牧兽医站。人民政府很重视畜禽的发展和改良，除从外地引进一些优良品种外，又加强防疫工作，畜禽的疫病得到有效控制。

新中国成立后，全县大牲畜饲养有了较快的发展，大体可分为以下几个阶段：

第一阶段是从1948年土地改革以后，土地还了家，农民开始添车买马，在自己的土地上发展生产。故对牲畜分外爱护，精心饲养，膘肥体壮，很少死亡。到1955年，全县大牲畜已发展到1 801匹（头），其中，马760匹、牛1 006头、骡33头、驴2头。

第二阶段是从1956年建初级合作社开始，各社添车买马，扩大开荒；同年，山东移民到萝北建庄，耕地、运输全靠畜力，而马比牛快，所以养马发展得很快。到1958年，全县已有大牲畜4 225匹（头），奶牛8头，比新中国成立前夕增长4.4倍。

第三阶段是从1959年开始，农业机械主要用于开荒，耕耘、运输还是依靠畜力。到1962年底，全县大牲畜已达6 427匹（头）（其中奶牛355头）。分家后县属大牲畜2 109匹（头），其中，马986匹、牛1 100头、骡1头、驴3头、奶牛19头。

第四阶段是从1970年开始，陆续组建了良种场、种畜场、果树场和奋斗、环山、苇场、莲花4个公社。建场建社后开始大量开荒，耕地不断扩大，机械仍然不能满足需要，畜力仍是耕耘、运输的主要动力。到1978年，全县大牲畜已发展到5 468匹（头）。其中，马2 737匹、牛2 653头、骡53头、驴3头、奶牛22头。

发展副业硕果丰

20世纪70年代，单一经营的思想很严重，农场基本上没有什么副业。场部领导号召大家动手，多方面创造财富，发展多种经营，发展畜牧业；把养鸡、养猪业发展起来；养狗也可以，肉能吃，皮可制帽、做褥。农场职工响应号召，积极行动起来，90%的家庭养了家禽或猪羊，职工生活得到一定程度的改善。

农场为了发展养猪事业，要选一位有知识的青年学习养猪技术。上海姑娘顾雪妹毅然放下手中的方向盘，走上饲养员岗位。

顾雪妹养猪的历程，有成功的喜悦，亦有探索的艰辛。那时，生产队劳力紧张，按常规，一个男劳力用温料喂法，一般饲养60头育肥猪。顾雪妹和畜牧技术员王守俭一起，根据外地先进经验和自己的实践，采用“凉水、干料、平面、分群养猪法”一个人承担起311头秋产仔猪的育肥任务。

为了多养猪、养好猪，她刻苦学习先进养猪技术，请技术员讲课，向老工人请教，读《养猪技术》《猪病防治》等书籍，结合实践，天天写饲养日记，初步掌握了诊治肥猪常见病症以及打针喂药等技术。她还和养猪班的同志一起，自己动手建起小水塔，做到饮水自动化；又改制一台18马力的小型车，既能装料、运料、撒料，又能推粪、清圈，减轻了劳动强度，提高了劳动效率，饲养大群猪更有了保证。1977年，两次饲养育肥猪1 264头，达到育肥标准1 010头；1978年向国家上交肥猪854头。三年时间，在简陋的条件下，一人育成肥猪2 667头，盈利27 000元，成为养猪战线上的一面红旗。顾雪妹养猪的事迹在中央和省电台、报刊以及国务院知青办编写的《真实的故事》发表后，各农场、公社，还有广东、云南等17个省和解放军有关单位的5 000余人先后前往参观，面对事实，参观者无不心悦诚服。

第四节　渔业水产

萝北县境内江河纵横，泡泽星罗棋布，总水面达17 121亩，水产资源极其丰富。其中，黑龙江萝北段水深域阔，水位平稳，是全国4条未被污染的河流之一，具有气温低、水质清澈、透明度高、溶氧量高等自然特点，非常适宜各种冷水鱼类的生存。据不完全统计，目前发现的黑龙江鱼类有65种，名贵鱼类有："三花五罗十八子"（鳌花、鲒花、鳊花；雅罗、胡罗、法罗、哲罗、铜罗；岛子、七里浮子、牛尾巴子、鲤拐子、草根棒子、鲫瓜子、鲢子、嘎牙子、鲇鱼球子、狗鱼棒子、柳根子、船丁子、斑鳟子、青根棒子、黄姑子、红眼瞪子、山鲤子、沙姑鲈子、白漂子、细鳞子等）、大马哈、鲟鳇鱼等。据考证，鲟鳇鱼与恐龙是同时代的动物，生存于距今大约1.5亿年前的白垩纪时代，素有水中“活化石”之称。鳇之成鱼，体长数米，重逾千斤，曾作为向清皇室进贡的珍品而誉满海内。萝北县是黑龙江省出口鳇鱼子的重要产区，远销西欧、北美，年出口量达3 000公斤。

解放前，全县渔业比较落后。解放后，渔业发展很快，县政府设有水产局，下设水产公司、水产养殖场、水产技术推广站、打鱼队等，共有职工297人。

萝北县渔业生产经历了单纯捕捞与捕捞养殖相结合两个阶段。无论是单干或者组成合作社、人民公社，均系单纯捕捞。1959年全县有个体捕鱼户649户，并有一个专业打鱼队，年均捕鱼量在60万斤左右。黑龙江盛产鲟鳇鱼，1961年6月，萝北农场（现名山农场）打鱼队曾捕获一条2 100余斤大鳇鱼。全县每年可捕捞6万斤左右鲟鳇，年产鲟鳇鱼子在5 000斤左右，换取外汇20万美元。因自然鱼类生长量大，产量逐年上升，到1966年捕捞量达305吨。但自1967年以后，产量逐年下降。之后除捕捞自然鱼类外，开始人工养殖鲤、鲢、鳙、草和鲫等5种主要鱼类。

第二章　工业

在萝北平原，大规模的垦荒事业是从1958年转业官兵的到来开始的。沉睡的荒原在机器声、人声、篝火的噼叭声中被唤醒了。这些曾经出生入死，为新中国的解放事业立下汗马功劳的将士们，通过亘古荒原联结到一起，必然会做出另一番非比寻常的轰轰烈烈的事业，一个新的粮仓正在建起。伴随着大规模的垦荒，其他行业也都逐渐地兴起。

萝北县，不仅有农业，同时还有工业。解放前仅有几家生产木制家具、铁制器皿和榨油、磨面等手工业作坊。解放后逐年兴办了一些地方国营的小型工厂，如油米厂、食品厂和农具厂等。

萝北矿藏极为丰富。萝北金矿局组织地方进行小规模开采，1951年为最高年产量，产金2 400两。之后县域黄金采掘得到重视，而且发展极为迅速。

1951年7月，佳木斯电业局35千伏高压线路延伸到萝北境内的中国人民解放军东北军区解放一团（今宝泉岭农场场部）。1953年使用75马力锅驼机发电，供应当时县城（肇兴）照明。从此始有电力业。

同年，萝北县成立公私合营肇兴铁木农具厂，后改名减速机械厂。机械厂研制的XWD减速机，产品销往全国19个省市。减速机械厂是萝北县工业中的佼佼者。

1956年，国家投资15万元，将凤翔油坊扩建成包括印刷、发电、酱菜、制材、修配等车间的联合厂。

同年，对全县个体手工业实行社会主义改造后，成立了7个手工业生产合作社和5个手工业生产合作小组。

1958年投建了水泥厂，开始了萝北有史以来的水泥生产。

同年，原联合厂之印刷、发电、酱菜、制材等车间分别独立建厂。同时开办煤矿、充实金矿，商办食品厂、革新厂、皮毛鞋帽厂。1959年又建了编织厂、陶瓷厂、云母矿厂。

到1960年，全县工业企业发展到33户，职工1 879人，工业总产值882.1万元。1961年贯彻中央“调整、巩固、充实、提高”的八字方针后，一部分厂、矿停办、合并，职工精减下放。

1965年建立萝北县农机修造厂，该厂是本县农机修配、加工制造的综合企业。水稻麦收割机远销省内外。该厂为本县农机工业之骨干。

到1965年，全县工业总产值下降到205.4万元。1966年后，萝北工业企业虽有一些发展，而经济效益仍未改善。

1969年萝北县“革命工人首届代表大会”召开，成立“工代会”。

萝北的食品工业发展较好，如凤翔油米厂、酒厂、冰棍厂、清凉饮料厂和食品厂。1969年，县食品厂研制成压糖机。此项成果在全省同行业中推广使用。其中汽水机成套设备、压糖机、蛋糊机、切糖机等4种机件，于1977年赴省商学院展出获奖。

汽车修配厂是隶属工业局的全民所有制企业。该厂前身为肇兴农具厂，于1977年迁至凤翔扩建充实而成。

金满屯水电站于1977年4月筹建，1979年6月建成投入发电。它是我省当时唯一的一座村办水力发电站。

宝泉岭农场管理局所属的国营农场，也有自己的农机修配、粮油加工、食品加工、酿造、烧制等工业。尤以酿酒为优，其精品“北大荒”酒行销全国各地。制糖和造纸更是宝泉岭农场独有：宝泉岭糖厂、宝泉岭造纸厂。这两家规模之大，产值之高，也算得上是萝北县内较大的厂家，对丰富萝北市场提供了资源。

萝北县的县办工业，基本上都是白手起家。经过几十年的发展，逐渐形成机械、食品、采掘等五大门类。为萝北县的各项事业的发展做出了应有的贡献。萝北的工业已经进入了一个历史的新时期。

第三章 商业

解放前，兴东、肇兴、凤翔相继作为县城，均有商店，全系私人经商。门类较少，商品多为生活日用品和小农具，商业十分萧条。

萝北商业在人民政府的鼓励下，于解放后开始复苏，当时有8家商店、19家摊床进行营业。为了促进工农业生产的恢复和发展，1949年开始组建农民集资入股的农村供销合作社。在较大的村屯建分销店，偏远小屯设代销点，全县总计达86个店、点。所经营的商品以农民生活日杂用品为主，兼营小宗生产资料，如木叉、锄、锹、镐、马具等生产工具和一些农药；也购销农副产品和土特产品。供销合作社促进了萝北农村经济的发展。

1950年，鹤岗市百货公司在县城肇兴设立营业部，经营商品400多种，这是萝北县第一家国营商业企业。1953年10月成立县贸易公司，销售全县人民所需的生产、生活用品；同时也收购和销售农副、土特产品。1956年百货公司成立，担负全县商业货源的批发。在城内设百货商店，商品增至800余种，其中包括当时人们称为“四大件”的自行车、手表、收音机和缝纫机。当年还组建了食品公司及其营业部，改善了居民对副食品的需求。

1957年6月15日，县首届工商联合会代表大会在凤翔举行，选举产生县工商联合会。同年，所有私营商店实行公私合营或合作经营，只有十几户小商贩成为国营商业的代销点，仍由个体经营。随着生产的不断发展和生活的需要，进入20世纪60年代以后，相继成立了烟酒、医药、石油、五金、服务等公司及门市部，形成了以国营为主体的商业网络。进入20世纪70年代以后陆续组建蔬菜公司和果品公司。1976年，县属商业网点有75个，平均每680人就有1个网点。

1978年，县内商业更趋活跃，商场、商店大量增加；商品品种也大量增加；人均消费水平不断提高，烟、酒、茶、糖的销量增长较快。

第四章 林业

萝北县的森林资源，在清代极其丰富。民国初年，仍然是境内森林弥望皆是。日伪时期，日军大肆采伐，加上森林火灾，已逐年减少，部分林区已演变为荒地、草甸。新中国成立后，萝北县林业用地及森林资源绝大部分在县西北山区，林地面积185 710公顷，蓄积量1 920.4万立方米。

人民政府非常重视森林保护工作，积极做好护林防火工作。自1950年封山育林之后，对森林火灾实行“预防为主，积极消灭”的方针，逐步建立和健全了组织机构。1952年9月，成立县护林防火指挥部。1953年为加强护林防火、维护林区治安，在太平沟建立森林警察。购置了防火工具，建立了必要的设施，制定了有效的措施，因而对保护森林资源起到了一定的作用。从1956年开始，实行人工造林。同年成立林木种子站，指导育苗和造林工作。通过国营更新造林、群众造林和四旁绿化积极植树造林。自1957年开始有计划地采伐，既抚育森林，又生产木材。1958年，中心林场与县人民委员会林业科合并，成立萝北县林业局。县林业局成立以后，林业生产不断发展，不仅满足了县内公私用材，还调往省内外大批木材，支援了国家的社会主义建设。

1964年开展森林病虫鼠害的防治。无专业机构，防治手段仅局限于用毒饵灭鼠和烟雾剂灭虫。

1972年4月，国家组建鹤北林业局，划出县内部分林场和大部分森林资源。鹤北林业局施业区内的森林更新始于四方山林场和双丰林场。更新造林面积逐年增加，基本上做到了采育结合，更新跟上采伐，达到“青山常在，永续利用”，因此，获得林业部授予的更新造林先进单位证书及奖杯。在联营林场的母树林系天然红松母树林，是全国三大红松母树林之一，总面积11 868公顷。现有太平沟、金满屯等6个林场，平均年产原木3万立方米以上，更新造林536公顷，在萝北县经济建设中起着重要作用。

1978年，成立县森林病虫鼠害防治站，配专业技术人员。各林场、苗圃也配备了兼职防治员。4月28日，为防止林木病虫害的传播，首次施行木材运输检疫制，进行了有针对性的防治工作，效果显著。

小兴安岭的原始森林，是萝北人民的宝贵财富。在高大乔木的林冠下，生长着多种名贵中药材，有被誉为“关东三宝”之一的人参，有刺五加、党参、五味子等。其他山产品亦极丰富。森林中野生动物众多，其珍奇者有曾为前清贡品，现为国宴佳肴的飞龙鸟，兽类有梅花鹿、驼鹿（俗称“罕达犴”）、黑熊、野猪、獐、狍、狐狸等数十种。

丰富的森林资源给多种经营提供了有利的条件，山区人民每年春季几乎全家出动，上山采集蕨菜，出口日本，年平均外销200吨。木耳已从采集发展到人工栽培，形成大宗产品。

伐木者的歌

20世纪50年代后期，萝北的森林资源尚且丰富。冬天上山采伐，既能为国家提供大批建设木材，又能为农场增加收入，积累资金，还能解决农场基建自用材。这是一举三得的事。萝北农场

（后改为七、八、九三个作业区）组织了五个采伐队。转业官兵是采伐队的主力，每天从早到晚，伐木、倒套子、归楞的都要干十多个小时，有时夜里还要装车。仅一个冬天就伐木一万多立方米。

转业官兵黄光武在《萝北报》上发表了一首小诗：

伐木者的歌

（一）

清晨天没亮，
大伙起了床。
张磨斧子李锉锯，
准备好武器上战场。

（二）

伐木队员干劲大，
你放树来他砍杈。
大树棵棵被放倒，
锯成木材运山下。

（三）

伐木队员决心硬，
战斗在森山密林，
不怕严寒风雪打，
万米木材定完成。

（四）

伐木和打仗不相差，
行动全是战斗化。
班排连营组织好，
刀锯斧头一齐下。

第五章　交通

解放前，萝北交通闭塞，各村屯间都是些临时性的田间小道。主要乡道是以县城为中心，通往各村屯的土路，且路基低洼，春季翻浆，雨季无法通车，封冻后方可通车。

20世纪50年代，由于公路交通不便，全县所需生产和生活物资、农产品、土副产品和木材大多通过水路输入和输出，尤其是沿江一带的乡村更是依赖于水路运输。从哈尔滨和佳木斯出发的轮船，顺松花江而下，逆黑龙江而上，经由萝北航行到漠河。1950年9月，干线公路鹤（鹤岗）宝（宝泉岭）公路竣工，这是新中国成立后萝北县修建的第一条路段。1956年成立养路工区，1957年改为养路段，负责养护公路。县内公路的养护工作，在50年代完全依靠人工镐刨、锹装、手提和肩挑。人力车和畜力车运输备料，生产方式落后，工作条件艰苦，劳动强度大。养路工作就是在这样的条件下，迈出了可喜的一步，养路段多次被评为省级公路养护先进单位。从1957年冬开始，对县境内的哈萝公路进行逐年分段修建。到1960年，全长89.6公里，达到三级公路标准，晴雨畅通。1966年，养路段被省委命名为大庆式企业，树为全省养路系统的一面红旗。

1970年，萝（北）绥（滨）公路萝北段建成通车（向阳桥到哈萝公路的92公里道班处）。1974年开始，国家对县内乡村道路的修建实行有计划地投资，在原乡道的基础上进行改建、扩建、新建。县委、县政府特别重视比较偏远的老区村的道路建设，如太平沟乡的太平沟村和兴东村，肇兴镇的前锋村、裕丰村和胜利村等。延（延兴农场）太（太平沟乡）公路于1975年完成59.5公里的晴雨路。从此接通了佳木斯市、伊春市的边防断头路，也使萝嘉公路畅通无阻。

1977年开始，对哈萝公路萝北段进行黑色路面改造工作。同年，交通部副部长潘琪曾到萝北养路段视察工作，对养路段20年来养护工作给予很高评价，并调拨1台铲车作为奖励。

新中国成立后，全县的桥梁建设经历了抢修恢复、加快改造、重点建设等阶段。其中，1977年竣工的都鲁河大桥全长171.6米，是县境内最长的桥梁。全县邮路总长415公里，通往绝大部分村屯。随着各种道路的修建，相继建成一批永久性和半永久性的涵洞。铁路线长43.2公里，从鹤北经宝泉岭通向鹤岗。

人民政府不断修建干线公路、县级公路、乡级公路和专用公路，初步形成了一个以县城凤翔为中心点，沟通邻县，连接铁路，伸向农村，总长度达591.5公里的公路网。

一、众志成城修鹤宝路

1950年，中国人民解放军东北军区政治部解放一团干部、战士、起义投诚人员和学员，在曾经流过抗日英雄鲜血的地方——宝泉岭，开辟农场。

建场初期，要想由鹤岗到宝泉岭，走的是伪满时期修的鹤岗至萝北的边防大路。路基狭窄，荆棘丛生，衰草连天，路面凹凸不平。尚志村西边的梧桐河大桥，桥桩腐朽，桥板残缺毁断。过了尚志村再经尤家窝棚就没有路了，只有曲径小道。登宝泉岭得由现在北山坡电视塔旁边的山坳迂回过来。走这段路，翻山越岭，绕远曲折，比现在鹤宝公路得多走二三十里的路程。

建场时解放一团的汽车是缴获敌伪的战利品。公路虽经过解放一团的修补，但仍是行进艰难，车轮经常陷入坑洼中。赶上连雨天，负责运输供给的人员真是心急如焚，上千人，几百匹马粮秣接不上，怎么办？无奈只得卸下车，用马驮料，用人背粮。所以那时建场的各项修建工作，往往因道路艰险难行，崎岖绕远，物资不能及时地供应而临时改变了施工计划。

1950年8月初，解放一团政委王世英，审时度势，决定取鹤宝两地之间的捷径修筑一条公路。用三个大队（营）的力量分段施工，争取在国庆节前修完。

军队布置任务就是命令，详细地勘查路基和测量计算已经来不及了，就从团部找了一名过去当过炮兵和一名懂得测量知识的人，拿着一个望远镜和标杆在矿务局测量队的帮助下，边测量边开始施工。

团机关干部、战士和第五大队从鹤岗市郊往宝泉岭方向破土动工；第一大队从宝泉岭团部往鹤岗市方向动工；第四大队在中间一带草甸子上施工。劳动环境很艰苦，各大队的干部、战士、起义投诚人员、学员，背着行军被，带着工具，深一脚浅一脚地走到工地。所谓工地就是旷野，为了当晚能住下，他们立即分组，有伐木的、割草的、运输的、埋杆搭窝棚的，大家都紧张地干起来。

修路哪有机器，都是手工操作，抬、挑、挖、刨。在“变艰苦为光荣、变困难为胜利”的口号下，展开了爱国主义筑路劳动大竞赛。人人赛，时时赛，处处赛，事事赛，提出了多种形式的宣传鼓动竞赛办法。如肩挑百筐上光荣榜竞赛；中队、排、班红旗竞赛；广播、黑板报、流动红旗，大张旗鼓地、生动活泼地表扬和宣传劳动中涌现出的先进事迹，因此，每个战斗人员，你追我赶，干得热火朝天，工地一片沸腾。大干起来以后，杠子压折的、铁锹把断的、筐底掉的是常有的事。那时的劳动不但条件艰苦，也没有劳动保护用品，就连抬筐的扁担都是柞木杠子。炎热的夏天，既无防蚊帽，也没有抬筐的垫肩。工地上熏起一堆烟，光着膀子干，发的鞋几天就磨破了。许多人光着脚赛起来，来回跑。由于筑路进展得快，住的地点也随时向前移动，往往白天干一天活，晚上还得连夜搭起简单的草窝棚住。

筑路的解放军干部、战士，有些是抗日战争、解放战争负过伤的，有的弹片还在身上，有的只有一只胳膊。还有些女战士，她们同男战士一样抬筐、挖土、挥锹。劳动时间是日出而作，日落而息。如果晚上有月亮，没有谁发出命令，大家吃过饭后又主动到工地，分段干了起来。为了不影响白天的筑路工作，凡是修理的活，如换工具把、修理抬筐、搓草绳等都是晚上完成。

截至1950年9月18日，共38天，筑成了12米宽、43里长的鹤岗至宝泉岭的公路。削低了3座山，打通了2个谷，搭起了7座公路桥。过了梧桐河稍往前行，有十几里路程没有弯。鹤宝公路以“六十日之计，三十余日而竣”，彰显了筑路者攻坚克难、勇往直前的气魄。

道路修建后，过梧桐河时还是需要小船摆渡，车辆无法通行。团党委决定建一座大桥以贯通南北，作为向国庆一周年的献礼。于是大家开始边设计边备料边建桥。夯打桥桩是建筑大桥的第一道工序。时值深秋，早晚时河上会浮起一层薄薄的冰碴，拉夯砣绳子的人不得不站在冰水里。施工人员为抢时间提前完成任务，就分成日夜两大班轮番作业。在寒冷的夜里，为了驱寒，大伙在河岸上拢起几堆火，呷上几口酒，趁这股热劲，又站在砭人肌骨的河水里打夯。随着激昂的“夯号”划破寂静的夜空，夯砣一下一下地把桥桩打进河底。脚被冰得麻木了，腿被冰得酸痛了，大家仍把夯硪拉得高高的，争取多打一根桥桩，向下一班挑战。在水里作业，尽管大家以最大的毅力去战胜困难，然而想要提高工效还是有局限性的。眼看工期迫近，天气日益寒冷，大家都开始焦急了。在这紧要关头，有人想出了在河里固定高架、延长跨度，站在河岸上远距离打夯的办法。这样，作业条件改善了，打桥桩这第一道工序完成了。难关突破了，大家干得更有劲了，夜以继日地突击铺桥板和完成辅助工程，一座60米长的梧桐河大桥建成了。

1950年10月1日，载重汽车拉着当日需要的物资过了梧桐河大桥，全团人员排着八列纵队，沿着新修的鹤宝公路浩浩荡荡迈着整齐的步伐，参加了鹤岗市国庆一周年的庆祝大会和庆祝游行。

农场总局原副局长高大钧说："鹤宝公路的建成不仅使开发宝泉岭加快了进程，还为以后建设农场、巩固国防立了大功。这是百年幸福、万年大计。"如今的宝泉岭是萝北县的门户。鹤宝公路在萝北县养路部门的历年维修养护下，柏油路面宽阔，常年平坦通畅。它通往各农场、衔接省内外，夜以继日承载着络绎不绝的车辆，为祖国"四化"建设服务。

二、艰苦奋斗养路人

当你行进在平坦的百里鹤萝公路线上，你可曾想到，这条路的开拓者们呕心沥血、顽强拼搏的艰辛呢？让我们沿着萝北县养路段人的足迹，去看一看他们是怎样走过那段艰苦奋斗的里程，为萝北的养护路事业做出的无私奉献吧！

1956年，萝北县养路段的前身——萝北县养路工区成立。当时，鹤萝公路是一条弯弯曲曲、多年失修的公路。沿途形成许多山冈、陡坡和洼塘。逢夏秋雨季，低洼处存水，冬春大雪阻塞，交通断绝。别说车辆行驶，就是人畜行走也是十分艰难的，有的洼塘曾经淹死过马。养路工区只有四名干部和一支由三十几名从山东、安徽等省来的临时工组成的维修队。生产工具十分简陋，只有一架马车、十几把锹镐、三条扁担和十几副土篮子。整个公路只在尚志村设了一个道班，道班房是用茅草和草袋子临时搭起的一个小马架，夏天漏雨，蚊虫叮咬；冬天墙缝钻风，滴水成冰。有的人刚来就被艰苦的环境吓跑了，到最后只剩下了12人。

1957年2月，萝北县养路段正式成立。1958年后，转业官兵和城市知识青年陆续来萝北开发建设，山东省各地移民也先后来萝北建庄建点。随着交通量的猛增，公路承受压力加大，原来的六级路面单靠修修补补已经适应不了萝北开发建设的需求，需要修建一条永久性的公路，为子孙后代造福。身为萝北县交通局副局长兼养路段段长的王绍宗同志深感自已肩上的担子重、责任大，经过深思熟虑后，他一面向上级请示，一面积极组织人力对整个旧路进行了全面勘查。为了全面掌握第一手资料，他和同志们一道，迎着朝霞起，头顶星星归，饥餐窝窝头，渴饮壕沟水，进行徒步踏查。他脚上经常磨出血泡，但他总是咬咬牙第二天又拄着拐棍上路。他本着给国家节约资金的原则，确定了改建后鹤萝公路走向哪里需要改线取直，哪里需要填洼塘、砌陡坡，都做了详细测绘和核算。为尽快拿出总体规划，在踏查的基础上，他又和同志们一起熬过了二十几个不眠之夜，终于把鹤萝公路长远建设蓝图制订出来并向上级主管部门汇报。主管部门批准了他们的设计方案，并纳入国家计划。

经过全体养路段人的共同努力，到1959年，三年维修了11处2 830米的低洼翻浆地段，改建了14段土路，初步缓解了公路的承受压力。

第六章 城乡建设

新中国成立后，萝北县在城乡建设方面积极采取措施，改造道路，修建公路，架设桥梁，建筑房屋，供水供电，植树造林，绿化城乡，改变了城乡面貌，城乡之间的差距正在逐步缩小。

第一节 城镇建设

新中国成立后，人民政府十分重视城镇建设。1950年2月，成立县房产管理委员会，负责城镇房屋建造和维修管理。1951年秋，在当时县政府所在地的肇兴建成了砖瓦结构的平房2 000平方米。

新中国成立前一度为县署所在地的兴东、肇兴两镇，其街道均为土路。新中国成立后，镇政府多次对一些街道进行铺垫修整，一部分土路逐渐改成了沙石路、两合土路或油渣路面。

城镇供电始于县址在肇兴时的1952年，但仅限晚上10点钟前机关单位使用。1954年县政府迁至凤翔，建成县委、县政府各部门的办公室及俱乐部、食堂、宿舍。城区开始植树造林，绿化环境。1955年成立房地产管理处。在新县址凤翔镇建发电厂，采用125马力汽力机发电。1956—1957年，政府先后颁发了土地管理法和房产管理法，同期开始收缴地皮税。1961年架通宝泉岭至凤翔的高压输电线路。从此，日益发展的城镇用电需求问题才得以根本解决。至今，高压输电线路已遍及境内各地。到1962年，县内先后营造了城镇防护林和少年林，建立两处果园。城区内植树8万多株，街道两侧和庭院栽花种草，美化环境。1963年5月，县政府颁布了《镇内房产管理暂行办法（草案）》，翌年春，建立了房屋产籍档案。

城镇用水。过去家家户户多是在室内打井取水，20世纪60年代前打木板井者居多，70年代以后逐渐为铁管井取代。

萝北县在20世纪60年代及其以前没有城镇卫生组织，街道清理是各单位自扫门前雪，自修门前路，垃圾也没有专人处理，多在春季搞卫生，各单位包片突击拉运。1975年，建立了专业卫生队。当年设卫生箱20个，街道每天清扫一次，卫生面貌逐步改善。

新中国成立前，县内城镇居民住宅多为土木结构平房，人均居住面积也只有2.2平方米。新中国成立后，城镇居民住宅的建筑由于实行了公建私建并举的方针，新建住宅增加较快。1975年开始建砖瓦结构住宅，从此土木结构建房日渐淘汰，其间，数量与质量也都有很大提高。1976年以后，重新制定了房产管理条例，实行房屋统一管理，对个人所有的房产进行登记审核，并发给房产证件。1978年，城镇建设全部以砖瓦结构为主逐步转向以建设楼房为主的格局。

第二节　乡村建设

解放前由于萝北地处偏远荒凉，少数来此开荒营生者，只得造地窨子或马架子散居于近江一带。其中发迹者地多粮多，骡马成群，成为大户构筑大院；小户人家因租种其地而不得不靠近居住，于是便形成村落。到新中国成立时，县内村落已有29个。新中国成立后，为开发边疆，移民猛增，人民政府每年有计划地调拨木材给移民建房，因此县内又建成一批新村。

乡村照明最初都使用豆油灯或煤油灯，少数富户才能用得起蜡烛。1953年，肇兴街内5个村和临近的东兴村用上了电灯。1962年后，名山乡、团结乡和肇兴乡也相继架通了电线。

乡村用水，旧时多以江、河、泡、泉为源，后在村屯内选择适当位置打井，井口上方架一木制辘轳供附近居民取水饮用。新中国成立后，随着人民生活水平的提高，乡村取水条件也在逐渐改进，起初有的家庭开始在室内打木板井，进而一些家庭又热衷于打瓷管井，至今则普遍采用铁管井取水，因此家庭用水更加方便卫生。

乡村公共设施多建于新中国成立以后。一是乡人民政府、村民委员会办公用房的建筑。乡多为砖瓦结构平房，村多为土木结构平房，并依此安设有线广播和电话。二是学校的建设。新中国成立前，学校校舍都十分简陋。新中国成立后，乡政府所在地都建了中心校和中学，校舍多为砖瓦结构，村屯都建了小学，校舍早期多是土木结构，后来逐渐改建成砖瓦结构。三是供销社的建设。新中国成立后，乡政府所在地建供销社，村屯建供销分社和代销店，以构成乡村商业网。四是厂房建设。随着乡镇企业的发展，一栋栋砖瓦结构的厂房已遍布全县乡村。五是车辆机械库的建设。全县各村屯于20世纪70年代以后普遍使用了拖拉机和与其配套的机械，为此都修建了高大宽敞的砖瓦结构库房。

经过30年的发展，现全县已有8个乡镇、76个村屯，千人以上大村屯就占了二分之一。

乡政府、村委会都十分重视乡村建设，房屋建筑、街道整修都按规划进行，因此乡村逐渐形成家家有庭院，柴垛、猪舍各置其所。大街、小巷沙石铺面，街道两旁或植杨树，或植榆树，或植垂柳绿化。如今无论我们进到哪个村庄，呈现在面前的便是一条条清洁笔直的街道；顺看树成行、横看树遮墙的一派欣欣向荣景象。乡村小学的校园四周更是林木成荫，教室门前的花池、花坛花草蓬生，真好似乡村林园。萝北城乡之间的差距正在逐步缩小，砖瓦住房遍布全城，楼房矗立于大街两旁，街道两侧林荫成行，红楼绿树相互掩映。

第七章　教育

新中国成立以前，萝北县的教育事业比较落后。1947年仅有2所小学，毕业生升初中必须到外县就读。

县人民政府建立后，相继创办了村镇小学和中学，以适应广大人民群众在政治上、经济上获得翻身之后，渴求学习文化科学知识的需要。尽管布点分散，物质条件差，教师数量不足，但教育事业仍有很大的发展，教学质量比较高。1953—1965年，小学教育逐步发展与巩固，中学教育开始创办并取得较好成绩，1953年9月，全县第一所全日制初级中学建成开学。1957年成立朝鲜族民办普通初级中学。成人教育日趋完善。相继开办农机校、聋哑学校和农业技术学校。这期间正确贯彻了“教育向工农开门，为生产建设服务”，和坚持“新型正规化”的教育方针，教学秩序正常，采取多种形式办学，教学质量较高。1966—1976年，学校普遍纪律松弛，教学质量出现空前大倒退。1970年，第一所企业办中学——林业子弟中学在凤翔镇成立。中小学毕业生大多数有文凭，无水平。至于成人教育，后来虽然恢复了职工业余学校，但因社会上流行着轻视知识、轻视知识分子的“左倾”思潮，人们对学习文化科学知识不感兴趣，因此办学仅流于形式。

1977年以后，经过拨乱反正，各类学校都进行了全面整顿，学校建立健全了规章制度，加强重点校建设，提高教师素质和教学质量。职业中等教育、高等教育和其他教育也蓬勃发展。1978年10月，创建萝北县技工学校。

教育事业经过新中国成立后20多年的发展，到1978年，全县有中小学校96所，教学班568个，在校学生13 900人，教职员工993人。全县农民基本上脱盲，职工具有初中以上文化水平的约占其总数的85%。

萝北县域内的知青在文化和教育战线工作的人数占知青总人数的30%以上，约6 000人，他们成为东北大荒原上文化知识的传播者。

哈尔滨知青王玉臣，在军川农场四连和十六连开创了也许是中国最早的也是最彻底的义务教育。曾被授予黑龙江省“优秀教师”称号的上海知青钱怡，虽右腿残疾，但她身残志坚，一生忠实于北大荒的教育事业，为国家培养了许多优秀的人才，钱怡所在的宝泉岭高中培养的毕业生遍布我国20多个省市。许多名牌大学都有北大荒黑土地出来的学生。

第一节　齐心协力　共建校舍

农场建设初期，由于条件简陋，各垦荒点只能办“炕头”小学，借用职工食堂、仓库空地作教室，砖头木墩当桌椅，铁皮挂在墙上当黑板，开始了普通教育事业。

军川农场职业高级中学附小，组建于1958年。没有校舍，学生都集中在集体宿舍上课。由于学生的增多，农场党委决定将生产队的高年级学生都集中到场部中心校学习，这样中心校的学生增至一百多人，原游击式教学已不适应形势发展的需要。农场党委决定修建一幢400平方米的校舍。这在当时的条件下，困难重重，其中，材料问题是建校舍的最大问题。怎么办？党委号召："自己动手，共建校舍。"全校师生积极响应党委的号召，表示在不耽误教学的情况下，完成党委交办的任务。

首先，需要自己解决砖坯问题。全校师生不分年级、不分男女，利用一早一晚的时间，一齐动手脱大坯。在脱坯过程中，最脏最累的活就是和泥。为了解决工具不足的问题，女老师就脱掉鞋袜，跳进冰冷的泥中。孩子们在老师的感召下，也不顾泥水的冰冷，跳进泥中和老师一起干。

其次需要自己解决的问题，是抹顶棚用的麻刀。没有麻刀怎么办？师生们在建校工地挖了一个大坑，再从两里多远的马号一筐一筐地拾回马粪倒入坑内，然后兑水，再用双手把马粪团一点一点搓细，最后捞出马粪渣，晾晒干。不少老师被马粪气味熏得头晕眼花，累得腰酸腿痛，回家吃不下饭，睡不着觉。可是，为了孩子们的学习，还得在油灯下备课，批改作业到深夜。

全校师生以不怕苦不怕累的精神，紧张地奋斗了60多个日日夜夜，胜利地完成了备料任务。在基建工人的积极帮助下，全校师生同心协力，终于在1961年8月建成了一幢崭新的校舍。学生的脸上都流露出幸福的喜悦。他们坐在用自己的双手建造的宽敞明亮的教室里，勤奋地学习。

此后，这所学校为农场的建设事业培养出了一批又一批的接班人。

第二节　架桥工　引路人

朝鲜族是萝北县人口最多的少数民族。许多朝鲜族教师本着为本民族的教育出点力的愿望，甘愿做一名汉语文教师，为本民族学生学习汉语铺路、搭桥。

金瑛锡是萝北县朝鲜族中学的一名汉语文教师，全国优秀教师。几十年来，他培养的学生已遍布东北、京津一带。真可谓辛勤育花人，桃李满天下。

“为了朝汉语的交流，我愿做一辈子铺路人，架桥工。”他是这么说的，也是这么做的。

金瑛锡为了使朝鲜族学生能对汉字达到“会认、会读、会写、会用”的“四会”要求，为了能使学生对汉语词语、句子做到能“听、说、读、写、译”，他花费了许多心血，做了许多鲜为人知的“笨拙”劳动。

金瑛锡老师“吃”掉了四本字典的故事被传为佳话。

那是在1961年，金瑛锡突然萌生了这样一个念头：汉语虽然难教，但是，不是还有一本最实用的《新华字典》吗？如果我把它全部背下来，以后再教汉字的音、形、义，再讲词语概念的时候，不就准确无误了吗？对，就这么干，趁着自己还年轻，精力充沛，记忆力强，多学些教学基本功。于是，他开始了背《新华字典》的“笨拙”劳动。

1962年秋冬，为了防止遗忘“回生”，他又运用同样的“笨招”，背完了另一本字典。为了适应中学汉语文教学的需要，他又以同样的毅力，背写完了一本《朝汉词典》、一本《现代汉语词典》。功夫不负有心人，如今，金瑛锡老师的汉语文教学水平在萝北县已是首屈一指了。

从1968年到1976年，在国家没有通用的汉语文课本的时候，在省编课本供应不及时的情况下，金瑛锡自编教材。“文革”十年中，他自编了《浅易毛主席语录汉语教材》《朝鲜族民谣汉语教材》《中国民歌汉语教材》《古代诗歌汉语教材》《日常会话汉语教材》等五套课本。

像金瑛锡这样的教师不仅是朝鲜族学生学习汉语的铺路人、架桥工，也是学生人生旅途上的铺路人、架桥工。

第八章　科技

解放前，百姓不重视科学知识，封建迷信遍及生活、生产各个领域。新中国成立后，人民政府大力宣传破除封建迷信，大搞科学知识宣传，提高人民文化知识，开展科学活动，用会议、电影、电视、画廊展览等形式进行宣传。新中国成立时，全县中专以上的知识分子寥寥无几。自从1953年建立县和各村的农业技术推广站以后，初步形成了一支科技队伍，但仅限于农业方面。全县推行小麦平播和搅麦茬秋翻新技术。这项新技术能提高地温、保墒、保全苗，推广适宜本地气候的新种子，产量明显提高30%~40%，很受农民欢迎。科技不仅为农业服务，也为气象观测服务。萝北县的气象工作开始于1956年萝北气象站成立之后。1958年两个预备师转业萝北，加之上级源源不断地下派各类知识分子，充实到县内工业、农业、文化、教育、卫生等战线，形成了一支具有专业知识的科技队伍。

1959年成立科学技术协会，同时举办以农业为主的科技成果展览会，科学技术工作在各条战线上开展起来。科委设地震干部，随后在境内设26个业余地震观测点，对已发地震进行观测，并详细记录。

1971年，在全县推行改良种子活动。建立了良种场，从此各队都有自己培育的良种。1976年，县正式建立科技科（包括地震办公室）。1978年，科技工作被重视起来，各条战线的科技工作者有了用武之地，专心致志地搞科学研究，科研成果不断涌现出来，为振兴萝北发挥了重要作用。例如，推广李荣高温造肥技术。各大队都设有积肥、造肥小组，生产队有造肥员，年高温造肥10万斤。利用鸡鸭粪制造颗粒肥拌种，提高作物产量。还指导农民正确施用农药，农民用“禾大壮”“拌种双”等农药灭草、灭虫，效果可观，农民还自制白僵菌防治玉米螟，提高了产量。推行水稻工厂化育秧技术，能早插秧，提高产量。推行大面积栽培细绿萍作为畜禽饲料，获得了显著效益。开展林下直播人参试验，在太平沟乡新河口村获得初步成功。

萝北的知青中从事科技工作的人很多。有的成为科学种田的能手；有的成为科技示范的带头人。宁波知青蒋雨晨担任技术员后，研究出合理播种计算法，每年为大队节约麦种2万斤；女知青陈玉华在那时就开始研究人工种植木耳，虽然收获不是很多，但在当时是很先进的了。

第九章　文化

解放前，萝北县文化生活十分落后。解放后，在党的领导下文化事业逐步发展起来。

1953年，建立县广播站。同年，建立县文化站1处，由县广播站干部兼做文化站工作，利用广播、幻灯、黑板报等进行宣传教育活动，同时开展全县图书流通工作。1956年，建立县工会俱乐部，除放映电影外，还开设图书室、游艺室和体育室，每逢节假日还举行文体比赛。8月，建立萝北县新华书店。同年，县电影队正式成立。1957年，县电影放映队第二队正式建队。同年10月，在文化站的基础上，建立县文化馆，组织辅导全县业余文化活动。

解放初期，有部分青年从事业余文艺创作，但成果不多。大量的业余文艺创作始于1958年。当时广大群众写诗歌、画壁画，开展歌舞及写建场史等活动，发表36种民歌选集，出版过10种以上的油印文艺刊物，如《兴东文艺》《激流》《新延兴》《萝北歌声》等，涌现出一些有才华的业余作者，他们及时地反映生活的一些作品，曾在省内外的一些文艺刊物上发表。预一师和预七师农场出版过油印小报《农垦战线》和《生产快报》。1958年，乡村俱乐部相继建立。同年，县图书馆和萝北县档案馆建立。11月，县电影院建成使用。12月，在县业余文艺代表队的基础上，建立一支由40余人组成的萝北人民公社文艺工作团。

1959年1月，召开了首届文学艺术工作者代表大会。成立了萝北县文学艺术界联合会。广大业余作者在文联组织下积极创作，亦取得一定成绩。

1960年，成立萝北京评剧团。1966年，由县文化馆领头建立乌兰牧骑文艺演出队，即毛泽东思想宣传队。1973年，宣传队改为萝北县文工团。

摄影艺术起步较晚。20世纪70年代以前，萝北只有一些兼职摄影者拍摄一些记录性照片作为宣传报导及历史资料使用。

20世纪70年代，设专职美术干部，先后多次举办美术学习班。专业美术工作者贺中的中国画《小哨兵》《风雪乡邮路》《丰收之后》《山珍》等作品，参加了黑龙江省举办的美术展览。

为了发展各乡镇有线广播事业，1971年正式建广播转播台，转播黑龙江省电台节目。1973年建实验台，转播黑龙江省电台节目。1978年11月建电视差转台。

开展群众文艺活动，举行全县文艺会演是萝北县的传统。每逢节日，如“五一”“十一”，举行全县性群众歌咏活动或诗歌朗诵会。文化馆每年不定期出版文艺刊物《萝北文艺》。为提高群众文艺水平，经常举办各种辅导学习班，如美术班和摄影班，并举办其作品展览。平时开展舞会、播放录像活动。

经过30多年的发展，人民文化生活较为丰富，全县有文化馆、站10个，电影院2个，电影放映队60个，图书馆1个。各乡镇大都建有广播放大站，转播中央、省、县节目，50%以上农户安装了小喇叭。县城设电视差转台，可直接转播中央及省台的电视节目。

转业官兵和知青在文化战线工作的人数较多，他们成为东北大荒原上文化知识的传播者。爱好美术的北京知青于坤，兢兢业业，呕心沥血，培养了一批美术爱好者和美术专业人才。此外，还有爱好吹笛子的教师张永与学生一起发明了向日葵杆笛子，等等。他们犹如一支生力军，播撒着希望的种子，他们桃李芬芳驻满园，传授着文化知识，为培养萝北一代又一代文艺接班人做出了巨大贡献。

红红火火的文艺宣传队

知识青年是萝北专业或业余的文艺宣传队的主力军。1964年，萝北县成立文化工作队，队中11人，其中7人为知青。1969年，在原文化工作队的基础上成立了萝北县文工团，这在全省边境县是第一个。当时萝北县每年都在全县（包括县域内各农场）举行大型文艺会演，并将在演出中涌现出的优秀演员抽调充实到县文工团，其中以浙江知青为多，有乐解民、孙永平、裘国镇、胡永泉等人。1969年，“珍宝岛事件”爆发，全县人民积极组织支援，县文工团代表黑龙江省到前线慰问反击苏军进攻的守岛部队。修汤通公路时，县文工团代表一路跟到工地慰问演出，演出的节目多，内容丰富，形式新颖，有时一天连演三场，节目也不会有重复，他们的演出得到了守岛官兵和修路工人的喜爱。到了20世纪70年代，与绥滨、同江、抚远、饶河进行边境五县文艺会演，萝北文工团的节目格外受欢迎和好评。一次在绥滨演出歌曲《十送红军》，感动得台下观众哭声一片。

当时兵团的文艺工作也非常火热，各团甚至各连队都有自己的文艺宣传队。二师十团（现江滨农场）十一连的文艺宣传队是由16名知青组建的。他们利用冬季农闲排练节目，自编自导自演反映时代特点，歌颂党和领袖的小节目。不仅每年元旦和春节为本连队的兵团战士作精彩表演，而且还经常到团里的其他连队及团部礼堂演出。由于表演的节目具有一定水平，在全团引起了轰动，还曾经代表十团到师部参加会演。2006年的中秋节，16位当年的知青，按照35年前那张照片原来的位置，重新拍下一张珍贵的照片。当时各宣传队都以排演《红灯记》《沙家浜》《智取威虎山》等革命样板戏为时尚。知青队员用忠字舞、表演唱、对口词、相声等形式，以身边的人和事为题材创作出很多优秀的文艺节目，到各地巡回演出，受到了乡亲们的欢迎。北京知青窦松春和浙江知青吴高奇创作了快板《骂丈夫》《夸夸妮她娘》等三十多个作品，其中《夸夸妮她娘》获二师文艺会演一等奖，同时还获得创作和表演等多个奖项。当时的业余文艺宣传队培养了许多优秀人才，为其日后成为艺术家创造了条件，如著名演员濮存昕、舞蹈演员尚淑珍、相声表演艺术家姜昆等。与此同时，他们还培养了许多本地的学生，为萝北地区留下了一支优秀的文艺骨干队伍。

第十章 卫生

萝北解放前的卫生事业比较落后。新中国成立后，党和政府对人民群众的健康很关怀。萝北县贯彻以“预防为主、积极治疗”的方针，建立了各级医疗机构，逐步扩充医疗队伍，增添医疗设备，大力宣传常见病和多发病的防治工作。

1949年，建立了萝北县卫生所，但设备简陋，医务人员较少，患者只能门诊，不能住院治疗。另外，民间还有几家中药铺子。1953年，开始在卫生院设置病床。同年，建立萝北县妇幼保健站，宣传新法接生，培训接生员。1955年，萝北县中医联合诊所组成。当时有肇兴、团结、凤翔三个中医联合诊所。1956年，建立萝北县人民医院。同年，由国家投资，在肇兴、团结、名山、太平沟四个乡镇建立了四个卫生所。新中国成立以来，除萝北县自行培养一部分医务人员外，国家还分配给一定数量的医科大学和中专毕业生，充实医疗队伍。医疗机构和医护人员不断增加。

1957年，由卫生科、财政科、人事科、县人委办公室组成公费医疗预算管理委员会，根据本县实际情况制定公费医疗暂行管理办法，实行公费医疗制度。同年，萝北县中医院建立，设门诊部，分内科、妇科、儿科。除完成医疗工作外，还承担全县中药采购和供应工作。1958年，县中医院并入县中心医院，只设中医科。人民政府非常重视卫生防疫工作，1959年建立萝北县卫生防疫站，配备三名医务人员。

20世纪60年代，萝北中学设医务室，配有专职校医加强学校的卫生工作。县防疫站有计划地对学生进行体检和疾病预防。1962年，萝北县医药公司成立后，独家承担药品及医疗器械的供应，其货物来源，有自产的部分中药，但绝大部分系从外地购入。

实行计划生育是我国的一项基本国策。1963年，为贯彻国家的相关指示精神，成立了萝北县计划生育委员会，认真贯彻执行计划生育基本国策。通过宣传教育，形成了以晚婚和计划生育为荣的新风尚。同年，人民医院改为萝北县中心医院，住院处和门诊部分开，各设内科、外科、儿科、妇科、中医科、针灸科等。1968年3月，由县人民医院、防疫站、保健站、原卫生科等单位共同组建了萝北县卫生事业革命委员会。

农村大队的卫生所大部分建立于1970年，由县社下放到农村的47名医护人员和专为每个大队培训的乡村医生组成。能对一般轻病、轻伤做较好的处置，解决农民的一般就医需求。

1975年，县卫生防疫站设卫生组负责食品卫生工作，在元旦、春节、端午节、中秋节前进行食品卫生检查。同年起开始抓劳动卫生工作，对工厂企业各种有害因素及其对人体健康的影响进行监测，对在有毒有害环境作业的职工进行健康检查。

人民政府认真贯彻以“预防为主”的方针，对传染病和地方病采取了积极防治的措施。通过积极防治，取得了显著成果。全县人民积极响应政府“动员起来，讲究卫生，减少疾病，提高健康水平”的号召，广泛开展爱国卫生运动。开展群众性扑鼠灭蝇活动。城乡卫生大为改观。

新中国成立30多年来，全县的医疗卫生事业有了很大发展。全县有医院11所、床位167个、医护人员281人，为1949年医院数量的11倍，医护人员则超过1949年15.7倍。各村皆有医疗点，共有乡村医生133人。农民缺医少药的状况已获较大改变。卫生医疗设备日益精良，技术力量更加雄厚，医疗队伍不断壮大，城乡的卫生医疗条件逐年改变，人民健康水平不断提高，基本做到了小病不出村，大病不出乡（镇），重病不出县。

转业官兵和知青中从事卫生工作的人数相当多。他们中有的是从部队集体转业到县里继续以医疗卫生为职业，治病救人；有的是当上了乡村医生，为缺衣少药的农民排忧解难，解除病痛，“乡村医生好阿姨，一顶草帽两脚泥”。

北京知青程晓凤，刻苦钻研医疗技术，精心护理病人，热心为广大职工群众服务，受到了好评，成为二师十三团的先进人物；哈尔滨知青尹长生坚持留在延军农场职工医院工作，任住院处主治医生，被农场送到哈尔滨医科大学进修学习。

热血写春秋心诚出奇迹

20世纪50年代，转业官兵在开发萝北、建设萝北的创业史上写下了光辉灿烂的篇章，建立了永载史册的丰功伟绩。作为转业官兵一员，太平沟卫生院院长、党支部书记、县优秀共产党员的曾泽安同志也在这光辉史册中记下了光彩夺目的一页。

1963年2月，正是塞北隆冬季节。一天夜晚，朔风怒吼，大雪飞扬。鹅毛似的雪片铺天盖地而来，不一会儿工夫就下了有半尺多厚。在这时，距团结乡卫生院十多里路的三屯农民于生海来到医院，点名找曾大夫去往诊。他气喘吁吁地对曾大夫说：“大夫，我们家新添的小孩病了，挺严重的，你快去给看看吧！”曾大夫一听，二话没说，装好医疗器械，背上诊箱就走。因雪大路滑，无法骑车，他们就步行向三屯赶去。他们冒着零下三十多摄氏度的严寒，顶着劈头盖脸的风雪，艰难地在路上跋涉着，道路和田野一片雪白，分不清哪是道路，哪是田野，一路上不知跌倒多少次。跌倒爬起来继续前进，曾大夫心中只有一个念头：“摔两下跤没关系，救孩子要紧。”当他们赶到于家时，患儿的母亲正在放声大哭，于生海一看孩子的样子，心里也凉了大半截，一边抹眼泪，一边劝妻子：“别哭了，哭有啥用，是儿死不了，是鬼活不成，谁让咱们没抱儿子命呢。”说完，就跑到院里，拽下一捆草，抬进屋里，时刻准备孩子一断气，就用草卷巴卷巴扔出去。曾大夫怀着沉重的心情走到患儿跟前，一边用双手捂着冰凉的听诊器，一边观察着患儿病情，患儿口唇青紫，呼吸微弱。经过认真检查诊断，确诊为：新生儿肺炎合并心衰，患儿处于垂危状态。当时的医疗条件很差，连氧气也没有。曾大夫就一边对症用药，一边为孩子进行口对口的人工呼吸。孩子气管里有浓痰，但是却一时吸不出来，经过一阵紧张的抢救，症状还没见好转。屋子里的人一个个焦急万分，面面相觑，患儿的父亲看到这情景，难过地说：“曾大夫，你也尽到心了，孩子没希望了，让我把他扔出去吧！”曾大夫摇摇头，没有说话，他想：“患儿即使有百分之一的希望，我也要尽百分之百的努力。”他没有灰心，紧接就开始第二次紧张的抢救。他给患儿打了一针微量强心剂后，又做人工呼吸，他一次次地逐渐加大呼吸量，终于把一口浓痰从患儿口中吸出来。浓痰又腥又臭，由于用力过猛，曾大夫差点把孩子的痰吸到自己肚里，他屏住气赶紧把孩子的浓痰吐出来，自己又干咳了几下，总算没有呕吐出来。别人给他端过嗽口的水，他边嗽口，边观察患儿的病情，当他看到患儿口唇逐渐红润，呼吸也比刚才有力了，一颗悬着的心总算落了下来。

为了预防患儿病情中途恶化，曾大夫索性在患儿家中住下来，密切观察病情变化，定时定点给患儿服药打针，经过几天的精心治疗和护理，患儿终于得救了。

曾泽安同志作为一名医生，经他亲手抢救、治疗而成活的孩子何止几百个。虽然时间已经过去多年了，但是曾大夫的事迹却仍使人们记忆犹新。曾泽安同志作为转业军人、人民医生，三十年如一日，全心全意为人民服务，忠心耿耿做好医疗卫生工作，救死扶伤、实行革命的人道主义。他以无私的奉献，忘我的工作谱写了一曲曲感人的医疗凯歌，创造出萝北医疗史上的奇迹。他的先进事迹，已被全县人民传为佳话。

第十一章 体育

新中国成立后，人民政府重视关心体育事业，坚持贯彻“发展体育运动，增强人民体质”的方针。每年均在县城举办单项或多项的体育比赛，有时举办全县综合运动会，选拔优秀运动员组成县代表队，参加地区、省或国家举办的运动会，先后有75名优秀运动员被输送到地区、省和国家体训队。

1949年以后，群众体育项目逐渐增多，以田径和篮球运动为主。1956年，机关、企事业单位的职工都坚持做工间操。萝北县大多数少数民族的体育活动与汉族无异，唯朝鲜族的体育活动，尚保持一些民族特点，男女青年深爱踢足球、跳跳板、荡秋千、拔河、摔跤等传统项目，也开展排球、长跑、接力赛、滑冰、游泳等体育活动。参加人数较多，范围较广，每次比赛都充满着民族大团结的热烈气氛。在1956年黑龙江省举办的朝鲜族运动大会上，萝北县的朝鲜族男子排球代表队获得第1名。

1957年，第一次派速滑代表队参加在宾县举行的全省速度滑冰比赛，获团体总分第1名。1959年，县建立青年业余体育学校，重点培养和训练体育人才。1960年，成立萝北县体育运动委员会。1963—1964年，萝北县朝鲜族的足球代表队，两次参加黑龙江省举办的足球比赛运动会，获得第1名和第3名的好成绩。1964年，参加合江地区运动会，田径获团体总分第3名。同年，男子足球队参加全省足球比赛，获得第2名。1965年后，田径、滑冰、棋类以及各种球类活动，在城乡开展较普遍。1974年，合江地区小足球比赛，县代表队获冠军。同年，小男女篮球代表队参加合江地区小篮球比赛，分别获得冠军和第3名。同年，县乒乓球队代表合江地区出席省乒乓球比赛中，获男子团体第3名。

1977年以后，群众体育活动又日趋活跃，夏季以水上运动为主，每年“七一六”各单位都组织职工到黑龙江游泳。冬季则以冰雪运动为主。另外还开展长跑、太极拳、气功等活动。每年还按季节和利用节假日举办一些单项比赛，如“五一”的环城赛，“五四”青年的接力赛，“十一”职工的篮球、排球、乒乓球赛。从幼儿到老年，从城镇到农村，从家庭到社会，群众体育活动已广泛地开展起来。

各级各类学校，均设有专职体育教员，按教育部颁布的《中小学教学大纲》上体育课，其内容为体育基本知识、队列、基本体操、田径运动、器械运动等。此外，根据季节不同，安排课外体育活动。春秋两季以球类和田径项目为主，夏季以游泳为主，冬季着重滑冰。1978年，在中小学推行“体育锻炼标准”制度，有6 400多学生参加。

经过30年的发展，萝北县的体育事业有了很大进步。体育机构和体育设施不断完善，体育队伍不断壮大，体育项目逐年增多，比赛成绩也不断提高。20世纪60年代后大批京沪杭知识青年到县内插队落户，给体育事业带来了活力，乒乓球在70年代中期在合江地区冒了尖。其他项目，如足球、田径等也都开展较好，取得了一定成绩。通过各项体育锻炼，人民身体素质不断增强，促进了社会主义各项事业的发展。

乒乓球运动的奠基人

20世纪70年代中期在萝北县，名声最响的体育项目当属乒乓球。它不仅创造了萝北体育事业的高峰，也是最具有影响力、延续时间最长、普及面最广的一项群众性体育活动。为萝北的乒乓球运动立下汗马功劳并把乒乓球运动推向高潮的人，是来自宁波的两位知青罗丙荣与王凯民。

1971年7月，黑龙江省要举办“文化大革命”以来的第一次全省青少年乒乓球比赛。萝北县体委军管会接到通知后，责成县体委干事卢中选来完成这项工作。卢中选经过打听得知下乡插队在太平沟公社兴东大队的浙江宁波知青中，罗丙荣和王凯民是乒乓球的高手。卢中选带着两位知青选手到佳木斯市，加上从集贤县抽来的一个少年选手，代表合江地区参加了全省青少年乒乓球比赛。这次比赛只设立了团体赛项目。在比赛中罗丙荣和王凯民发挥出色。最后哈尔滨队获得冠军，牡丹江队第二，以萝北选手为主力代表的合江地区队得第三名，排在齐齐哈尔队之前。这次比赛轰动了整个合江地区。胜利的消息传回萝北后，在全县也引起了很大轰动。

1972年初，罗丙荣、王凯民被正式调到县城进入少体校乒乓球班任教练。罗丙荣重点带男生班，王凯民重点带女生班。半年后，在合江地区的少年乒乓球比赛中，萝北县男女队均获得冠军。1973年全省青少年乒乓球比赛，萝北获得团体冠军，女队少年组获冠军，青年组获第三名。

罗丙荣、王凯民在萝北训练的乒乓球队员有上百人。为萝北县乒乓球运动奠定了坚实的基础，当年他们训练的第一批男生班运动员尚连江，打过合江地区两次冠军。参加工作后，财政系统全省比赛中获得冠军，又代表黑龙江省财政系统在大连参加全国财政系统乒乓球比赛，获得冠军。

乒乓球运动至今仍是萝北人民最喜爱的体育项目之一。全县职工乒乓球赛每年举行一次。家长也很重视从小培养孩子乒乓球爱好，目前少年乒乓球训练班有五六个，参加训练的少年儿童达几百人。全县职工活动中心设有乒乓球台，免费供乒乓球爱好者去活动、健身。90%的单位都有乒乓球台，乒乓球运动已成为萝北县群众全民健身活动的一项重要的内容。

第三篇★改革创新

1979年，萝北县仍隶属黑龙江省合江地区。全县下辖9个人民公社。全县人口192 313人，县属人口63 184人。

1985年1月，萝北县划归黑龙江省佳木斯市。全县辖有3镇（凤翔镇、鹤北镇、名山镇）8乡（肇兴乡、太平沟乡、团结乡等）88村。全县人口204 511人，县属人口70 116人。

1988年1月，国务院批准，萝北划归鹤岗市领导。

2012年，萝北县下辖6个镇（凤翔镇、鹤北镇、名山镇、肇兴镇、团结镇、云山镇）、2个乡（太平沟乡和东明朝鲜族乡），63个行政村。

境内还有宝泉岭分局所属6个国营农场及鹤北林业局所属19个森工林场。

2017年，萝北县区划行政管辖不变。全县总人口22.6万，县属人口8.6万。凤翔镇是县政府的所在地，也是全县政治、经济和文化的中心。

习近平总书记强调："不忘历史才能开辟未来，善于继承才能善于创新。"（习近平在纪念孔子诞辰2 565周年国际学术研究会暨国际儒学联合会第五届会员大会开幕会上的讲话，2014年9月24日）边疆萝北曾是抗日将领赵尚志等热血男儿，救国杀敌的沙场；边疆萝北曾是十万官兵拓边戍边的战场；边疆萝北也是改革开放的前沿，是新时代肩负祖国粮食安全的"压舱基石"。

改革开放40年，萝北人民致力改革创新，发展经济。牢记"中国粮食、中国饭碗"，重视发展生态农业；注重招商引资，发展县域工业和旅游业，努力打造"中国石墨之城""界江之都"和"红色旅游胜地"。"抓重点、补短板、强弱项"，极力推动了县域经济的腾飞，促进了全县经济社会的持续健康发展。

尤其是党的十八大以来，在习近平总书记提出的"绿水青山就是金山银山，冰天雪地也是金山银山”重要思想指引下，萝北县委、县政府开展优化服务环境，大力改善营商环境，“大农业、大石墨、大界江、大森林、大湿地、大冰雪”彰显勃勃生机。

从名山国际口岸的开通及名山岛旅游区的打造，从太平沟黄金古镇及鹤北母树林、苇场都鲁河湿地等景点景区规划建设，到融于伊春、黑龙江界江游特色鲜明的旅游产业带。名山冬季冰雪汽车越野赛、夏季每年一度的“七一六”戏水节，“鼓乐之乡”，“六大文化”融合和碰撞，吸引全国游客纷至沓来。2018年，第十四届中国（深圳）文博会上被评为“中国最美县”。

目前，萝北县人民在深入贯彻党的十八大及习近平总书记系列重要讲话精神的指引下，继往开来，以经济建设为中心，以稳中求进为总基调，以从严治党为保障，全面实施产业项目建设，乡村振兴计划，精准扶贫等举措，在“转变发展方式、释放优势动能、打造特色产业、建设生态强县”的工作思路上，大力发展矿产资源加工、农副产品加工、商贸物流、旅游服务“四大产业”，增强经济综合实力，统筹发展基础民生事业，推动萝北经济社会全面振兴发展。

萝北地处黑龙江中部边境，改革开放之初一直延续之前的“政治边防”，即巩固边防为主，发展生产为辅的使命。萝北农村真正的改革开放是在20世纪90年代之后。因此，萝北的改革发展历经三个阶段。

第一阶段：1978年党的十一届三中全会至1984年为萝北改革开放的初期。这一时期，萝北县主要执行备战为主、生产为辅的政治任务，“大帮哄”的集体生产体制严重制约着发展萝北经济和生产。党的十一届三中全会召开以后，萝北改革可谓宣传动员早，但全面落实晚。萝北县处于边学习摸索、边观望前进状态。全县农村普遍实行经济体制改革，将集体所有的土地承包给农民个人经营。萝北县对外贸易开始活跃，出口物资有所增加。黑龙江沿江民间对苏俄易货时有发生。

第二阶段：1984年至1992年为萝北深化改革阶段。

1984年，中共萝北县第九次代表大会召开，确立了加速萝北县工农业生产的步伐，进一步巩固和完善家庭联产承包责任制和各种经济责任制。1985年，萝北县委九届四次全委会议确定了“坚持两个文明一起抓，坚持两改两开、富国富民”的战略方针，以稳定发展农业、加速发展工业和乡镇企业为重点的各项改革工作也全面展开。党的十二大以后，县委出台政策，在农村全面实行家庭联产承包责任制，建立新的田间生产责任制和多种经营生产责任制，实行统分结合的双层经营体制，改革多年实行的农副产品统购、派购制度，加大了粮食、蔬菜、畜牧业、乡镇企业的农村生产结构调整力度，完善流通体制，调整农业产业结构，不断将农村改革引向深入。1988年，县城集市贸易非常活跃。随着城乡一体化加快，萝北县农村经济向多元综合型农业转变，形成了“以种植业为主导”的经济发展新格局。农村养殖业等多种经营和乡镇企业明显增加，全县农民总收入大幅增长。

1988年，萝北县依托资源，发展以采金、伐木等为主的地方工业，依靠科技，研发生产了减速机等新产品，发展县域经济。萝北黄金生产自1986年起连续六年超万两，受到国务院、省政府的嘉奖，农业粮食总产量突破亿斤大关并稳步增长，军川粮库被商业部授予全国保粮先进单位。县水产公司和县果品公司及县边贸公司对外贸易为国家赢得大量外汇，名山口岸沿江混凝土高级公路建成等，这极大地促进了萝北县域经济和社会的发展。

第三阶段：1992年至今，萝北进一步解放思想，改革开放进入新阶段。

1992年邓小平南方谈话发表后，萝北改革开放走向深入发展新阶段。萝北县贯彻《全民所有制工业企业转换经营机制条例》，县域国有企业开始转制，县政府与苏联阿穆尔捷特十月区访问交流频繁，开始对俄联邦直接边境贸易。萝北强化农业，提出以工兴县、招商引资，发展县域经济的战略。同时，萝北实施“科教兴县”的战略方针。

1993年6月，县委十二次党代会召开，县委以富民强县为奋斗目标，紧紧围绕党的十四大精神，建立社会主义市场经济体制，抓住经济建设这个中心，全面深化改革开放，大力发展私营经济，发展质量效益型农业，全县招商引资，南联北开，“强化农业，突破石墨等工业，打造名山口岸和对外旅游贸易，用建筑业拉动相关产业”。

为了促进县域经济的快速发展和对外联系，萝北县委、县政府开通名山口岸，在困难重重的情况下，抓住机遇，倾全县人民之力，集资修建了哈萝公路上梧（桐河）名（山）段水泥公路，缩短了萝北与鹤岗、佳木斯等城市的距离，加快了与外界的联系，使边疆萝北发展进入了快车道。

党的十五大以后，萝北县委贯彻执行省委“搞好二次创业、实现富民强省”的发展战略，加快改革，大力发展，促进经济结构战略性调整，加快农业产业化，扩大对外开放步伐，改革开放进入新的阶段，经济社会都得到较快发展，县容县貌焕然一新。

党的十八大以来，萝北县以科学发展为统领，以转变发展方式为主线，做大做强矿产资源和农副产品精深加工两大主导产业，发展壮大旅游和商贸物流两大战略产业，积极培育林木加工、中草药、山产品和建材四大接续产业，巩固提升农业基础产业，加快发展文化产业，增强经济综合实力，统筹发展基础民生事业，努力把老区萝北建设成经济发展、生态优越、文化繁荣、社会和谐、人民富裕的边陲明星县。

第一章 生态农业发展谱新篇

斗转星移，沧海桑田，孕育了三江平原肥沃的黑土地。萝北黑土以其有机质含量高、土壤肥沃、土质疏松、最适农耕而闻名于世。萝北县盛产水稻、玉米、大豆等优质农产品。

1979年县委书记韩清智上任后，在县委会上提出了“484”奋斗目标，即全县在三年内实现开垦农田40万亩、粮食生产达到8 000万斤，给国家上缴粮食4 000万斤。

1983年实行家庭联产承包责任制后，当年全县农业生产粮食产量就完成“484”奋斗目标，而且有了新突破。全县广大农民基本解决了温饱的问题。基础好的团结、肇兴等生产大队还有余款。这彰显了承包责任制在农业生产上的勃勃生命力。

1984年，萝北只有团结6队、凤翔镇红光朝鲜族村等种植水稻，全县水田不到2万亩。县委书记果鸿翔上任后，贯彻实施了“旱改水”的战略。当时从未种过水田的农民，对“旱改水”存在很大质疑，农民种植水稻积极性不高。团结乡书记樊金宝、镇长贾玉堂与有关科技人员责任到户，深入群众，大力宣传推广“旱改水”的好处，对大棚育秧工厂化、水稻旱育稀植技术进行推广实验，当年“旱改水”的农户试种水稻喜获丰收。经过几届领导班子的努力，井灌水稻种植在团结乡大面积推广，带动一方农民发家致富，也为以后几十年农村农业发展指明了致富之路。

1988年萝北归属鹤岗管辖后，为了响应上级号召，扩大农作物种植面积，县政府鼓励开垦荒原、荒山。对旱田方面，县政府引进吉林的高产玉米种子，全县范围内实施“大双覆膜”推广实验。同时，加大农机推广，促进了农业生产的发展。太平沟乡兴东村由于新农具、新机械的广泛投入使用，大大地提高了春种秋收劳动效率，为农业现代化奠定了良好的基础。

进入新世纪后，萝北县大力发展绿色农业，抓住国家现代农业示范区建设和“两大平原”现代农业综合配套改革战略机遇，明确了打造“绿色食品之乡”的发展定位，依托“互联网+农业”，深入实施鹤岗市委、市政府提出的“种出绿色粮食、养出绿色畜禽、做出绿色食产品、打出绿色品牌、卖出绿色价格”的发展思路，把建设绿色食品基地列为全县经济发展重要建设任务之一，重点推动粮食畜禽、水产、蔬菜、山特产品等加工基地建设，初步形成了大米、杂粮、食用菌、蜂蜜、南瓜等系列绿色食品产业化经营体系，有效推动了萝北县现代农业发展的步伐。

党的十八大以来，在实施乡村振兴战略的大背景下，萝北县委坚持把发展现代农业作为振兴的重要内容，牢记习近平总书记“把中国的饭碗牢牢端在自己手中”的教导，勇担维护国家粮食安全“压舱基石”的责任，争当农业现代化建设的“排头兵”，在推动黑龙江农业大省向农业强省的跨越中贡献着萝北的智慧和力量。

萝北县树立“绿色”理念，打青山绿水牌，唱生态农业戏，深入实施“绿色品牌兴农”战略，全县生态农业提效发展。历经几十年“以农为本”的拼搏，萝北县已获黑龙江省重要商品粮生产地、绿色食品生产加工地、省级生态县、国家级生态示范区和国家级生态县等诸多“绿字招牌”于一身的殊荣。

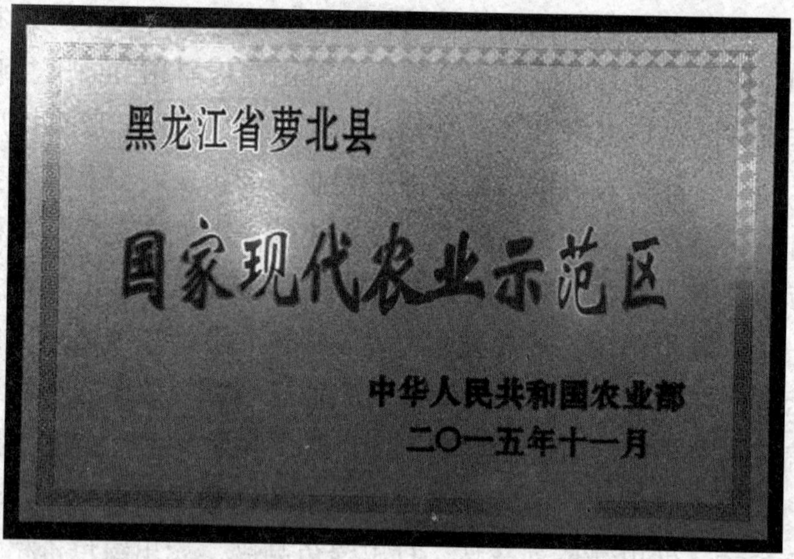

黑龙江省萝北县获国家现代农业示范区证书

截至2018年，全县粮食总产稳定在10亿斤以上。全县已创建了全国绿色食品原料（水稻）标准化生产基地总面积35万亩，绿色（有机）食品认证面积36万亩，认证标识19个；无公害作物认证面积65万亩，认证标识86个；成功申报农产品地理标志2个。有效提升了萝北农产品知名度，成功打造了“绿色经济”城市名片，绿色食品品牌、特色农业、名优农产品知名度不断提升。“渔米河”“兴龙峡”“界江”等农产品品牌叫响国内外；宏图、远大、民丰等企业入驻黑龙江省绿色食品商务网，萝北地方土特产在电商平台拥有了一席之地。同时，萝北通过招商引资，引进有实力的龙头企业，将本地大米、杂粮等绿色食品销往北京、天津、上海等城市，绿色食品知名度和省内外市场占有率不断提高。

第一节 萝北县农业的艰难"蜕变"

1978年党的十一届三中全会以后，全国农村打破脱离农村实际的"一大二公"经济模式，全面推行家庭联产承包责任制。而萝北县经历了犹豫、徘徊的过程，推行大包干生产责任制比全国落后了二至三年。1980年10月14日，中共萝北县委八届二次全委扩大会议召开，学习贯彻省、地委改革会议精神，只在边远山区贫困队和"三靠队"、领导力量薄弱的队搞承包。1981年春，奋斗公社双山大队首先实行包产到户。1982年，全县只有11个生产队进行了家庭联产承包责任制，占全县生产队总数的12.9%。1983年，全县农村普遍实行经济体制改革，将集体所有的土地承包给农民个人经营，解放农村生产力，这极大地调动了全县广大农民的生产积极性。

随着农村经济体制改革的不断深入，农村家庭经营的不断推进，全县打破了"三级所有，队为基础"的管理体制，在不断调整完善和提高家庭联产承包责任制的同时，又逐步推向林牧副渔各业，实现了农村改革的第一次飞跃。

20世纪80年代中后期，萝北县从实际出发，调整了种植结构，打破了麦豆产区的种植模式，积极发展井灌水稻种植，实行"旱路不通，走水路"战略。在大力推广水稻优良品种和科滨种植方法即推广插秧、超稀植和旱精点技术后，又进一步调整种植结构和推广高产优质、高效先进的科学技术。

革命老区村苇场乡龙兴村和名山镇山江村的个别农户试种西瓜喜获丰收，经济效益可观，带动一方农户致富；玉米种植除采取优良品种外，还采用了玉米保护地栽培技术等先进科学技术，大豆生产广泛采用垄三栽培技术。同时，采用化学除草、配方施肥、除病害、耕暄制度等新技术，使萝北县农业出现高产、高效的局面。

水利是农业的命脉。萝北县抓住国家加大对农业的投入契机，加强了农业水利基础建设，在苇场东南建成农业开发区，强化了种子繁育基地建设，加大农机更新换代，从而促进萝北县大农业的发展，为强农兴县富民的梦想奠定了强有力的基础。

党的十八大以来，萝北县深入实施藏粮于地、藏粮于技战略，充分承接国家现代农业示范区释放的政策红利，通过推进生态高产标准农田、土地整治等一批农田水利基础建设项目和一系列先进适用技术的推广，稳步提高粮食生产能力。另一方面，主攻转变发展方式，围绕“种出绿、养出绿、叫响绿、卖出绿”，全力做好“绿色”文章，打好“生态牌”，全面深化绿色、有机、生态品牌理念，逐步走出一条“粮经饲统筹、农林牧渔结合、种养加一体、一二三产深度融合”的农业现代化道路。

“旱改水”构筑农民致富梦

“要想富，种稻谷。”萝北县的水稻历史可以追溯到“民国”年间。早在20世纪70年代初期，萝北县就派工程师到方正县学习打井灌溉水稻技术，在团结乡率先搞井灌溉水稻实验，后因种种原因，只剩下朝鲜族人种的7 000亩左右，发展进度非常缓慢。

党的十一届三中全会以后，县政府提出“旱改水”的口号，一场“旱改水”的战役在萝北大地上拉开序幕。

为了树立典型，推动全县“旱改水”的实施，1983年，县领导选红鲜村会种水稻的朝鲜族人赵胜植到了农田站，承担了井灌水稻试验的任务。为了提高水温，赵胜植先在水井外面挖一大池蓄水，并在池的一边开口，挖一条三百米长的渠，渠上罩一层塑料布，以提高井水温度。然后用了三亩左右的地，直播、灌溉、放水、管理，到秋天试验田喜获亩产千斤！

自此后，一些乡村见靠种井灌水稻的前景不错，便积极参与“旱改水”的种植，井灌水稻在萝北大地上得以大力推广。

1985年1月，团结乡东方红村的刁德禄支书分析了东方红村的地理条件和自然状况，认为调整粮食种植结构，“旱改水”发展水稻生产是符合村情的。他召集村干部开会，宣传“旱改水”的好处，响应县政府“旱改水”的号召。其间，有的干部为难地说：“这事好是好，只是全乡从来没种过，收成难保，群众很难接受。”“群众不能接受，我们村干部可以先带头。”事实正如刁德禄所料，宣传号召后，全村只有4户农民同意种植。于是，他带领这4户农民一起架电、拉杆、打井、买种子、买化肥，风里来雨里去，经过一年的付出，到了金秋十月，每垧地产稻5 000公斤。村民们一看“旱改水”有戏，便相继都改种水稻。两年后，村里水稻面积一下扩大到9 000多亩。灌溉井也由开始的几眼发展到357眼。水稻由农产50万公斤增加到近千万公斤。从此，东方红村村民在“旱改水”的成功中找到了一条共同致富的道路。

1984年，全县4个乡镇17个村180户农民扩种水稻7 000亩，水稻种植面积发展到32 000亩，莲花乡利用水资源，变水害为水利。“旱改水”种水稻1 815亩，获平均亩产427斤、总产85万斤的好收成。

到1986年，全县水稻播种面积发展到37 171亩，是1985年的204.5%。全县水稻发展形势喜人。县委书记果鸿翔、县长周俊德再次强调：“旱改水”种水稻关键是井。1986年打井的农户猛增至570多家，签订合同225眼，是1985年打井数的近2倍。从此“旱改水”这项种植技术在萝北的大地上播撒开来。

“旱改水”的成功尝试改变了萝北农业的种植结构，促进了农民增产致富，对以后生态农业、科技种田有着深远的影响。

脱贫致富的红旗村

改革开放前，萝北县团结乡红旗村吃粮靠返销，生产靠贷款，生活靠救济，是出了名的“三靠村”。

1984年，党支部书记魏振顺参加县委农村工作会议回村后，带领党员挨家挨户传达“一号文件”，宣传党的富民政策，开化人们的思想。魏振顺在支委会上激动地说：“我们不能光挂牌不唱戏，眼睁睁瞅着乡亲们受苦。党号召我们勤劳致富，我们得寻找致富的门路，带领大家脱贫致富。”

有了好政策、好路数，还要有好人干，红旗村的党员敢为人先，敢于担风险。发展井灌水稻，在萝北也是新鲜事，旱改水，投入多，风险大，一旦有闪失，难以翻身。为了改变贫穷落后的面貌，冒点风险值得。村支委和村委会领导到方正、绥化等县进行实地考察，学习“旱改水”的经验，回村后，率领党员搞起了“旱改水”实验，当年获得了大丰收，水稻亩产350多公斤，是旱田的4倍，试种水稻的人当年成了“万元户”。

1985年，群众看到了“旱改水”的好处，全村兴起水田热，当年打井37眼，水田面积达到8 000亩。从1986年开始，在全村大力推广工厂化育秧、旱育稀植、抛秧、插秧等水稻生产新技术。村委会派人三下延寿、方正县请技术员传授种植技术。从打井、耕地到每个环节都有技术人员亲自到场指导。1989年，由于扩大再生产采用生产新技术，这个村实行插秧、抛秧新技术的稻田已发展到6 000亩，全村粮食总产量比1983年增长了6倍，粮食商品率达到63%。

为解决水稻丰收卖粮难的问题，红旗村党支部还及时成立了卖粮联络小组，到省城哈尔滨、伊春林区和宝泉岭农场等地推销大米，使全村的余粮全部卖出，促进了村民扩大种植水稻的积极性，加速了村民发家致富的步伐。而今，这个村一跃成为全县的首富村。

第二节　绿色农业发展迅速

萝北县地处三江平原，生态环境好，农业素以大豆、小麦、玉米、水稻四大作物为主。由于政府实施科技兴农的决策，农业生产，一改过去粗放经营老传统，实行集约经营，对粮食的当家品种水稻实行旱育秧、育壮苗、稀插秧，提高了水稻亩产614斤；对玉米、小麦、大豆亦作相应科学种植。1986年，全县粮食总产首次超过亿斤，此后逐年稳增。自1987年起，推行“旱改水”，不断扩大水稻种植面积，改良种植技术，其总产居各粮之首，且质量获得国家绿色水稻标识，成为萝北县最先进入订单农业且数量最多的产品。

20世纪90年代开始实施产业结构调整，增加经济作物和饲料作物的种植面积，发展了乡村企业，扩大了养殖规模。中药材种植面积211公顷，年产药材925吨；万寿菊年收获近900吨；黑木耳、蘑菇的年产量，各在30吨以上。乡村企业已达140家，从业人员近5 000人，其经营项目除传统的砖、瓦之外，新生的农产品、山产品精加工业和山矿产业均已打入市场，成为热销产品。团结镇的文昌米业贸易公司、环山乡的木耳加工厂已形成

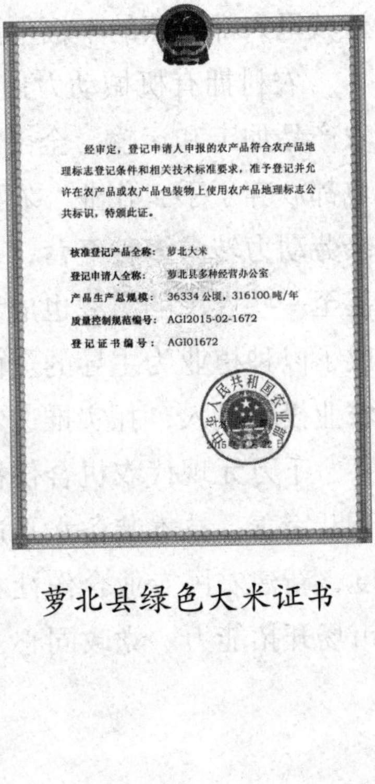
经审定，登记申请人申报的农产品符合农产品地理标志登记条件和相关技术标准要求，准予登记并允许在农产品或农产品包装物上使用农产品地理标志公共标识，特颁此证。

核准登记产品全称：萝北大米

登记申请人全称：萝北县多种经营办公室

产品生产总规模：36334 公顷，316100 吨/年

质量控制规范编号：AGI2015-02-1672

登记证书编号：AGI01672

萝北县绿色大米证书

产业化链条。

由于县委实施鼓励奶牛生产的政策，萝北的奶牛养殖得以发展并已形成规模产业，建成一个奶牛示范镇、四个奶牛专业村，而非专业村的奶牛，其存栏数亦在迅速增长。同时，特色养殖也逐步兴起。品种从熊、鹿、鲤、鲫到鸵鸟、林蛙等，达10种以上，产品中的熊胆、鹿茸、山鸡、林蛙甚为畅销。传统的畜禽养殖，已成为村民的不尽财源。3万头的存栏大牲畜、年出栏的8万头生猪、年养殖上市的1 200吨鲜鱼均产生了巨大经济效益。

随着市场经济的发展，萝北农村的餐饮服务业日渐兴旺。清末兴东兵备道行政公署所在地兴东，往来者曾有“兴东十八条大街找不到店住”的悲叹。如今的太平沟乡镇兴东老区村，却是一个美丽乡村建设的样板，村内树木成行，繁花似锦，绿地成茵，道路硬化、边沟硬化，路边美化、香化，栅栏统一化，环境卫生经常化，饭店、旅店随处可见。餐饮业的经营者年收入近200万元。广大村民靠打鱼、种地、上山、经商，发展旅游等，过上了让城里人都羡慕的幸福生活。

农村拥有机械动力13万千瓦，从耕耘、收获、挖渠、排灌到农产品加工和运输，全由机械代劳，甚至农用铺地膜、选种子，也都放弃了手工作业。农民已从繁重的体力劳动中解脱出来，富余劳动力转向多种经营，多种经营在农业总产值中已占38.26%，甚至一些农民的家庭也成为颇具规模的经济实体。全县农业已形成了以种植业为主导的全面发展新格局。2012年，萝北县加大对农业投资投入，扎实推进农业农村工作。先后完成农田水利重点县、千万元现代农机合作社等14个重大项目建设，农业基础设施不断完善，技术装备水平进一步提升。加大合作社组建和规范力度，新建农民专业合作社40个，进一步提高了农民组织化程度和市场开拓能力。党政同心，全民参战，夺取抗灾保收战役全面胜利，粮食总产突破9亿斤，创历史新高。典型带动，整村推进，完成土地规模经营46.1万亩。投资2.5亿元，规划建设名山村、红光村农民集资楼和美食一条街等38个重点工程，“九统一”基本实现，城乡一体化建设取得突破性进展。

党的十八大以来，随着党的十八届六中全会的召开和各项改革的稳步推进，国家新一轮东北振兴和老工业基地振兴三年滚动实施方案的强力实施，萝北县委、县政府抓住国家实施现代农业示范区和生态高产标准农田建设的有利契机，不断提升农副产品加工产业，加快绿色食品基地建设。按照“经营组织化、装备设施化、生产标准化、要素集成化、特色产业化”的原则，建设农产品生产基地。进一步优化种植结构，坚持数量和质量并重，扩大优质绿色粮食和特色经济作物种植规模，提高粮食综合生产能力。按照“两牛一猪一禽”的畜牧业发展思路，加快养殖小区和畜牧基地建设，突出抓好恒阳万头奶牛、百万只森林鸡等养殖项目前期工作，大力扶持恒森肉驴、康泰家禽、中大牧业等企业做大做强。积极发展特色林下经济，开发森林食品、北药种植、绿化苗木等新项目和与之配套的森林食品保鲜加工项目，多渠道促农增收。推进农业产业化发展。加快推进北跃现代粮食加工物流园区建设，打造仓储加工能力百万吨和物流中转能力百万吨规模的大型企业，为产业发展提供支撑。加强与恒阳牛业、寒地黑土等农业产业化龙头企业的深度合作，强化龙头与基地、农户、市场的利益联结，融合上下游产业，引进建设食品加工龙头企业，开发绿色终端食品，打造萝北绿色知名品牌，解决好粮食加工“有头无尾”、牧业发展“尾大头小”等问题，努力在发展绿色食品产业上有所突破。发挥龙头企业牵动作用。加强场县合作，全力扶持完达山乳业、双汇北大荒肉业、兴汇酒精、宝泉岭白羽鸡、北大未名药业等企业，继续扩大产能，拉动基地建设，延伸产业链条，提高产品附加值和税收贡献率。截至2018年，萝北农民人均收入较2012年的13 700元增长到21 133元，年均增长8%。

有机“稻鸭米”引领绿色农业新方向

随着食品安全问题日益得到全社会重视，市场和消费者呼唤：需要安全健康的食品。

2012年，萝北县“稻鸭米”种植专业合作社负责人亢洪君通过到县、镇农业部门咨询、学习，开始逐渐理清发展思路，要走绿色、有机水稻种植之路。

改革探索的路从来都不是一帆风顺的。亢洪君按照日本鸭稻共生模式栽培有机水稻的方法，开始利用在稻田里放养鸭子的方式小规模试种有机水稻。试种中严格按照有机食品生产要求，不施用任何化学合成农药和肥料。因为不施除草剂，实验的第一年，田里的杂草特别多，秧苗都被杂草淹没了，当年颗粒无收。第二年他开始改良技术，进行二次耙地除草，通过这个办法可以减少田内80%的杂草。因耙地晚，插秧就相对推后，当年水稻长势不好，瘪粒多，水稻减产近一半，收获的水稻也无法加工成米，实验再次失败。第三年，他采用“覆膜增温、二次耙地、小鸭帮忙”的特殊生产工艺消灭田间杂草，当年水稻长势良好，2亩试验田，秋天收获了1 800多斤水稻，“稻鸭米”实验终于喜获成功。经过几年不断的实验，亢洪君也对“稻鸭米”的种植信心满满，开始着手扩大种植规模。

亢洪君发展有机“稻鸭米”种植的思路符合省、市、县实施的“农业结构调整”、农业“三减”、加强农产品质量安全等农业战略，得到县、镇政府及县农业相关部门的高度重视。为了提高种植的“稻鸭米”知名度，县农业部门也将他种植“稻鸭米”的基地列为“互联网+农业”绿色食品商标准示范基地，并在基地建设了“互联网+”监测管理系统，设置了高清监控摄像头2

套，达到了24小时在线监测和互联网实时访问，初步实现了“稻鸭米”生产全程可视。县农技推广中心也对他的基地进行技术包扶，从水稻育苗、插秧到生长的各个环节全程跟踪指导和服务。通过各级政府和农业部门的多方面帮助指导，他的生产规模不断扩大，种植的“稻鸭米”知名度也越来越高。

2014年2月，他在县工商局注册成立萝北县“稻鸭米”种植专业合作社。为了知道自己生产的“稻鸭米”能否达到有机米的标准，2015年2月，他带了10斤大米到省农科院科技大厦进行化验，化验结果显示他生产的“稻鸭米”各项指标均达到有机米的标准。但农科院的工作人员告诉他，虽然他的大米各项指标都达到了有机米的条件，却因他没有有机认证，无法按有机米销售。回到萝北后，亢洪君就向有关部门申报有机认证并注册了商标，拿到纯有机认证证书。

2016年，他种植的7公顷“稻鸭米”有机水稻以每公斤14元的高价格与远大粮食签订了产销合同，平均每公顷比种植普通水稻多收入4.5万元。

同年，县绿办为萝北县“稻鸭米”种植专业合作社与萝北县远大粮食贸易有限公司牵线，促成该公司与合作社签订了105亩的有机水稻收购合同，以每公斤14元的高价格收购他生产的“稻鸭米”。

2017年，亢洪君将有机水稻种植面积扩大到225亩，并为每个水稻池子打上编号，通过网络对基地生产进行全程直播，消费者可以在网上自行选择地块进行下单购买，然后当场收割，现场加工。这彻底打消消费者心中的顾虑。种植看得见的放心食品“稻鸭米”的成功经验，带动更多的村民加入“稻鸭米”种植中来，全镇、全县推广种植有机“稻鸭米”，为萝北县农民致富增收及绿色大农业闯出一片新天地。

第三节　养殖业的发展

党的十一届三中全会以来，萝北县养殖业由普通家庭副业发展成为农业经济的支柱产业。由于政府出台各种优惠政策，充分调动了农民搞养殖业的积极性，科技在养殖业中的含量逐年增加，服务体系不断完善和健全，养殖规模不断扩大，畜禽存栏和畜禽产品逐年增加。

1978年，全县大牲畜发展到5 468匹（头）。1980年，因各种因素大牲畜下降。家庭个体经济兴起后，畜牧业冲破使役界线，向专业化、商品化转变，推动了产业布局调整，涌现出一批养畜专业户和重点户。到1984年，畜牧业出售商品类、数量日益增长，仅大牲畜达到7 141匹（头），比1982年增长50.6%。

1987年，县政府制定了引进奶牛户的优惠政策，决定改造扩建乳品厂，建设奶牛基地。此后两年，就从省内各地招来萝北养奶牛105户，带来奶牛522头。到1990年，全县已有奶牛1 356头，年产鲜奶2 868吨，畜牧业产值达1 926万元，已成为本县的台柱型产业。

新世纪以来，伴随着畜牧规模养殖和科学养殖的推进，全县以奶牛、生猪为重点的畜牧业呈现出快速发展势头，奶牛存栏和生猪饲养量均实现了两位数以上增长。2008年，萝北县全面落实各项补贴政策，投入畜牧发展资金100万元，完善畜牧服务体系，代表全省通过国家验收。奶牛存栏、生猪饲养量达到10 093头和35.2万头。2009年，进一步完善了优惠政策，畜牧服务体系作用得以发挥，畜牧业得到稳步发展。奶牛存栏达到1.34万头。2010年，畜牧业增加值实现1.38亿元，奶牛存栏1.45万头。2012

年，畜牧养殖总量持续扩张，奶牛存栏达1.8万头。2014年，完成了繁林肉牛、中大牧业、康泰家禽等规模养殖改扩建项目，全县奶牛、肉牛存栏9 100头，生猪饲养量26万头。

党的十一届三中全会后，萝北县连续三年实现一人一猪、一户向国家交售一头猪的目标，受到省、地表彰，荣获养猪先进县的光荣称号。土地家庭承包后，涌现出新立养猪村和一大批养猪专业户。1985年，生猪饲养量达11 359头。饲养主要以农户散养为主，以地方杂交品种为主。1990年以后，从上海嘉定种猪场引进梅山猪和大约克夏猪，实行以梅山猪为母本的杜洛克、长白猪和梅山猪以及长白、大约科夏、梅山猪三元杂交，在全县普遍推广应用，同时开始推广生猪直线育肥技术，引入瘦肉型猪种逐渐增多。新世纪以来，全县养猪开始由家庭副业向主业方向转变，猪的饲养量及产量大幅度增长。2001年至2005年，生猪饲养已和其他畜禽饲养一样成为农村的主导产业。伴随科学饲养水平的提高和防疫技术的普及，2005年县属建成生猪养殖小区4个，有专业养殖户420户。生猪存栏90 550头，是1986年的7.1倍，年产猪肉5 712吨，是1986年的6.6倍。2009年，生猪饲养量达到27.3万头。2010年，生猪饲养量达到28万头。2012年，生猪饲养量达37万头。2013年，生猪饲养量、奶牛存栏保持稳定，水产养殖9 320亩。2017年，大力推进“两牛一猪一禽”规模化、标准化养殖，与东方希望集团签订百万头生猪养殖投资协议。

奶山羊、家禽养殖业发展也较快。奶山羊由最初的102只发展到1980年的5 324只。2002年至2005年，山羊中又有绒山羊。全县羊的存栏总数呈逐年增多趋势。1986年，山羊和绵羊仅有882只到2005年，发展到26 558只，是1986年的30倍。家禽养殖于1983年开始向专业养殖发展，有家庭养禽专业户140户。1990年，饲养量已达209 700只，年产鲜蛋达522吨，当年出售67 365

只，禽肉产量达99吨，商品产值38万元。市场四季可见鲜蛋出售，满足人民生活需求。

丰富的山林资源，为养殖野生动物提供了便利的条件。萝北县在大力发展传统养殖业的同时，还因地制宜地发展野猪、鹿、熊、野鸡、林蛙等野生动物的养殖，促进县域内“林下特色养殖”经济的发展。萝北县凤翔镇居民朱玉福的养熊场于2002年正式办理了养殖证，经国家批准成为野生动物驯养专业户，挂牌萝北县养熊场。地处鹤北镇老区的九里庄村的蜜蜂养殖风生水起，成就了萝北“甜蜜事业”的发展。蜂蜜、蜂王浆、蜂胶、蜂蜡等深加工和品牌化产品频出。全县每年蜂蜜养殖3 000多群，年产蜂蜜90吨，蜂胶60多公斤，蜂王浆4吨，花粉3吨，其中尤以椴树蜜、黄菠萝蜜最为稀有，且质量上乘、品质独特。2013年，鹤北镇森山村潘维山组织村民35人注册成立萝北县兆丰食用菌种植合作社，采取挂袋方式进行黑木耳种植。合作社年产优质黑木耳30吨，实现销售360万元。黑木耳种植成为当地农民致富增收的“黑金”产业。2015年，合作社率先申请使用了“萝北黑木耳”农产品地理标志，被认定为“龙江特产食品”。

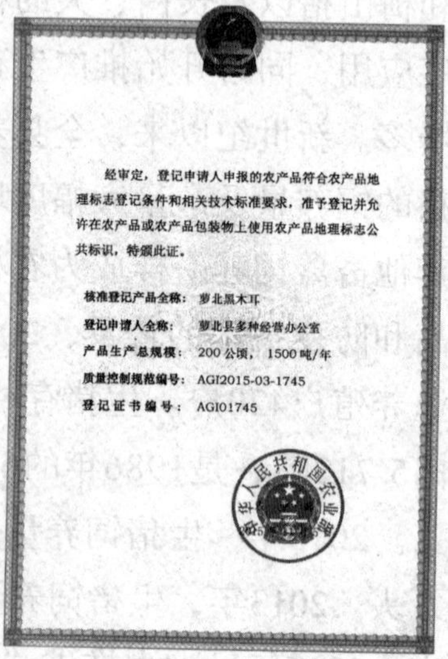
经审定，登记申请人申报的农产品符合农产品地理标志登记条件和相关技术标准要求，准予登记并允许在农产品或农产品包装物上使用农产品地理标志公共标识，特颁此证。

核准登记产品全称：萝北黑木耳

登记申请人全称：萝北县多种经营办公室

产品生产总规模：200公顷，1500吨/年

质量控制规范编号：AGI2015-03-1745

登记证书编号：AGI01745

萝北县黑木耳标志证书

靠奶牛养殖走出困境的前锋村

肇兴镇前锋村是有名的老区村，昔日可用三个字概括：偏、贫、破。“偏”，地处偏远，交通不便，信息闭塞；“贫”，1986年这个村人均收入仅为500多元，在全镇13个村中列第11位；“破”，几排破旧的泥草房，一辆东风收割机就是当年前锋

村人的全部家当。

全村实行联产承包责任制后，经济状况有了一定好转。但大部分村民小富即安思想比较严重，眼光只盯在有限的承包田上，村民只停留在“几亩土地一头猪”的发展水平上。

1988年春天，前锋村大队部里，书记康从喜及村委干部、群众代表召开会议，会议议题是如何尽快脱贫致富奔小康。会议室里气氛热烈。康从喜激动地说：“静一下！同样的政策，都是在党的领导下，别的地方能够尽快富起来，我们为什么直到现在还停留在地垄沟里找豆包的水平呢？我们村是地处偏远，信息闭塞，但是我们都不甘心这样穷下去。那么我们的出路在哪里呢？”村干部们听了支书的话，都陷于沉思。“我们要追，要赶啊。靠啥？咱们前锋村周围草甸子多，可以养牛羊。咱们村靠近旱河可以打鱼、养鱼。”康从喜看到村干部们情绪高涨，就把肇兴镇政府下发县委县政府鼓励发展奶牛业的文件边读边讲解给大伙听。这样，一条依靠本地草资源丰富，可以养奶牛致富的路子在肇兴镇最边远的村屯酝酿起来了。

会议当场就有村干部决定购进5头奶牛示范引领。为了把县里发展畜牧业制定的各项优惠政策落到各家各户，康从喜带领村干部们走家串户，向群众反复宣传党的富民政策，向群众讲解发展畜牧业的好处，有的户他们去了五六次。当了解到有的村民想发展奶牛养殖但缺少资金的情况时，他深入细致地做群众思想工作，消除村民的顾虑，走乡里跑县城，为群众利益四处奔波，联系贷款，为前锋村的养殖户解决了资金困难。为了解决技术经验上的不足，他们多次请畜牧站、农技推广站的同志到村里办培训班。村干部们的满腔热忱，终于得到了群众的响应，村民们的思想认识有了很大转变。他们还多渠道租借录像带、录放机，面向村民们开展视频培训，力争达到每户都有一位懂技术、会管理的明白人，为经济发展培养了大批技术人才。为了解决雨雪天收奶车无法进村的道路问题，村干部们就开着自家的四轮车，带动村民齐上阵，义务修路3公里，使收奶车进村畅通无阻。截至1995年末，这个村生猪存栏600头，牛520头，禽4 700只，全年畜牧业产值300多万元，成为名副其实的富裕村。

自1996年起，富裕的前锋村面对用于放牧的牧场日渐萎缩、牧场质量日渐下降、畜牧业发展趋近饱和的现状，村委会从奶牛品种改良上着手，宣传、动员村民淘汰出奶率低、奶质差的奶牛，在保证全村畜群质量不变的前提下，鼓励规模饲养、科学饲养、科学管理。靠科技致富的路子在他们的脚下延伸。

第四节　水利事业的巨大发展

水利是农业的命脉。党的十一届三中全会以来，萝北县政府积极抓住改革给水利发展带来的大好契机，深入贯彻落实各项改革措施，用足、用活从中央到地方出台的一系列有利于水利发展的优惠政策，使全县的水利建设进入迅速发展的新时期。

1983年到1987年，萝北县大兴农田水利建设，在黑龙江省“黑龙杯”农田水利建设竞赛中，取得了良好的效果。到1990年，有效除涝面积已达34.28万亩，修筑加固防洪大堤57.6公里，保护耕地41.8万亩，水田灌溉面积达113 887亩，成功地改造了易涝低产田，发展了水稻主产区。1987年，萝北县施工的项目有肇兴镇护岸延长工程设计及预算、凤翔灌区工程设计及预算、团结涝区工程设计及预算、鸭蛋河堤防工程设计、蜂蜜河改线及桥梁设计。

1988年，伴随国家对莲花涝区治理重点投资，萝北县完成都鲁河东堤工程及普阳总干渠等工程。同时，以灌溉、抗旱为重点，修建机井，建设老灌区配套工程及黑龙江防洪大坝、都鲁河堤、松花江防洪堤、团结排灌渠、烟筒山渠道、水城排灌渠、蒲鸭河回水坝、永丰闸、北京庄渠道和肇兴抽水站等。1990年修筑黑龙江和松花江堤坝全长97.2公里；挖修梧桐河、都鲁河、蒲鸭河等排涝工程，保护了百万亩耕地正常生长；其中包括7万亩旱能灌涝能排的保收田。

20世纪90年代初，萝北县先后完成了一系列水利工程规划和设计，如蒲鸭河护岸工程“八五”规划，凤翔灌区工程规划设计、都鲁河西堤施工设计及预算、莲花泡涝区的二期工程，团结、苇场、名山、奋斗、鸭蛋河、肇兴、兴东小区的规划设计，凤翔北大壕排水闸设计以及三江平原开发区工程的规划设计、测量等。这有力地促进了水利事业的发展。

1991年，萝北县制定了县域水资源管理暂行办法，开展了水资源情况的调查，宣传了加强水资源管理保护及其使用办法，增强了全县公民的水法意识和法制观念，成为全省发放取水许可证试点单位。1999年，实施取水凿井许可审批及年审制度，使萝北县原杂乱无章的凿井队伍逐步走向正轨。

2001年10月，萝北县“水利局”改为“水务局”，县自来水公司和县排水事业管理处全建制归入水务系统，在全县范围内实现了水资源的统一管理。2002年起，水务工作由原来的工程水利向资源水利转变，由多龙治水向一龙治水转变，推动水利事业发展进入新阶段。

新世纪以来，萝北县先后完成了一批关系到萝北今后水利事业发展的业务成果，如《萝北县黑龙江堤防消险加固初形设计》《黑龙江国土防护可研报告》《凤翔灌区整修续建可研报告》《黑龙江提水灌区规划》《三江平原综合治理防洪除涝工程初步设计》《萝北县水土保持生态环境10年规划》《萝北县地下水资源开发利用规划》等。

1999年7月27日，正式开工黑龙江堤防除险加固工程。2008年完成了团结镇土地整理和黎明水库除险加固工程，改造中低产田3万亩，提前开工建设江萝灌区渠首。2009年完成了烟筒山渠首、“江萝灌区”渠首、名山护岸、都鲁河堤防和蜂蜜河清淤等重点水利工程，改造中低产田30万亩，实施土地流转经营12.6万亩，建成16个水稻育秧小区，新建了4万亩国家级大豆、3万亩省级水稻和3个千亩全程机械化示范区。2010年完成了烟筒山渠首改造、干渠清淤等6项基础设施工程，进一步提高了粮食综合产出和防灾减灾能力。

党的十八大以来，伴随着黑龙江干流萝北段防洪工程、松花江水系萝北县都鲁河防洪工程和团结、肇兴涝区、奋斗、兴东涝区及凤翔灌区等防洪除涝工程的推进和实施，水田灌溉面积不断扩大，水田无公害绿色水产养殖试点成功，水利经济开始全面起步，农业发展提质增效，保障能力持续增强，萝北成了名副其实的“鱼米之乡”。

2012年，完成小型农田水利重点县和“节水增粮”工程等7个项目，改善农田3.09万亩，实施旱改水 5 万亩。2013年，实施了小型农田水利重点县、鸭蛋河应急度汛和都鲁河左堤护岸等工程，落实“旱改水”9万亩。2014年，实施了黑干堤防应急达标、小型农田水利重点县等7项水利工程。2016年，集中实施了高标准农田建设、“节水增粮行动”和黑龙江堤防等一大批农田水利基础工程，成功晋级国家现代农业示范区行列。2017年，实施鸭蛋河治理、都鲁河水毁修复等水利工程7项，落实耕地轮作试点4.8万亩、种植业保险88.6万亩，新建水稻育秧大棚934栋。成功争取全国绿色水稻高产高效示范县和秸秆综合利用全县推进项目，萝北县完成60.3万亩“国家粮食生产功能区和重要农产品生产保护区”划定任务，实现农业增加值8.9亿元。

水利兴，经济宁，百业兴。萝北县在党的十八大“人与自然和谐共生”的理念指引下，依法治水，全面推行河长制，加快推进水生态文明城市建设。萝北县制定地方配套水法规体系，正形成了国家、省、市、县四级水法规网络，这有力地促进萝北水利事业的健康持续发展，为萝北的可持续发展和经济腾飞奠定了良好的基础。

第五节　渔业水产事业发展

萝北县南靠松花江，北临黑龙江，境内河流纵横，湿地资源丰富。改革开放后，萝北县利用各类自然宜渔水域，合理规划渔业养殖，科学驯化和引进养殖优良品种鱼类，加强示范引领，提高单位产量和经济效益，把渔业水产业逐步发展并建成具有萝北特色的农村主导产业。

1986年，为了落实党的渔业政策，萝北县水产局内设水产技术推广站和渔政股。1988年春，县水产局成立了渔政保卫股负责全县的渔政管理和渔业安全生产，这为萝北县渔业水产迅速发展打下了基础。2001年萝北县水产局撤销，分别成立萝北县水产技术推广中心、萝北县渔政渔港监督管理站。

为了保护黑龙江鲟鱼类资源的可持续发展，萝北县采取了制定禁捕期、建立保护区、开展增殖放流工作、限制捕捞工具等有效措施。2004年，萝北县水产技术推广中心更名为萝北县水产管理总站。2012年，萝北县推广江水养鱼项目，养殖水面达到9 700亩；较有名的鹤北镇九里庄的农民冷水鱼养殖合作社、黑龙江肇兴段江水网拦养殖和莲花泡渔场松浦红镜鲤的引进试验成功等。

2017年，萝北县开展无公害绿色水产养殖，创建部级水产健康养殖场2个、省级水产健康养殖场2个。县水产养殖完成面积11 100亩，无公害养殖面积5 000亩，驯化养鱼面积1 300亩，综合渔业1 700亩，休闲渔业1 500亩，推广稻田养鱼10 000亩，水产品产量1 650吨，渔业产值达到1 700万元。2018年，全县年产冷水鱼等水产品1 000吨，全部应季畅销，新鲜活鱼在电商平台萝北馆热销。

党的十八大以来，萝北县加强生态文明建设，注重养护水生生物资源，在黑龙江干流萝北段开展了施氏鲟和达氏鳇的人工增殖放流活动，每年向黑龙江流域共组织放流不同规格施氏鲟和达氏鳇幼鱼近千万尾。

随着水产养殖业的发展，带动了本地游钓业和餐饮业迅速发展。黑龙江肇兴段江水网拦养殖通过逐年的增加项目使三道通网拦养殖区，真正成为水中鱼、岸边鹅、水上游钓、岸上餐饮的休闲度假为一体的旅游场所。

第二章　工业不断发展壮大

纵观萝北县域经济发展的趋势，发展工业壮大县域经济是大势所趋，必由之路。发展工业之路曲曲折折，起起伏伏。

萝北的工业可以说是零起步。有句顺口溜是这样形容萝北最初的工业状况的，“重工业挂马掌，轻工业被服厂”。改革开放初，萝北县域内仅有县农机修配厂、减速机厂等几个全民、集体企业和大集体时办过的白酒厂、酱菜厂、鞋帽厂、砖厂、饮料厂等。这些企业都是为满足县域人民的日常生产和生活需要。县属工业因计划经济影响，加之地处边远，企业没有太多资金引进，发展缓慢。

1984年，李清智县长提出“以工兴县”的口号，这为以后萝北工业逐步发展，增加工业税收，壮大县域经济指明了方向。萝北县政府根据改革实际，在县属机械、食品、采掘、建材、轻化等5大工业门类实行企业管理制度的初步改革。同时，上马了细木工板纤维板和乳制品等工业项目，交通运输、邮电交通基本建设、社队企业等也都在调整中前进。

其中萝北县黄金公司和减速机是全县龙头企业。萝北黄金总产量连续多年超过万两，成为全国十大黄金万两县之一，荣获国务院、黑龙江省的嘉奖。县减速机厂自我研制成功的波齿减速机、双圆弧减速机等产品，远销省外。县农机修造厂制造的稻麦收割机在1987年全省农产品展览会上被评为省内同类产品第一名，中央电视台在经济新闻节目中介绍了该产品，效益显著。

随着改革开放的不断深入，商品流通发展的壮大，萝北县个体私营、股份企业如雨后春笋。萝北县把丰富的地下资源不断转化为资产开发，全县农林牧副各业产品由粗放经营不断向精深加工发展。全县扩大招商引资，应运而生的云山石墨矿开采公司、县供热发电厂、萝凤建材厂、县水泥厂等合营企业效益可观，产值日增。2005年，萝北工业已初步达到了以资源开发和农副产品精加工为主的产业格局。一批龙头企业形成了对乳品、大豆、水稻深加工等的产业链条，并正由小变大，日渐昌盛。2011年投资42亿元，开工建设千万元以上项目35个，工业增加值从9 000万元增至4.3亿元，翻了两番，税金从5 591万元增至1.86亿元，地方工业成为县域经济的主要支撑和重要增长点。

党的十八大以来，萝北加快转变发展方式，坚持创新发展理念，以矿产资源精深加工、农副产品精深加工、商贸物流、旅游四大产业为重点，全力构筑充满竞争活力和独具县域特色的现代产业体系。截至2018年，萝北县强力推进萝北石墨产业园区建设，多方筹措资金，加快推进园区污水处理厂、大型尾矿库和大型物流中心建设，完善园区“七通一平”基础设施；加强园区管理与服务，重点抢抓国家推进电力体制改革政策机遇，降低企业用电成本，打造低电价政策洼地；围绕园区建设的难点问题，加快园区内林场的易地搬迁工作。同时，按照布局科学、设施完善、要素齐全的标准，打造名山中俄贸易产业加工园区、凤凰山工业产业加工园区和北跃现代粮食加工物流园区，使“四大园区”成为萝北县经济发展的先行区、招商引资的主阵地、项目建设的主战场和对外开放的新窗口。抓好云山碳业、奥星等石墨精深加工项目，抓好云山碳业、奥星等石墨精深加工项目，全力招引重大战略投资者，打造集研发、制造、供应于一体的生产模式，推动石墨产业扩总量、上规模、增效益。萝北县规上工业增加值4.5亿元，绿色矿业持续向好，生产石墨产值18亿元，税金2亿元。萝北人民在兴工富县的道路上愈走愈宽阔。一颗璀璨的北国明珠萝北必将在黑龙江畔熠熠生辉。

第一节　“黄金”时代

中共十一届三中全会后，搞改革开放，国家急需大量外汇，外汇的换取必须真金白银。素有黄金镶边的萝北成为黄金开采的主战场。萝北黄金采掘得到重视，萝北县进入了“黄金时代”。

1981年9月，县黄金公司成立。初归县工业局管理，1984年分出直属县政府，为全民所有制企业。它辖设东都鲁河、创西、小梧桐等金矿。1985年，购进100立升采金船投入生产，至1990年年产金6 848两，创利74万元。是年，由于县政府号召各乡镇、企事业单位组织剩余劳力采金。外地群众来萝北采金者络绎不绝，经几年时间，境内就发展到22个矿区，47个采金点，其中纳入国家统计采金企业达10户，全县黄金产量剧增。

1986年，萝北县黄金生产突破万两，开始跨入全国黄金万两县行列，县政府荣获国务院和省政府的嘉奖。此后连续6年超万两，达到了自清末采金以来持续高产的顶峰。

1997年，国家实施天然林保护工程，萝北县黄金公司由于特殊原因，采伐许可证没有到期就戛然而止，当时公司200多职工大部分下岗，到1998年，只剩20来人。1998年开始，县黄金公司到黑龙江对岸的俄罗斯进行域外采金。2003年，在俄罗斯注册了鑫达黄金有限责任公司和东方采掘责任公司。2006年，产黄金3.8

公斤，而2007年产黄金达到20公斤。

踏遍荒山采金人

党的十一届三中全会，由于放宽了矿业生产政策，处于停顿状态的全县黄金生产一跃而起，个人、集体、国营一起上，太平沟沸腾起来了。

1984年春天，由地质队队长金京清带领一行20人对嘉荫河的上游、小梧桐河的支沟进行了地层结构和黄金储藏的勘探作业，发现此段黄金储量已达到开采标准。

遂于同年5月初，县黄金公司组织人员、开进山沟打响了开发小梧桐的战役。

小梧桐河的支沟位于小兴安岭东麓的腹地，山上长满了杨树、桦树、柞树，无路可行。要进入支沟需从山顶上开路，这对于人来说还可以，可对采金必备的拖拉机却难了，拖拉机只好从山沟里绕道而行。

拖拉机拉着爬犁在凸凹不平的山沟里突突地行进着，它似乎比在平地上行走要费力得多。司机加大到最大的油门也放不开速度，山石在拖拉机的履带底下发出沙啦啦的声音，钻队的工人们不停地在前面搬石头、砍树木，为拖拉机开路。拖拉机还是铆足了劲，继续以比老牛还要慢的速度前进行着。

进到漂筏甸子时，铁牛还是被捂住了，只好停下沉重的身躯，在那里喘着粗气。两条履带在稀泥里哗哗地放着空转，团团稀泥从履带后甩出来。面对此景，队长金京清大喊一声："停车，砍木头垫。"工人们砍的砍、锯的锯、抬的抬，想尽办法把木头垫到履带底下。木头往稀泥里一扔，"啪叽"一下溅起了许多泥点，迸得工人们脸上身上全是泥，有的工人跳进没到膝盖深的稀泥里忙碌着。虽然已是春暖花开的季节，但山区的水还是刺骨的凉。有的工人腿抽筋，伸一伸，仍然坚持着。拖拉机还是寸步难行，无用武之地，只好给拖拉机摘了挂、卸了载。

艰难的跋涉开始了。工人们挑的挑、背的背、扛的扛，什么钢管、塔架、仪器设备、油盐粮菜、进山搞施工的、必不可少的一切，都要靠这20几个人背进去。茂密的森林、遮天蔽日，一棵棵大树你挤我，我挤你，伸长膀子向外伸展。高树下灌木丛生、荆条密布，索藤绊梗，树林里密不透风，闷热闷热。走几步汗就淌出来，何况每个人身上还肩负着百十斤重的东西，每走一步都要付出艰辛。躲在草棵里的蚊子、瞎蠓嗡嗡地乱飞，扑到人们的脸上、脖子上，工人们手把着东西，连拍蚊子的手也倒不出来，只好硬挺着任凭它们咬。

经过一天的努力，机车终于爬出来了，工人们也都累得筋疲力尽了。

从进沟到钻地仅仅15公里，却整整走了近30个小时，平均两个小时走1公里，终于到达了目的地。工人们放下身背行装，支起帐篷，搭起了原木床，便投入了紧张的工作。打钻、开掌子面是一场苦战。自然条件恶劣，简陋的施工设备，有时根本用不上，全靠工人们用一镐一锹，逐层破土。经过5年的艰苦奋战，于1988年8月初，小梧桐河金矿正式投入生产，储量达700公斤，品位在0.3克以上。

同年，在小梧桐河的上游还有一处开采地，这里荆棘丛生，山水渗着泥沙直流而下，开采点积满了两米多厚的黑淤泥，掌子面刚开完，天便下起了大雨，新开的掌子面全被封死，这里便成了水和泥的世界。矿长何福成瞅着眼前的情景发愁。靠自然晒干，需要很长时间，与其等，不如干！矿长一声令下："用脸盆舀！"他第一个跳下去，矿长的行动像无声的命令。工人们一盆盆舀、一桶桶倒，就这样热火朝天地干了起来。三天的劳动过去了，工人们一个个像泥人。手磨破了、胳膊累肿了，没有人叫苦，他们争得了工期。提前一个月投产了，当年生产黄金450两。

1984年的冬季，黄金公司副经理郑清和与曹鸿声等人对创业沟进行了勘察。在高寒的山区作业，困难是可想而知的。尤其是在冬季打钻需要开水作业。这里却是滴水成冰的季节啊！面对困难有人提议“买一套保温设备”。然而，他们考虑公司资金紧张，硬是靠自己想尽了办法，用废铁片焊成了一个大锅。把雪化成热水，浇到钻孔里，趁热水的温度把冻土化开的瞬间将钻筒捅下去，提取那化开的泥沙。

钻筒就这样一寸一寸、一分一分地掘进。工人们就这样一天一天地战斗在冰天雪地里。有时狂风卷着碎雪，打在冻僵的脸上、像针扎刀割一样疼，工人们要把这上百斤重的钢管抱起来，有的工人摘掉手套接管子时，手被冻坏了，仍然坚持着打完了两排线。在工人们艰苦的努力下，在这块被遗弃的地方找到了好矿体，使这里重新泛起了金色。

靠人工开采黄金，靠手工作业，作为黄金公司经理的刘守珠，早已感觉到了淘金的艰辛。怎样改变这传统的狗头溜、走水流等小打小闹的传统方式，尽快减轻工人们的劳动强度，提高经济效益，他已深思很久……1984年10月，黑龙江省政府组织有关人员去加拿大考察。回来后，设计出了“龙江一号”溜槽的图纸，省黄金总局研究决定，把原来各金矿普遍使用的罗斯溜槽按图纸改装成新型的“龙江一号”溜槽。并把这一任务交给了萝北县黄金公司。刘守珠一没向上级摆困难，二没讲条件，爽快地接受了此项工作。黄金公司的领导班子非常明白溜槽的试制成功与否，不但关系萝北黄金公司的声誉，而更主要的是将影响着全省黄金生产的发展，其责任真是举足轻重。但在没有熟练的专门技术人才的情况下，面对图纸从何下手，改造哪些部位？一时谁也拿不定主意，这时，号称“溜槽土专家”的副经理郑庆和开动了脑筋，他细致地，一遍又一遍地对照图纸，仔细分析溜槽各个部分结构性能，罗斯溜槽改造成新的“龙江一号”最关键的是加大溜槽的吞吐能力，提高回收量。为达此目的，他们决定把原来上下一样宽的槽改制成上宽下窄、喇叭形溜槽，这样就可以加大溜槽的吃沙量，同时，为节省原材料，又决定把溜槽的深度降低了一些。并根据选矿点的地质结构、因地制宜地随时调整各个部件的功能，使之达到最佳状态。

试车开始了，槽里铺上了毛毡，当水流从土面流过时，毛毡很快被冻成了一条“冰道”，别说沙金，就连毛沙也都顺着“水道”流下去了。

有人见这情景，向郑庆和提议“开春后再干吧。”

郑庆和冷静地思考了一下说：“不能等，若是等到开春，那至少要推迟5个月，对黄金公司的损失太大了。”

“我看用火烤能行。几个工人轮班干，试试看。”

溜槽下拢起了火，毛毡倒是给烘干了，溜槽里冒着热腾腾的蒸气，事情果然像他分析的那样。

经过几次的试验，终于成功了。经计算比人工溜槽要提高功效上百倍。

“龙江一号”溜槽很快由省黄金管理局推广到全省。萝北县黄金公司也从此结束了靠人工淘金的艰辛历史。

20世纪90年代末，黄金公司又购进7条现代化采金船，大中型推土机105台，各种生产运输车辆50余台，从事采金人员达2 000余人，固定资产达2 500万元。自1986年至1990年五年，萝北县黄金产量在全省之首，并连续步入全国十大黄金万两县之行列，荣获黑龙江省政府和国务院嘉奖。

第二节 机械工业

萝北减速机厂

始于1958，年建立于肇兴的公私合营铁木农具厂，减速机厂就是在此基础上发展起来的。1962年成立的肇兴马具社，搬迁至县城凤翔后也从事了机械设备修理。1979年以后又相继建成了集体性质的设备安装维修厂、劳动服务公司机械修配厂、邮电局劳动服务公司、保险公司修配厂。1983年才最后定名为萝北县减速机厂。该厂位于县城凤翔大街西段路南，隶属于县经委的全民所有制企业。由于科技创新，其产品曾分别获县科技成果一等奖、地区科技成果三等奖。1986年，减速机厂在完成第三期发展计划之后，其生产条件在全省居于领先地位，新研制成功的波齿减速机、双圆弧减速机等产品，年产减速机8 000台，远销全国19个省市，年总产值均稳定在400余万元之内，1989年高达709万元。伴随着市场经济的发展，至2003年萝北县减速机厂因竞争不力，连年亏损，不得不“以物抵债”，实行转制经营，由国有转为私有企业承包，职工分流，划归县劳动部门养老管辖。

农机具修造厂

1978年农机具修造厂扩大，设备增加后，其总产值平均每年以8%的速度递增，销售收入也以7%的速度增长。全厂除科室外，分主修、机加、锻压、翻砂等4个车间，拥有摇背钻床、摩擦压力、冲天炉、混砂机、吊车、燃油泵试验台、刨床、空气锤等一批大型现代设备，并已达到能生产稻麦收割机、二铧犁、平田器、水耙轮、小拖车、RSG6/90型锅炉、暖气片等产品的能力。它研制成功RSG6/90型锅炉，曾获县科技成果一等奖，稻麦收割机远销省内外，并曾赴泰国展销。到1986年，全县共有农机修理企业15户，其中国有企业4户，个体企业11户。县农机修造厂承担大部分大型拖拉机修理任务，3个乡级农机修造厂承担部分大型拖拉机修理任务。大修过程中的燃油泵调试和发动机曲轴的修复由县农机修造厂完成。全县的中、小型拖拉机和农具由个体修理企业和农户完成。1996年，全县农机修理企业从业人员共217人。全年修理拖拉机762台，内燃机115件，其他农机具685件；截至2018年，全县共有个体农机修理企业24户，从业人员43人。这些企业主要从事拖拉机燃油泵调修、曲轴磨削、小型农机具的简单修理。随着修理观念的更新，农民生活水平的提高，以及市场上零配件供应充足，农机修理除关键件需要专业厂点维修外，一般更换零件类的换件式修理工作农民都能自行完成。

在困境中崛起的农机修造厂

1980年，党的十一届三中全会精神像一股强劲的东风鼓舞着人们发奋图强。农机修造厂的领导、职工边学边干，生产些小型农机具—单铧犁、双犁等产品投放市场。

1983年，由于市场疲软，农机修造厂产品积压、滞销，陷入困境。

1985年1月初，在县政府的关怀下，农机局的领导选调了懂技术、会管理的领导干部张力群到农机修造厂任厂长。组织上的信任让他下定决心克服一切困难，带领全厂职工打场振兴工厂的大会战。

作为一个企业，应该生产适销对路的新产品。农机市场最需要的产品是什么呢？突然，他想起前些日子在一个资料中看到的广东番禺县农机公司生产的4CL–130稻麦收割机介绍，这种机器既适于水田收，也适用于旱地收割。他越想越觉得是条门路，他终于决定生产这种机械。张厂长的设想得到县领导和农机局党委的支持。

面对职工的不同意见，张力群首先召开领导班子会议，在领导班子内统一了认识，并确定了在困境中“求生存，求发展”的办厂方针。同时，召开全厂职工大会，向职工说明生产4CL-130稻麦收割机的意义。他说：“我们县在党的十一届三中全会路线、方针、政策的指引下，实行了家庭联产承包费任制以后，旱路水路一上，农村需要大量的收割机，只靠从外省市购进已不能满足农民的需要，而且大量的资金外流，我们不能眼看着肥水流入外人田，生产稻麦收割机是机遇也是挑战。”

为了让4CL-130稻麦收割机早日投产，1986年1月5日，农机修造厂全面开工，厂长张力群亲自带领技术工人，风尘仆仆赶往广东省番禺县农机技术开发公司拜师学艺，他们在番禺农机技术开发公司领导的大力支持和指导下，边学习、边组装，经过近一个月的时间，终于掌握了生产4CL-130稻麦收割机的全部技术。回厂后，立即组成了设计、制造、装配3个班子，张力群以工程师的身份，指挥着这场前所未有的攻坚战。翻砂车间主任张守志，在原材料不足的情况下，不等不靠，积极主动想办法，把房前屋后的废铁捡回来，把仓库里的报废品拿出来，保证了正式开炉。一块块钢板，一堆堆铸铁，经过道道加工，变成了各种形状的机器零件。

经过历时5个月的日夜奋战，4CL-130稻麦收割机进入组装最后阶段。全厂100多名工人屏声静气，厂长张力群走上了操作控制台，把手伸向4CL-130稻麦收割机“启动”键。十几万元的汗水钱，全厂工人的希望和寄托，200多个日日夜夜的拼搏，成功全系在这一刻。他轻轻地按下键钮，4CL-130稻麦收割机启动了。一排排的稻麦，割倒了。一粒粒闪闪发光的稻子吐出来了。

1986年，生产4CL–130稻麦收割机825台，全部投放市场，实现年产值200万元，自建厂以来，首次实现了扭亏为盈，解决职工住房23户，新增固定资产57万元，新增技术人员36人，3名技术骨干送往省城培训，从此，萝北县农机修造厂摘掉每年补贴18万元的沉重包袱。

经过几十年来广大职工艰苦奋斗，萝北县农机修造厂在坎坷时能站稳脚跟，方寸不乱，充满了生机。

第三节　萝北电力工业发展

1979年9月以后，经过萝北电业局与宝泉岭农管局电业局多次协商，逐步接收了凤翔镇内全部配电线路和用电户，相继建成了10千伏苇场线、奋斗线、环山线、镇东线、镇南线、35千伏团结线、环山线，自建了35千伏环山变、团结变。1980年1月，在凤翔大街西段路南，新建成砖瓦结构平房257平方米的办公室。1980年6月，将萝北县农电科改称为萝北县电业局，其后更名为“萝北县农村电气化局”。1981年初110千伏军萝线架通，同年4月5日110千伏萝北变电所800千伏安主变运行。从此萝北电业局有了自己的电源和网架。1986年3月在全供电区开展了“包改表”工作，至5月末，将全县2 800多户包灯用户改造为装表计量用户。1990年7月10日，更名为萝北县电业局至今。1992年10月14日，扩建了110千伏凤翔变电所，主变由800千伏安增到2 000千伏安。1994年3月，率先在全省农电系统开展了购电制改革，用计算机、抄表机等先进技术管理抄表售电、核算发行收到了良好的企业效益和社会效益。

1998年后，农网改造工程使萝北电网建设驶入了快车道。

这一时期的电网建设与改造规模标准更高了，高压电网的改造建设，为石墨生产的大工业用户，为萝北县域经济发展提供保障。2001年末，经多年高压划片改造，低压计量改造终于实现了“人包变、组包线”的经营管理模式，这种管理模式充分落实了责任制，极大地调动了职工积极性，对增供扩销、降损节能起到有效的促进作用。

2006年初，经省局批准，城镇电网改造正式实施，经过农网和城网的改造，萝北县电业局实现了110千伏双电源供电和城网手拉手供电系统。2009年，新建110千伏凤西输变电工程与现有110千伏萝北变形成双回路供电模式，极大提高了萝北县域电网供电可靠性。2010年初，望云峰风力发电项目也已经并网运行，填补了萝北地区新能源利用的空白。2015年和2016年又相继新建110千伏石墨输变电工程和苇场输变电工程，极大地满足了石墨工业园区和水田灌溉的用电需求。

党的十八大以来，萝北电业局先后荣获国家电网公司“新农村电气化县建设”先进集体、国家电网公司一流供电企业、国家电网公司先进集体、国家电网公司文明单位、黑龙江省文明单位、黑龙江省百姓好口碑最佳单位，省公司一流供电企业、省级劳动关系和谐企业、省公司安全生产先进集体，连续15年被评为萝北县“关注民生、服务发展”最佳单位，连续14年在萝北县行风评议中名列第一名。

第四节　建材工业

20世纪八九十年代，萝北县建材工业比较齐全，较有名的有县水泥厂、县北疆人造板厂、县砖瓦生产、县涂料厂等。但经过改革开放的“大浪淘沙”，位于凤翔镇东北角、凤凰山脚下的萝北县水泥厂于2003年在萝北县招商局牵头下，成功招商引进江西省锦溪水泥有限公司资金和技术，完成扩建改造、技术更新，实现了合作共赢，成立萝北县萝凤建材有限公司。其产品满足了萝北市场需求，促进了萝北城乡基础建设的发展。2005年，萝凤建材有限公司年生产水泥10.38万吨，工业总产值2 964.1万元，利润216.2万元，至2018年仍是萝北县建材行业中的利税大户。

招商引资的“破冰之举”

新世纪以来，伴随着人民生活水平的提高，萝北城乡建设对水泥的需求越来越大。

为了改变县域水泥紧张的现状，经县委县政府研究决定，由县长刘德诚带队去江西省乐平市考察，洽谈引资事宜。萝北县水泥厂招商引资经历了曲折艰辛的过程。经过一番唇枪舌剑，最后确定由江西省锦溪水泥有限公司投资4 100万元实施建设。在筹建过程中也是困难重重，县委书记伍鹏作出指示，要求县政府协调一切积极因素，拿出一片诚心，克服一切困难，力争把该项目早日落到实处，让萝北的经济有所提高，让萝北的百姓得到实惠。

2003年4月，厂房开始建设。四月的北大荒天气还是比较寒冷，冻土层还没有开化，在萝北建设厂房要挖2米深的地槽，是件非常不容易的事情。如果等到五六月份大地开化再施工，这时土质疏松容易塌方，危险性极高。在这种情形下，富有施工经验的201工程队建议必须在冻土未全融化的四月末五月初完成地槽基础工作，才能保证工程的如期完工。时不我待，县长刘德诚亲自出马，协调各单位，组织人力物力攻坚克难，借用2个振动式挖掘机进行地槽施工，工程如期开工。

正当工程项目在各方面共同努力下有条不紊地进行时，意想不到的事情发生了。锦溪水泥有限公司派来的技术人员和带来的生产设备在鹤岗市被截住了，不让通过市区进入萝北县。原来此时正是“非典”疫情高发时期，各地各部门正在积极组织人力物力进行疫情防控。为防止疫情蔓延，鹤岗地区正在严控，控制外来人员及车辆进入鹤岗地区。就这样，技术人员和设备不能按时运到施工现场，工期可能随时被延长。

这下可急坏了县委县政府有关领导，水泥厂如不能按期投入生产，可要损失严重呀。于是，经过研究决定由县人大主任杨树茂同志亲自披挂上阵，率领相关人员到鹤岗市协商。最终商定结果是：技术人员经过隔离观察，做好相应防疫，确保无恙的情况下进入萝北县；生产设备由萝北县负责出动车辆，转车运到施工现场。其余不相关人员及运输车辆原路返回江西乐平市。

就这样，水泥厂如期建成顺利开工投入生产。经过这次招商引资，大大盘活了萝北县的经济，水泥厂的引资重建，年产水泥20万吨，为今后萝北县的基础建设做出了巨大贡献。

第五节 食品工业

作为粮食生产的主产区，萝北粮油加工、副食品加工和酿造工业比较发达。其中萝北县油米厂和鹤北浸油厂较有名。1990年，萝北县油米厂改名为萝北县粉米厂。它是一个集粮食收购、储存、加工、销售于一体的综合性粮食工业企业。企业生产的双龙牌面粉曾在吉林、伊春、鹤岗等地占有一定的市场。1996年，粮食系统改革并入萝北粮库。2005年，从萝北粮库分离出来，改厂名为萝北县双龙粉米厂。鹤北浸油厂于1988年成立，1990年投入生产。它结束了萝北县液压制油的历史。1995年，该厂改造为国有控股企业，改名为萝北县油脂有限责任公司，日处理大豆达到150吨的生产能力，实现利税合计282万元。2005年，该厂改制为私有独资企业，更名为萝北县鹤达浸油厂。

红色军粮谱华章

军粮酿酒有限责任公司位于1958年始建的军川农场，是黑龙江垦区最早生产北大荒白酒的厂家。目前，它已经成为占地20万平方米，建筑面积6万平方米，固定资产1 000万元，年生产能力1 000多吨的现代化酿酒企业，拥有黑龙江省最大的储酒基地，具有1 000吨陶坛陈酿原浆酒和240吨的灌装储存能力，具备2条现代化的灌装生产线，成为黑龙江垦区酿酒业的骨干企业。

红色的军垦、知青文化、绿色的原生态文化、北大荒的黑土寒地有机文化，凝聚成了军粮酿酒有限公司特有的文化底蕴。在“安全、求实、团结、奉献、高效、创新”的“大荒魂”精神的指引下，经过三代北大荒人的努力，军粮酿酒有限公司已连续26年被评为各项管理先进企业，很早就通过ISO：9001质量管理体系认证。1974年，该厂自行研发了“大荒魂”牌白酒；1986年，产品获得北大荒地区最早的“国家农牧渔业部优质产品”奖；1996年，产品获得“中国地方名优新产品博览会金奖”。现有“大荒魂”“军川陈酿”“军川白”三个注册商标，多次荣获“黑龙江名牌产品”，国家监督检查质量稳定合格产品，中国食品工业协会授予全国食品行业质量信得过产品，中国绿色食品博览会畅销产品，被授予全国商品3.15质量诚信企业，中国亚太经济发展中心创新提升诚信企业，中国中小企业发展科技创新示范企业，为新中国成立60周年献礼产品质量保障功勋企业，垦区知名商标，黑龙江著名商标等40多个荣誉称号。

第六节　云山工业园区

位于萝北县西北云山镇境内的萝北县云山工业园区，距县城45公里，距鹤北火车站35公里，距名山口岸67公里，均有公路相通，交通方便。园区内矿产资源丰富，品种多样。目前探明的矿种有21种，主要有石墨、硅石、菱镁、大理岩等。其中石墨储量最为丰富，总储量大于6亿吨，且具有品位高、可选性好、易开采等优点，素有“亚洲第一矿”的美誉。

萝北石墨产业园区规划图

1979年，黑龙江省地矿局物探大队首次在萝北云山林场西山发现石墨资源。1982年至1988年，黑龙江省地矿局第三地质大队先后两次对云山石墨矿进行了勘探工作。1987年11月，萝北县政府委托北京有色金属研究总院进行了云山石墨矿选矿试料物质组成研究和云山石墨矿选矿工艺流程试验研究，这对萝北石墨资源开发起到了有益的指导作用。

20世纪80年代末期，萝北县委县政府制定开发开放、兴工富县的战略，积极引进外资，并于1989年开始对石墨矿进行投资兴建。1989年5月，萝北第一家石墨生产企业——萝北县云山石墨矿总投资180万元开工建设，11月建成投产，年生产规模2 000吨，采用传统的五磨七选工艺流程。当时县石墨开发总公司下辖的银星和云山两个矿年产石墨较为可观。1990年创总产值260万元，盈利42万元。

1998年6月，萝北县云山石墨采矿有限责任公司成立，向所有的石墨企业供应矿石。在青岛石墨股份有限公司的带动效应下，1999年，青岛海达进驻萝北收购原萝北县云山石墨矿，2003年鸡西奥宇进驻萝北收购原萝北县林业石墨矿。

2003年，县政府以云山石墨矿区为中心，组建了云山工业园区，首创的“集中开采，统一供应”的资源开发模式，重点加大对石墨资源的开发整合力度，对原有三家分散小矿权由国有资本控股，以收购重组的方式，注册成立了萝北县云山石墨采矿有限公司，改进了采掘和生产设备，对石墨资源进行统一规划，统一开采，统一销售，彻底解决了大矿小开，一矿多开，石墨资源浪费严重等问题。

为了营造良好的营商环境，萝北县还先后投资近5亿元集中建设了云山石墨园区道路、移动联通通讯光缆机站、园区加油站、道路拓宽绿化亮化等基础设施工程；立足于园区环境美观，在对园区进行绿化的同时，通过规范厂区布局、统一围墙和厂房建设标准等措施，使企业厂容厂貌整体改观；同时，还开展了石墨整装勘查，编制了全省唯一的石墨产业园区供电专项规划。园区内水源丰富，电力充沛，110千伏高压输电线路贯穿整个园区，云山变电站容量为20 000千伏安，可以满足园区内企业的用电需求。经过多年的建设，2011年云山石墨工业园区已建成为功能完善、设施配套较全、环境优美的现代工业园区，并享受省级开发区政策。园区内共有企业22户，其中石墨采选企业19户，木炭生产企业1户，工业硅冶炼企业1户，轻烧镁加工企业1户，总投资近3亿元。石墨总产量已超过10万吨，实现销售收入超过2亿元，上缴税金突破1 000万元。2012年2月，萝北县被国土资源部授予“国土资源节约集约模范县”光荣称号。

党的十八大以来，特别是提出了发展石墨精深加工业，以石墨精深加工为主导产业，石墨产业实现了迅猛发展。萝北县在2013年以前只生产石墨精粉，为促进企业发展精深加工，从2013年起每年根据深加工产品产销情况制定矿石分配方案，向深加工企业倾斜矿石分配，鼓励企业发展深加工产业链条，精深加工转型步伐不断加快。与此同时，云山石墨园区还充分发挥与俄罗斯毗邻的地缘优势，大力发展对俄罗斯的矿产资源加工项目，如锰矿加工、铁矿加工、镁矿加工等，在园区形成外来资源加工区，拉动对外经济的发展。

2018年，萝北绿色矿业持续向好。生产石墨精粉25万吨，球形石墨11万吨，产值18亿元，税金2亿元。萝北历经近40年的发展，已成为国内最大的石墨生产基地，石墨产业也成为萝北县域经济的主要支柱产业之一。

第三章　商贸突飞猛进

中共十一届三中全会以后，萝北县市场流通渠道顺畅，品种多样，售购两旺。以国营商业为主的流通领域比较活跃，同时集体、个体经济得到了较快的发展。集体商业成为市场上不可缺少的补充力量。随着经济体制改革的不断深入，工商企业逐渐增加，个体商业户迅速增多。县城综合商场、集市贸易日益繁荣。商品营销、服务业彰显活力，粮食、供销商品经营体制改革，城镇建成店铺星罗棋布，行业门类齐全。

1993年，经国务院批准萝北县口岸开通，为萝北对外贸易提供了新的平台。萝北县依托名山口岸开展、扩大对外贸易，努力开发地方资源，由粮食果蔬出口扩大到煤炭、建材、机械、林木采伐、土地开发等领域。名山口岸的开通，带动了县域经济不断发展，促进了以旅游业和对俄贸易为重点的外向型第三产业突飞猛进。

2018年，全县社会消费品零售总额18亿元，进出口贸易额1亿美元。

第一节　商贸发展

1976年县属商业网点有75个，平均每680人就有1个网点。中共十一届三中全会以后，萝北商业更趋活跃，商场、商店大量增加，先后建成北方商场、农贸市场、供销商场、宝局商场及大兴商店、宝局商店等；尤以饭店、旅店为多。1978年以后商业实行放开经营，个体商业户迅速增加，到1985年县属国营百货商店6个，集体性质综合商店37个，个体开办的商店82个，平均每550人就有1个商业网点。1987年全县商业机构有704个，全年社会商品零售额6 950万元。1990年全县商业批发公司共有10家。1991年萝北县内有第一百货、百货大楼、食品公司、第一五金商店等共9家全民、集体企业。1993年部分企业实行承包。1996年商业系统实行产权制度改革。1999年大力发展个体私营经济，出现了大兴商厦、佳宾大世界、宝局商场等综合性商场。其经营行业无所不有，经营方式多元。

随着人民生活水平的提高，萝北县饮食业、旅店业及其他服务业也得到快速发展。在县政府扶持下，一批新生的私营商家，如凤翔商城、比优特超市等现代化的集纳式的大商场出现，各类饭店、旅店遍布城乡。2004年，萝北县第一家大型综合超市黑龙江比优特商贸有限责任公司萝北分公司建成。2005年，全县有大型商业街6条，私商已达1 442家，从业者2 467人，营业收入2.69亿，为国营及国有控股商家的15.3倍。行业结构发生了变化，除批发业、零售业，又增加了房地产业、娱乐业等。

萝北县集市贸易起始于20世纪80年代。县城每月1日和15日定期赶大集，乡下团结和肇兴分别每月14日和22日赶集。1987年商品经济不断发展，为了给个体户提供服务场所，凤翔镇完成农贸市场的改造。1992年，萝北县农贸市场被评为国家级文明市场，农贸市场成交额达2 000万元，占全县社会商品销售的17%左右。到1994年，凤翔镇集贸市场已连续6年获得全国文明市场的光荣称号。

第二节　外贸事业发展

改革开放后，萝北县外贸事业迎来快速发展。1982年，原隶属合江外贸局的县外贸公司和县外贸局，负责为合江地区提供出口货源。1984年，改名萝北县对外贸易公司，下设粮油食品收购站和土畜新产品收购站。在国家“对外实行开发，对内搞活经济”的总方针指引下，萝北县努力开发地方资源，出口大豆及豆制品、山野菜、白瓜子等商品，分别销往苏联、日本、美国等国家。1992年，萝北县外贸公司成为经济实体的总公司，公司外贸以销售大豆为主。1993年，经国务院批准萝北县口岸开通，为对外贸易提供了新的平台，也带来了发展的机遇。自此后，出口商品种类增加，由煤炭、粮食、蔬菜、机械配件扩展到建材出口、进口木材等。新世纪以来，对俄贸易稳步发展，取得较大的突破。2004年，对俄经贸扩大到林木采伐、土地资源开发、黄金开采、建筑安装等领域。特别是通过日本在江滨农场建立绿色玉米出口基地，打通江海联运国际大通道，推动了对外经济的快速发展。

萝北名山客货口岸和海关的开通，为萝北县外向型经济发展开辟了一条广阔的道路，为本县“南联北开”推进战略，加强与国内外先进地区的经济技术交流创造了良好的条件。名山口岸开通之后，增加了对外贸易。旅游业的兴起，促进了食宿交通、娱乐购物诸行业的更多需求。名山风景区已形成规模，吸引省内外大批游客观光。这些更加拉动了商贸业的发展。2011年，凤翔国际购物广场的开张营业，填补了萝北县集群商贸空白。2012年，名山风景区的中国娱乐城、滨江花园接待中心完成出售，俄罗斯啤酒城实现对外招租；2013年，国美电器入驻凤翔国际购物广场，有效满足百姓消费需求。中国银行、龙江银行落户萝北，推动了金融业集聚发展。2014年，萝北县完成名山进境粮食指定口岸标准化改造。成功引进新春、海华等4家外经贸企业进口原木和板材。全年进出口贸易额首次突破1.2亿美元；进出口货物6万吨，增幅位居全省之首。累计投资3.5亿元的凤翔商贸小区全面建成投入使用，新凤翔商城正式对外营业。鹤名铁路建设项目纳入全省《沿边开发开放规划》，国梁、申通、顺丰等物流快递业务发展迅速。2016年，高品位打造了友谊路商圈；世界五百强企业五矿集团落户萝北，外贸主体达52家。同年，投资2亿元，建成中俄互市贸易区、北跃现代粮食加工物流园区一期工程，填补了历史空白。

深入基层服务百姓

党的十一届三中全会以来，党中央提出了对内搞活，对外开放的经济政策，县五金公司经理沈滨带领下乡人员来到距县城一百多公里的联营采金矿点了解市场需求。当时正值黑河采金船厂来我县帮援建第一艘采金船，矿点急需刷船壳用的油漆。这种油漆是一种专用漆，一般化工商店均不经营，黑龙江省内也不生产。东北只有大连有货。

为了萝北县的黄金事业，作为国营企业的县五金公司经理的沈滨心想：用户急需就是我们的责任，我们经商不能光图赚钱，还要为群众解忧难。

回到单位，沈滨立即打电话，亲自求援佳木斯化工站帮助解决困难。谁曾想对方提出条件是必须派人跟汽车自提。为了使采金船及时投入生产，沈滨决定自己亲自前往，历时半个月，往返三千多公里，终于用汽车从大连厂家将所需二十吨油漆直接送到工地，解决了企业的燃眉之急。这一笔买卖，五金公司没挣着钱，却赢得了这个企业的信任。意外的是五金公司与采金矿经理签署了全部采金船零配件的供应合同，做成了一笔大买卖。

“销售就是优质产品加服务。服务对于商业企业，是一项重要的系统工程。服务好了，就可以树立企业美好的形象，就可以促进销售量的扩大，就可以增加利润。”

1981年，县五金公司下属各站、店出现黑白电视机经营滞销、积压状态。沈滨下乡来到大马河林场搞市场调研。这里山高林密，远离县城，群众娱乐活动很少，全村连一台电视机也没有。经询问才知，不是林场职工穷，而是电视机在这深山老林里收不到图像，有钱却看不到电视，阻碍了人们购买电视机。这个难题应该帮助解决。从林场回来后，为设计好天线的事，沈滨一连几天几夜不睡觉，与维修人员一起查找数据，终于设计出了“山沟里的天线”。

十几天后的一个星期日，沈滨带领五金公司的人马，拉着天线和电视机，向大马河进发。那天正赶上下小雨，沈滨和他的同事在风雨中，经过三个多小时的安装调试，电视机屏幕上终于出现清晰的图像。全场职工欢呼雀跃。沈经理当场承诺：“买电视机，我们实行‘三保’，负责送货、安装和维修。”这个林场当时就订够47台，三个月内全场97户人家都按上了电视，使这个林场成为黑龙江省第一个电视村，人们赞扬县五金公司是“传送文明的使者”。县五金公司也因此受到省、市的通报表扬。

第三节　名山国际客货口岸

萝北口岸是位于名山镇，与俄罗斯联邦比罗比詹犹太自治州阿穆尔捷特口岸隔江相望，国道201哈萝公路横穿东西，距离县城22公里，距省城哈尔滨553公里，是黑龙江省沿边口岸中距省城最近的国家一类口岸。

20世纪80年代，随着中苏两国政府友好关系的逐渐升温，边境地区友好往来也与日俱增。1988年4月19日，国务院批准萝北县为边境贸易口岸。1989年4月8日，国务院批准萝北县在名山口岸设立检查检验机构，规格属国家一类口岸。1993年5月15日，国务院批准萝北县为对外开放地区。1994年1月20日，萝北—阿穆尔捷特口岸正式投入运行。27日，中俄两国政府在北京签署关于中俄边境口岸协定，明确萝北—阿穆尔捷特口岸为国际客货运输口岸，明水期进行船舶运输，冰封期进行汽车运输。

萝北口岸开通初，正值中俄双方经济贸易、技术合作、资源开发、国际旅游等都处于低谷时期。口岸年均进出口货物量徘徊在2 000吨左右，年出入境人员不足万人次。新世纪以后，口岸工作实现了重大突破，2001年进出口货物46 165吨，同比增长近6倍，进出境人员继续保持了万人次水平，萝北口岸进入了大跨步的发展时期。

“敞开县门，共同开发，建好口岸，服务全国”是名山口岸的宗旨。萝北县依托口岸开展对外贸易，提升萝北县综合经济实力，不断加强州市间、县区间的友好往来。1999年，鹤岗市与比罗比詹犹太自治州建立友好州市关系。萝北县积极制定优惠政策，创造宽松口岸环境，加大培育外经贸主体力度，借助双边经济互补性强的优势，采取多种形式开展对俄经济合作。2011年，引资建设了浮箱固冰通道，对俄进出口贸易额实现7 674万美元，进出口货物2万吨。

国家一类口岸——萝北名山口岸

江海联运是萝北口岸的独创。经过几十年的投资建设，萝北口岸成为鹤岗地区经贸、旅游休闲和物流的大通道。

2018年，全年进出口货物9.1万吨，出入境1.9万人次，实现贸易额1亿美元。

第四章　林业经济凸显活力

改革开放后，萝北县内低山丘陵面积占全县总面积的四成多。低山丘陵内森林密布，绝大部分为国有林地。这些国有林地约十分之三为县属，其余由黑龙江省森林工业总局经营管理。萝北县属森林面积八万公顷，木材总蓄积量七百万立方米以上。县属林业是建设生态示范县的巨大资源，也是支柱型产业之一。

县属森林资源由萝北县林业局经营管理。1986年，县属森林经营机构有大马河林场、太平沟林场、国营苗圃、金满屯林场、鱼米河林场、云山林场。各林场根据国家林业政策及森林资源实际，肩负森林抚育采伐管护、森林防火防疫等生产经营的任务。

萝北县森林面积大，活立木蓄积量多，被省政府列为重点森林火险县级单位。县政府加大“护林防火，人人有责”的宣传，严防死守，责任到人，分区联防，常年派专人进行森林防火检查，投入资金，购置设备，建立有效的指挥系统，防患于未然，保护好森林资源的安全。1986年至1990年连续5年无森林火灾，被省政府授予“森林防火先进县”称号。1997年3月，获得省政府授予的“省级森林防火先进单位”称号。

1996年，全县形成了预防预测网、瞭望网、隔离网、通讯网和一支82人的专业扑火队。2003年，实现了通讯监控网络化、扑火工具机械化和扑火队伍专业化，完全实现了“四网两化”建设，确保森林防火万无一失。

随着退耕还林和国家天保工程的实施，全县每年开展义务绿化造林活动，在公路、水旁、村屯进行绿化植树。2004年，鹤北林业局更新造林被评为全省生态林业局。其中鹤北原始红松母树林国家森林公园已成为国内外游客到名山风景区旅游的必游之地。山区、林区居民主要从事包括种植业、养殖业和山副产品等多种经营生产，萝北"林下经济"的发展模式在这片肥沃的黑土地上悄然兴起。县委县政府积极培育、发展特色产业，发展特色林下经济，开发森林食品、北药种植、绿化苗木等多渠道促增收。"萝北黑木耳"为国家级农产品地理标志品牌。一片片山林变成了一个个储存着萝北美好明天和希望的"绿色银行""绿色厨房"。一个个山特产品如"萝北蜂蜜"等畅销全国各地。

伴随着"绿水青山就是金山银山"理念的深入，萝北县依托林区生态优势，大力发展森林旅游业，使青山常在、永续利用，生态建设成效显著，林业经济凸显后劲和活力，实现经济效益和生态效益的双赢。2012年，全县实施荒山荒地和农田、河岸、村屯造林绿化，完成植树50万株、森林培育1万亩，其中，完成村屯绿化709亩，造林25万株。国家级太平沟自然保护区通过评审，国家级生态县和名山绿色低碳小城镇得以验收。2016年，全年封山育林4 000亩，义务植树18万株。萝北国家级生态县顺利通过环保部考核验收。

一松一竹真朋友，山鸟山花好兄弟

20世纪90年代中期，在国家拍卖"五荒"的大背景下，一场农业大开发的热潮波及了苇场。一夜间推土机、拖拉机、挖掘机轰轰隆隆开进了苇场湿地。沉睡的湿地被野蛮蚕食。

从小在苇场天地里的苇场学校李启文老师再也坐不住了。"湿地是地球的'肺'，苇场湿地是大自然馈赠给我们苇场人的宝贵财富，我们要保护好苇场湿地。”一种强烈的保护湿地的责任感在他心头涌起。

也许是多年教授自然科学的缘故，他对湿地有着特殊的深情。为了教好自然学科，从1980年开始，他自费订阅了《大自然》杂志，二十年来没间断过。他从杂志上了解了湿地的神秘及其在调节生态系统中的重要作用。课堂上，他大讲湿地、动物与人类密不可分的亲缘关系，悉心教导学生，要全心呵护自然。为了实现学与行的有机统一，李老师还带领学生们到校外散发宣传单，还动员各村利用广播，进行环保知识和保护动物的宣传，提高全乡每个人的环保意识。

从1994年开始，李启文组织自己的学生到湿地接受环境教育，培养学生爱护湿地的意识。从此以后，萝北县在中小学生中开展上千次保护湿地、爱护环境的教育活动。

有言道：了解愈深，爱之愈切。当爱与现实发生冲突时，身为教师的他怎能坐视不管呢？他要用行动在向所教的学生及社会作出回答。

面对湿地被开发，他利用节假日和休息的时间，多方奔走，大声疾呼：停止开垦！保护湿地！保护动物！保护珍贵的湿地资源。

有人劝他说：“你教你的书得了，何必多管闲事？”生于斯长于斯的李启文却说：“大家都像你说的那样，我们教学干什么？”“湿地是动物的家，不保护好苇场湿地，我们子孙将如何延续？我们要为后人着想啊……猎杀动物，捕捉鸟类，破坏自然必将给人类带来灾难。”

1999年春天，在李启文的倡导下，苇场的干部群众也积极行动起来，在三千多人的苇场乡有600多人签名保护湿地，此签名信曾得到市有关部门和市主管领导的重视。2000年4月，苇场乡7

个村的村委会又联名给国务院写信保护湿地，让这难得的湿地得以恢复。在李启文这种执着精神的带动下，黑龙江省鹤岗市萝北县苇场乡有一大批人参加了湿地保护志愿者行动，如刘凤梧、尤凡若、朱腾龙、张海宁、王永福、王春海等。

2000年底，县政府开始下发文件退耕还草，成立了都鲁河湿地自然保护区，苇场区域湿地被划在保护的范畴内。随着国家对湿地保护的重视，从苇场湿地消失多年的丹顶鹤回到了苇场湿地。

2009年4月24日，李启文受国家林业局邀请到北京参加奖励会议，被授予“中国生态贡献奖”。李启文成为东北三省的唯一入选者。“悉心教导学生，全心呵护自然，热心建言政府；小学教师担负起保卫千里湿地的责任，不遗余力，不怕阻力，甚至不惜生命终为三江平原唤来生机。”

随着国家对湿地保护的重视，人与自然和谐共生的理念深入人心，“环境就是民生，青山就是美丽，蓝天也是幸福，绿水青山就是金山银山。”为恢复湿地而奔走的李启文老师脸上挂着自信的微笑。

痴迷于湿地保护的李启文显得有些脱俗和超前，我们的教育不也应着眼未来，造福子孙，着眼于祖国的江山永续吗?

第五章　交通建设跨越式发展

交通，是国民经济的基础产业，又是先行官。萝北县与外省市唯一通道的哈萝公路是20世纪50年代修建的，哈萝公路梧桐河至名山段改建工程竣工，对加强与外省市的经济联系，加快萝北地区的货运步伐，提高萝北口岸的过货能力，并将与鹤大公路、哈同公路联网，使地处末梢的小县城并入全省公路网，其经济效益无法估算。它对繁荣萝北地区经济、致富萝北人民、改善萝北投资环境等方面都将起到极大的推动作用。

改革开放以后，萝北交通建设成就空前。铁路方面，通过县内两站，客货可通往全国。水路方面，自开通名山口岸之后，从名山港起航可直抵俄罗斯，经黑龙江入海口之尼古拉耶夫斯克（庙街），驶入鄂霍茨克海，航达世界各地。这一水路，缩短了黑龙江与日本的距离，免除了过去货运先去大连再转海运的繁琐程序。在本省直接通过界江，实行江海联运，萝北当属首创。公路方面，实现了村村、邻县、邻国相通。村村水泥白色路面完成于20世纪90年代。

2000年1月，鹤岗—比罗比詹国际客车开通，其行驶路线，必经中国名山口岸和萝北县内梧（梧桐河）名（山）公路。中俄国际客车跨越界江，直抵异国。

特别是新世纪以来，随着城乡建筑一体化的发展以及村村通等惠民政策的落实，全县公路形成了以县城凤翔镇为中心东西贯通南北延伸的交通框架格局，基本实现了村村有车通往县城。水泥路面实现了村与村之间，村与乡镇之间，乡镇与各干线相通。2013年，建成莲花桥、奋斗桥和新跃桥。2014年，维修改建了通乡通村的奋双线、凤军线。2015年，改扩建农村公路146公里，通乡、通村公路硬化率达100%。

哈萝公路的修建

伴随着名山国际客货口岸的开通，哈萝公路梧桐河至名山段改建，被提上县委县政府的工作日程。

“要想富，先修路。”20世纪90年代初，哈萝公路还是一条弯弯曲曲的砂石路。从佳木斯到萝北坐客车需要大半天的时间。为了加快萝北的开发开放，县政府抓住省公路厅发展公路的有利契机，积极争取到省交通厅的定补6 000万元（当时全县一年的财政总收入才6 000万），自筹资金2 200万元，破难克坚，众志成城，确保哈萝公路按时开工改建伟大工程。

1995年3月，由副县长孙中兴和人大常委会主任李兆森两位同志任总指挥组成了萝北县哈萝公路改建工程指挥部，从全县有关部门抽调了得力人员组成了工程建设指挥、土地征用、资金筹措等六个工作组。同时，成立了以县长李卫国为组长，宝泉岭农场管理局、鹤北林业局以及县直有关部门主管领导为成员的哈萝公路改建工程领导小组。

31日，哈萝公路改建工程领导小组召开了第一次会议，会议通过了《致全县人民的一封信》，研究制定了县政府关于改建哈萝公路工程十条优惠政策，讨论通过了哈萝公路改建工程资金筹集方法，县政府、宝泉岭农场管理局、鹤北林业局三方签署了共同改建公路工程的协议，为哈萝公路改建工程做好了一切准备工作。

集资方案由副县长杨树茂亲自签署，动员令由哈萝公路改建工程指挥部、副县长孙增君在哈萝公路萝北段工程开工前发出。

困难再大，也阻挡不了具有北大荒精神的萝北人民。抱着改建哈萝公路必胜的信心犹如春风化雨，激励着萝北大地。

历史不会忘记：1995年4月21日，县委县政府召开全县哈萝公路改造工程筹资动员会。县委各大班子领导组成的主席团首先带头购买集资款债券，一连串的闪光名字永载哈萝公路建设的史册——刘玉、孙增君、吕志品、贺孝辉、李兆森、孙中兴、杨树茂、安利欣、李金春、李卫国、沈滨等。

行动就是力量，一分也是爱心。为哈萝公路集资建设，指挥部全体成员深入城镇、乡村、农场、林区广泛发动，耐心宣传，积极做好了集资吸储的工作。

1995年8月14日，哈萝公路改建指挥部召开县属集资催款会议，县长李兆森、副县长孙中兴及全县乡镇领导一起研究共同克服困难。力争哈萝公路早日改建、通车。

人心齐，泰山移。哈萝公路改建成功，彰显了萝北老区人民在党的领导下众志成城、敢为人先的精神，同时也反映出社会主义制度下老区人民对小康生活的向往。

第六章　城乡建设方兴未艾

中共十一届三中全会召开后，随着城乡人民生活水平的不断提高，城乡建设发生翻天覆地的变化。县城街道两侧高楼林立，绿树成行，美化、绿化、亮化有机结合。萝北城乡镇建设日新月异，呈现出一片欣欣向荣的景象。

夜幕下的萝北县城

1985年，城乡基础设施建设处于起步阶段。当时的县城凤翔镇就是一个大屯子。楼房数幢，砖瓦住宅遍布城区，柏油水泥街道2条，总长3 500米，街道两侧林荫成行。1986年，萝北最大的百万工程萝北宾馆和工商局办公楼完工并交付使用，工程质量在联检中名列前茅。市政供水系统正式投入供水，自来水入户300户。乡镇建有楼房3幢，水泥街道1条，砖瓦住房255户。乡村道路基本实现砂石化。

1987年6月，位于城区中心地带的儿童公园建成并投入使用。同年，萝北县第一个小黑龙综合市场诞生，第一条水泥路凤翔大街建成。1988年，《萝北县建设施工招标管理办法》及《萝北县基本建设管理办法》相继出台，使全县建筑行业走上法制轨道，市政工程处成立。1992年，南北二道街建成。街路旁没有绿化和路灯。1996年，开始编修凤翔镇总体规划。随之，全县所有乡镇驻地的小城镇建设及村屯建设发展规划完成。2003年，集景观、绿化、路灯各项配套设施于一体的景观大道始建。2005年9月底完工并投入使用，成为凤翔镇内水泥路面最长、标准最高、环境最优美的街道。2007年，完成凤翔大街和迎宾街改造工程。育红路、文明路、永泰路实现了硬化、绿化、美化、亮化一步到位。2008年，完成凤翔大街东西出口水泥路面扩建、友谊路改造、团结路中段翻修和“三八”桥整修工程；建成通向体育场馆的“健康之路”；团结路至凤苇线0.7公里的断头路竣工通车；完成凤翔镇集中供热分户改造。2009年，新修了一中、二中和四校门前4条水泥路；改造了体坛路、海关路和育苗路南段3条城镇道路，整修砂石路86条；完成了凤翔镇内22.5平方公里抗震小区规划工程。

党的十八大以来，萝北县高标准修编了城市发展规划和乡镇总体规划，加速城乡建筑一体化发展，城乡建设日新月异。以凤翔大街为主的南二道街、迎宾街、建设街、团结路、景观路、太平路、永泰路等交通网络形成，街道水泥铺装基本上实现街道路面水泥化，县城凤翔镇形成了“三园二场”的整体布局，城乡建筑一体化的格局初步形成。

2012年建成蜂蜜河公园。2013年建立了北山广场，高标准改造景观路北段迎宾大道，修建、完善凤凰山和蜂蜜河公园。改造了凤翔大街人行道，绿化、美化东西出口，修装了北外环路南绿化带。2014年消除了凤翔镇规划区内主次干道裸土路面。2015年高品位修建和改造了建设街、太平路、景观路等50余条城镇主次干道，人行道实现了硬化，拓建停车场20余处；一大批市政工程如凤凰山广场、蜂蜜河公园、污水处理厂、垃圾处理厂、第二热源等相继建成。2016年，对凤翔镇进行高标准规划，实施了净水厂升级、既有建筑节能改造、楼体亮化等项目。

2017年，在老高中旧址建成以“红色革命文化”为主题的尚志公园，并编制完成《萝北县凤翔镇城市总体规划（2015—2030）》和地下管廊、海绵城市专项规划。全面推进县域、酒精厂、鹤北等5个棚户区改造项目，完成房产、鹤祥小区回迁楼基础工程。2018年，建成鹤祥小区、房产小区及通河小区一期，完成南二道街、新光路、太平路升级和儿童公园改造。街道绿化、亮化工程的实施，大大提升了城市现代化品质。

各乡镇治所、公用建筑、主要街道基本实现了楼房化和水泥化。建有楼房40余幢，水泥街道12条。街道两侧绿树成荫，有路灯百盏。基础设施配套。铁皮瓦盖、铝合金、塑钢门、瓷砖罩面的砖瓦房遍布乡村。村民温饱有余，住房大多为砖瓦结构，煤气灶、电饭煲取代锅台，村村吃上自来水。农民自建的二层住宅楼在集镇中已经出现。全县实现了农村社会保障体系全部覆盖。

伴随着农村泥草房的改造，萝北县成为全省首批农村危房改造试点县。2010年，名山镇被省政府确定为全省旅游名镇。2013年改造国有林场危旧房、农村危房、泥草房，全县林场、乡村居民居住环境都有了极大提升。

新农村建设成绩显著

习近平总书记指出，要让农业成为有奔头的产业，让农民成为体面的职业，让农村成为安居乐业的美丽家园。萝北历届县委、县政府始终把“三农”工作牢牢抓在手上，深入推进农村各项改革，积极推进农业供给侧结构性改革，大力推进农业现代化，社会主义新农村建设成绩突出。

党的十八大以来，萝北县沿着务实、惠民和特色化的轨道深入推进新农村建设。2007年，集中对1个试点镇和14个试点村进行重点建设，其中县财政的投入达到了1 450万元。全县水泥路通乡率达100%，通村率达70%，比全省平均水平分别高出10个和20个百分点。三分之二的行政村安装了自来水、建成了文化活动室，村村建有畜牧服务室，有线电视覆盖率超过80%。所有试点村都接通了农业信息网。在优势突出、条件优越、特色鲜明的黎明、裕丰、工农兵、森山、金满屯等7个村进行了特色村建设，为村级经济发展注入了活力。新增文化教员19人，覆盖面接近50%。2008年，新建农村公路72.8公里、沼气池480个、新林区建设项目5个；完成村屯绿化、文化广场、自来水安装、有线电视接通等村级项目56个。改造农村泥草房741户。新农村建设成效明显，通过省级试点验收，获得“新农村建设先进县”荣誉称号。

2009年，新建农村公路19公里、户用沼气池1 200个，建成村级项目35个，实施了23个村的人饮工程，为6个边远村屯接通了有线电视，城乡有线电视光缆覆盖率达95%以上，林业老年公寓投入使用。名山、裕丰和红光村被列为省级新农村建设示范村，名山村还被确定为省级文明示范村。

2010年，萝北县新农村建设呈现新亮点，名山村被列为国家级文明示范村，红光村被列为省级“千村试点”民族村，凤翔镇被评为省级卫生城镇和“三优”文明城。2012年，全县编制了城乡空间布局、产业发展等系列规划，“一镇三村”投资2.5亿元，建设了农民住宅楼、美食一条街等38个项目，走在鹤岗市前列。新建农家书屋24个，行政村在全省率先全部建有农家书屋，建成“三星”级以上村18个，其中，太平沟村晋升“五星”级，永兴和山河村为“四星”级，获得省级奖补资金200万元。完成村屯绿化709亩，造林25万株。2013年，编制了名山镇和东明乡总体规划，“九统一”政策全部落实；完成名山农民住宅楼、红丰村粮食晾晒场等12个建设项目。农村环境综合整治卓有成效，创建三星级以上村15个，启动了太平沟国家级“美丽乡村”建设。

2014年，大力推进农村土地确权工作，名山镇被列为全省第二批土地确权试点镇；全县实施土地规模经营面积68.4万亩；创新农业经营主体，千亩以上种植大户和家庭农场的培育，农村城镇化进程加快，“美丽乡村”建设实施了村内道路硬化、绿化等45个建设项目，村容村貌明显改观。完成3个整村推进扶贫项目，为乡村贫困人口建立精准扶贫档案。2015年，建成修复城乡公路146公里，通乡通村公路硬化率达100%，改造农村危房、泥草房2 431户，城乡百姓居住环境更加优化。萝北县被命名为首批省级生态县暨全省5个国家级生态试点县之一，全县7个乡镇被评为国家级生态乡镇。2016年，“美丽乡村”建设改扩建农村公路146公里，通乡、通村公路硬化率达100%；改造农村危房、泥草房1 612户，农村住房砖瓦化率达81%。2017年，继续实施乡村“水源、田园、家园”清洁整治行动，健全美丽乡村管护长效机制，努力改善农民生产生活环境。

第七章　教育事业蒸蒸日上

1978年以后，全县各类学校都进行了全面整顿，学校建立健全了规章制度，加强重点校建设，提高建设素质和教学质量，使县域教育事业蓬勃发展起来。

20世纪80年代，全县已普及小学教育，90年代初贯彻《九年义务教育法》，初等教育全面普及。在发展中小学教育的同时，学前教育、少数民族教育、成人教育、职业教育也得到快速发展。

1984年，县高级中学成立，县三中改为职业高级中学。此后，农、林、卫生、教育等一些大系统相继办起了9所专业技术学校。

1985年，全县实行“分级办学、分级管理”和“校长任期负责制”的改革。村村办小学，已普及小学教育。全县农民基本上脱盲，职工具有初中以上文化水平的约占其总数的85%。

1986年，召开全县教育工作会议。同年，县人大常委会审议通过《萝北县实施九年义务教育规划》，决定用14年时间分三批实现九年义务教育目标。1990年，萝北县政府教育督导室成立。全县开始规划普及九年义务教育工作，并对学校督导评估，创建示范学校。1991年，全省农村中小学校长培训现场会在萝北召开。1992年，县教师进修学校被评为全省校长培训工作先进单位。1993年12月，省政府授予萝北县“实现两基先进县”，成为省内第一批验收合格的县级单位，提前完成“普九”计划。1994年、1999年，经过自查、复查验收，被省政府授予“基本普及九年义务教育和基本扫除青壮年文盲优秀县”。2002年以后，全县制定并实施“两基”年检制度，通过治理乱收、控辍保学等措施，“两基”成果得以巩固和提高。

1996年12月，县教育局更名为萝北县教育委员会。全县实施“教育立县、科教兴县”发展战略，牢固树立“大办教育、办大教育”观念，形成全社会“党以重教为先，政以兴教为本，民以支教为荣”的共识。全县小学有71所，中学有13所，乡镇农民文化技术学校11所；私人办学发展壮大，共有幼儿园14所，其他社会办学13所。1998年以后，县教育局收回乡镇学校管理权，农村中小学开始实行集中办学和九年一贯制学校建设。2008年，新二中寄宿制学校成立，在全省率先实现农村初中集中办学。萝北县荣获省“改善办学条件先进县”称号，2012年，在原三中校园内新建教学楼、食堂和宿舍，全面更新学校技术装备。2014年，开工新建一校教学楼；一中、教育幼儿园通过了省级标准化学校和示范幼儿园验收。2017年，完成新高中教学综合楼、学生公寓、艺体楼等主体工程。2018年，县政府全面承接鹤北林业局教育系统；投资1亿元，迁址新建成高标准、现代化新高中。

党的十八大以来，县政府坚持优先发展教育，推进城乡教育均衡发展，实施“教育提档升级工程”，以办人民满意的教育为目标，全面实施学前教育、义务教育和高中教育，办好职业教育，全部免除城乡义务教育阶段学杂费，实现家庭经济困难学生资助政策全覆盖，发放乡下师生通勤补助，实现了城乡教育均衡发展。萝北县教育正进一步通过体制改革，推行新的教育模式，向更高目标前进。

第一节　学前教育一路领先

1980年，萝北县大力加强幼儿教育，继续实行地方负责、分级管理的体制。全县城乡大多数小学办起幼儿园，招收学龄前儿童入学。为全面提高幼儿教师的教学水平，建立起幼师教学研究网。1985年，建立县、乡、村三级家庭教育组织，县设家庭教育研究会，各乡镇设家庭教育研究小组，村级设家庭教育辅导组，形成了县、乡、村三级辅导网。

1990年，县政府幼儿园办园成效显著，每年都有国内外宾客来园参观。1991年，人民画报记者、中央电视台分别到该园进行专访、录像。同年，全县贯彻《幼儿园工作规程》和《管理条例》，开展了幼儿教师大练基本功活动。1995年，贯彻《黑龙江省社会力量办学条例》，县城除公办县教育幼儿园和县政府幼儿园外，还出现了育英、俊宝等私立幼儿园。2000年6月，县政府幼儿园与文教幼儿园合并更名为萝北县教育幼儿园。2003年，全县落实《幼儿教育指导纲要》，撤销学前班以避免幼儿教育“小学化”。2005年，以教育科研促进教学改革，各园教育理念不断更新，幼儿教育取得可喜成绩。县教育幼儿园开设“五大领域”教育，幼儿舞蹈《成长》荣获国家级铜奖。

新世纪以来，随着集中办学逐步推进和出生率的下降，村级幼儿园（班）逐渐撤销，适龄幼儿到乡镇中心校或县城幼儿园（班）入学。2014年，教育幼儿园通过了省级示范幼儿园验收。全县学前2011年至2013年毛入园率为98%，当年毛入园率达100%，远远超过全国、全省平均水平。到2018年，全县有省级示范幼儿园1所，民办幼儿园（班）22所，乡镇中心校幼儿园7所，全县已形成以社区为依托、公办幼儿园为骨干、以社会力量办园为主体的幼儿教育体系。

第二节 义务教育成绩显著

1977—1985年，萝北县城乡小学均在整顿中发展。小学已办到村级，形成了县、乡、村三级教学体系。城乡7—12周岁的适龄儿童大部分入学。

1986年，全县有81%的乡镇、村屯人口普及义务教育在95%以上。县城入学率已达98.5%，农村入学率达97%，在校生巩固率均达98.9%。萝北县成为佳木斯市首批5个小学合格县之一，受到市政府的奖励。

1986年，小学数学课《“三算”实验研究》、语文课《注音识字、提前读写实验研究》被列为小学教研重点课题。伴随着素质教育推行，20世纪90年代，全县出现了一批特色学校。如团结中心校工农兵小学为“自由作文”等特色学校。

1997年，全县贯彻省教委《关于积极推进中小学实施素质教育的若干意见》，加快“应试教育”向全面实施素质教育的转化，素质教育在全县全面展开。新世纪以来，开展了中小学教师课程标准培训和新教材培训，相继举办各学科的课标培训班，促进了新课程教学改革和深入开展。以构建高效课堂、优化教学模式，以教育科研为动力、全面提高教学质量成为全县教育的共识。全县中小学校积极推行新课堂教育教学改革和探索，教育科研蓬勃兴起，教师业务素质和课堂教学水平不断提高。2002年，县第一小学被省教委命名为“注音识字，提前读写”实验研究中心；2003年，又被评为黑龙江省“百万青少年上冰雪活动”先进学校。2005年，县第二小学为全国写字教育实验校，第三小学为现代教育技术示范校，第四小学为全国小学生日常英语实验校。2004年，县第一中学向科信局申请立项的《利用信息技术促进教育创新》，被评为2005年县科技进步一等奖，为教育系统首例。由于教育科研成果突出，一中荣获"国家心理健康教育实验基地校"、省级德育工作先进学校。2014年，一中通过了省级标准化学校验收。

2011年以后，萝北县大力推进义务教育均衡发展，每年都增加资金投入，改善城乡教育基础设施，基本实现了全县教育质量一体化、师资配备均衡化、基础设施标准化。

第三节　高中、职业、民族教育捷报频传

在全面普及九年义务教育的同时，职业教育和高中教育成绩显著，毕业生也不乏升入著名高校如北大、清华的优秀学子。1987年，县高级中学高考首次突破一百大关，有173名考生考入大中专院校。同年，参加佳木斯市举办的数理化等学科竞赛，高中组物理获全市团体第三名，成绩居边境县之首。1992年，县高中会考成绩在全省500多所高中排序98名。此后，萝北学子在各项学科竞赛活动中捷报频传。1996年，6名荣获国家级竞赛奖的学生受到县委、县政府的表彰，被授予"萝北县勇攀科学高峰的中学生"的光荣称号。1991年至2001年，共有68名学生获得国家级竞赛奖，202人获得省级竞赛奖。2002年，萝北县制定了《学科竞赛及奖励的有关规定》，将对成绩优异的学生和指导教师的表彰奖励制度化。2005年，萝北县高级中学成立科研处，全面进行教研活动，并荣获全国教育网络系统示范单位。2018年，萝北

县完成高级中学的迁址新建。县域内农垦系统宝泉岭高级中学连续十余年高考中连创佳绩，成为黑龙江垦区高中教育战线的排头兵，在省内外具有很高的知名度。

1996年，由县农广校、农机校、技工校、卫生学校、职业高中、电大分校合并而成的萝北县职业教育中心学校成立，是全县最大的人才培训基地。2002年10月，经省教育厅评估后确定职教中心为黑龙江省中等职业学校。2003年以后，学校先后被确定为萝北县下岗再就业培训中心、“黑龙江省扶贫开发劳动力转移培训基地”，被授予市级先进教学单位称号。2004年，学校又被省政府授予省级重点技工学校，设立的非金属选矿专业被评为省级名牌专业。学校为社会培养了技术人才，促进了县域经济发展。

改革开放后，县政府还十分重视朝鲜族教育事业，认真贯彻《黑龙江省民族教育条例》。1986年，全县11个朝鲜族学校都采用汉语、朝鲜族语双语教学，学生可选择日、英双语是该校一大特色，普及了初等教育。新世纪以来，已建成从幼儿教育到高中教育完整的民族教育体系，东明乡中小学合并，成立全省唯一一所实行寄宿制的朝鲜族学校——东明乡朝鲜族学校。2002年7月，与韩国德亨里初等学校建立姊妹校，加强了两国校际间友谊和文化学术交流，推动了教育教学工作。2004年，增设多媒体教室，有7个教学班，在校生204人。学校先后获得市级文明单位、上级少数民族教育先进集体等称号。近些年来，朝鲜族学校成绩突出，受到县政府的表扬和奖励。

村支书的办学梦

20世纪80年代，地处边远的奋斗乡深山村周围的五个村都没有中学，孩子们小学毕业后只得到距离本村30多里路的乡中学去读书，上学很困难，为此，许多孩子小学毕业后就被迫辍学务农。

作为农村党支部书记的李安智早就认识到文化知识的重要，只有普遍提高村民素质，才能带来新农村的快速发展。于是，他想在村里建一所中学。他知道办好这件事情困难很大，但也要想尽办法办成。小学的旧校舍又破又小，墙体出现裂缝，不仅漏雨透风，又十分危险，也要一并解决。

经初步规划，新建、翻建砖瓦标准化校舍600平方米、350米的围墙，需资金7万元。这笔款项村里无力支付，可李书记有了集资办电的经验，他决定自己带头，依靠群众，自力更生，自己动手。这件事情也要这样办才能办成。于是，他就首先耐心地做群众和其他党员干部的思想工作，思想通了，大家的积极性也就来了。经过工作，共筹集了3万多元资金，剩下的资金确实无力解决了。群众担心此举不成，但李安智认为没有过不去的关。他发动和带领群众自己动手建校园。冬天自己拉沙子、打石头，春天挖地基打基础，哪里活计最累，他就出现在哪里。群众也都积极踊跃投入建校劳动中。李书记的这个举动得到了乡政府的赞扬，同时为深山村改建学校解决了3万多元资金。经过一个夏天的紧张施工，在1990年9月，一所宽敞舒适的深山中学终于落成了。

看着深山村这么重视教育，当时，邻村的村民也纷纷将孩子送到这里来上学。深山中学加上小学的学生最多时超过三四百人。2000年，听说县外事办牵头香港慈善家沈炳林先生有援建校舍的项目，这可把老李急坏了，他得知消息的当天就跑到县里要项目。经过一番努力，最终为村里争得了项目，乐得老李一夜都没睡着。功夫不负有心人，经过县镇乡村的共同努力，新校舍竣工了，孩子们有了更加安全舒适的学习环境，老李露出了欣慰的笑容。

课改路上的圆梦人

新世纪以来，伴随着国家新课程改革的实施，萝北县教育首当其冲，对全县教师进行开展新课程培训工作，随即，一场用新课程理念指导课堂教学改革实践在全县开展起来。

在全县广大教师积极学习新课改精神、不断探索新课程改革和课堂教学实践的过程中，全县涌现出许多新课程改革的杰出实践者，其中县第四小学教师杨辉在县、市、省积极参加授课比赛，自费外出学习，向专家请教，不断完善、丰富自己的教育经验和阅历。2005年7月，杨辉老师受邀到东北师范大学参加全国“个性杯”中小学语文课堂教学大赛。在课堂上，他以学生为本，积极调动了学生语文学习的热情，语言干练、情感充沛、启发准确、思维敏捷，师生互动精彩纷呈，获得评课专家和与会听课老师热烈的掌声。这次参赛他荣获大赛特等奖。会后，他被中央教科所的专家邀请到湖南、新疆、吉林等地讲学并做课堂教学示范。

新时代给萝北送来春风，新课改助萝北教育圆梦。像杨辉老师一样在萝北课改中立志圆梦的教师还很多，愿萝北教育乘长风破万里，桃李满天下。

第八章　科学技术阔步向前

1978年恢复科协组织。此后，积极开展科技活动，从1980年6月起，在县城相继建立了林学会、畜牧学会、教育学会、农学会等18个学会、协会，共有会员1 103人，其中高级工程师32人，工程师、农艺师、主治医师等具有中级职称的591人。

20世纪80年代，全县科技工作，成绩显著，红松直播更新，丘垤造林法两项科研成果，经国家林业科学院鉴定，已予承认，并推广应用。1984年X系列行星摆线针轮减速机等18项科研成果，被应用到生产中产生良好的经济效益。

20世纪80年代末，从邮电分离成立电信局后，相继建成长途微波网，完成通往各乡镇的光缆工程，直拨电话取代了“摇把子”，提高了通讯效率。到90年代，改电信局为电讯公司。

1988年，萝北县成立科技开发中心。县地震办贯彻“以预防为主”的方针，开展地震监测、预报、科研及管理建设工程场地的地震危险性预测各项工作。1998年，建立了“萝北县农村技术市场协会”。1999年建立了“萝北县科技经济咨询委员会”后，完善了农村科技服务组织。在“科技兴县”的工作中，科委在全县范围内进行科技宣传、技术培训，每年举办科普大集和“送科技下乡”活动，农民依靠科学种粮、种药，科技兴农，科技致富。科技兴工，促进县域民营企业发展。2001年，县减速机厂、钾肥厂、机械制造厂、联友铁工厂4家企业被黑龙江省科技厅和省财政厅认定为省级民营科技企业。其中县人造板厂、县机械制造厂、古城化工厂、萝北钾肥厂、联友铁工厂、君乐肉制品厂、县乳制品厂等科技产品都赢得了市场，创造效益，科技为县域企业繁荣和发展创造了良好的环境。

2001年，在被列为黑龙江省9个省级农村技术市场试点县后，又被授予“黑龙江省技术市场金桥奖先进集体”，樊金山和崔化军被评为先进个人。

2001年，成立萝北县科信局，主管科技、电子信息产品制造业、通信业和软件业，推进全县国民经济和社会服务信息化工作。

为科技管理实际需要，2001年11月，萝北县地震办改地震局，是全省成立的7个县级地震局之一。地震局成立后，地震监测、震害预防、地震应急救援三大体系工作得到有序开展。2002年，依法编制了《萝北县破坏性地震应急预案》，成立了萝北县地震应急机构；在学校、社区开展了地震应急演练；确立了以县消防队为主的地震救援队伍；设立地震应急避难场所11处。同年11月建成数字化萝北地震台，改变了萝北县没有测震地震台的历史，实现了对本地区地震的跟踪。萝北县地震局2003—2007年连续5年被黑龙江省地震局评为防震减灾工作先进单位；2005年和2006年连续两年被中国地震局评为防震减灾先进单位。

2007年，建立了“三网一员”（即：地震宏观测报网、地震灾情速报网、地震知识宣传网、防震减灾助理员）工作体系，每年对防震减灾助理员集中培训一次，提高了防震减灾助理员的工作能力，使地震群测群防工作步入正轨。2007年，被县委县政府评为“教科文卫产业信息”战线先进单位。2009年，又在萝北县气象局东北角打地震观测井一口，增加了地震前兆观测手段。中国地震局副局长汤泉、岳明升、阴朝民先后3次来萝北县检查防震减灾工作时，都对萝北县防震减灾工作给予了充分的肯定和高度的评价。

2003年2月，成立萝北县政务信息化管理服务中心和县经济信息中心一个机构。2004年，萝北县被国家科技部授予黑龙江省唯一县级“科技工作先进集体”，被省科信厅确立为全省“科技推动县域经济发展试点县”，被鹤岗市政府授予“全市科技工作先进集体”荣誉称号。

2005年12月，将县科信局所属经济信息中心3个事业单位，统一称为“萝北县信息化管理服务中心”。

“科学技术是第一生产力。”在信息传播中，县人民政府在全省首家建成政府信息平台，推出了政府公众网站，搭建了信息数据库。萝北信息事业发展，为萝北人民生活学习工作带来了便利，使边疆萝北跟上时代的发展，从而为实现共筑振兴的中国梦做出应有的贡献。

第九章　文化事业成绩斐然

习近平总书记说："中华民族创造了源远流长的中华文化，也一定能够创造出中华文化新的辉煌。"（中共中央宣传部组织编写《习近平总书记系列重要讲话读本》，学习出版社、人民出版社，2014年版）文化是民族生存和发展的重要力量。没有文明的继承和发展，没有文化的弘扬和繁荣，就没有中华民族伟大复兴的中国梦的实现。萝北县委用社会主义核心价值观凝魂聚力，更好构筑中国精神、中国价值，中国力量，为中国特色社会主义事业提供源源不断的精神动力和道德滋养。萝北群众文化底蕴深厚。萝北是全国特色文化产业县，是抗日联军、淘金人潮、转业官兵、知识青年、垦荒队员和当地人民组成的一个多元移民县份，孕育着独特的土著、清金、拓荒、抗联、知青、俄犹"六大文化"，多元化的文化造就了"尊法、开放、包容、奉献"的萝北精神。

1978年中共十一届三中全会以后，萝北文化事业开始恢复发展。文化设施有文化馆（站）、图书馆、档案馆、俱乐部、影剧院、电影公司和书店等。1980年，文化科从文教科中分出。1985年，文化设施有文化馆、图书馆等8处，各乡（镇）设有广播放大站和文化站等，大多数村设有文化室和电影放映单位。听广播、看电视、看电影，成为当时萝北人民日常的文化生活。

1979年3月，在县图书室的基础上发展为县图书馆，馆藏图书由1958年10月的图书室藏书3 000余册达到9 150册。1985年末，图书馆面积为620平方米。1979年，新建的萝北县电影院有精制翻板椅座席1 200个。1980年10月，县电影管理站改为县电影发行放映公司。

从1980年起，各公社先后建文化站。1985年末，县文化馆与县图书馆合建面积为620平方米的三层楼新馆舍。全县有9乡1镇建立了文化站，随着农村三级文化网的建立和文明村的建设，全县有72个农村大队（村）文化室也陆续建立起来。群众文化的载体，即经营类文化活动场所、公共类文化活动场所、文化活动节逐年增多，人民群众的文化生活丰富多彩。1995年，萝北县被评为全省文化先进县。2005年，全县乡镇所属村全部建有文化室，全县共有经营性娱乐场所62家，国家投建的公共类娱乐场所舞厅、公园、水上乐园等十余所。萝北县每年都开展春节群众性文艺会演，并形成萝北县的传统活动。

县文化馆每年都举办各种辅导学习班和各种文艺竞赛，如书法、摄影、青年歌手大奖赛、友谊舞比赛等。萝北县群众文艺及其创作、美术摄影书法均有所成绩，不少发表在国家、省市的作品不胜枚举。

随着经济社会的不断发展，历届县委、县政府不断加大文化强县的建设，十分重视文物古迹的挖掘整理和历史文化的开发。21世纪初，县宣传部、县文联创作队伍组织编写出数十万字的《掘金文化》《土著文化》《抗联文化》《拓荒文化》《知青文化》《界江文化》等一系列萝北历史文化丛书，成为萝北县群众文化建设的盛举。此外，政府还大力开辟旅游文化。名山口岸开通后，政府有计划以萝北县界江、森林、湿地开辟为旅游观光之所，为展示萝北县文化底蕴先后建立以名山岛为中心的旅游景区、太平沟风景区和苇场湿地景区。这为游客提供了壮美的自然景观和丰富的地方文化。每年2月、5月和7月，县政府在肇兴镇江边和名山岛搭建了“滚冰节”“开江节”“戏水节”3个群众文化活动平台，进一步拓宽了群众文化活动领域，为群众文化活动营造了十分广阔的空间。

更为突出的地方文化是街头雕塑。新世纪初，在凤翔大街矗立着以萝北历史重大事件为题材的铜质大型雕塑6座，其中有反映完颜盈歌（史称金穆宗）在今萝北县境内发动的“阻绝鹰路”的斗争，这一斗争成为埋葬辽王朝的前奏；还有反映清廷在萝北县采掘黄金、抗日联军誓灭倭寇的史实等。这些艺术珍品提高了萝北街头文化氛围。

2008年，新建2个电视信号发射塔，农村有线电视光缆覆盖率达到90%。建成县中心体育馆，完成中俄文化交流中心现代化舞台改造。举办了庆祝建县百年系列文体活动。农村信息化建设成效显著，被评为全国农村信息化示范县。2009年，建成7个乡镇篮球场和13个农家书屋，完善了文化馆和图书馆功能。2012年，组建界江艺术团，成立8支群众业余鼓队，举办首届历史文化鼓会，打响了“鼓乐之乡”文化品牌；“龙江三峡”文化旅游集合区被确定为省级文化产业示范区，博物馆入选全省“十大陈列展览精品”行列，晋级国家三级馆。

2014年，文广体育开展了“寻找最美萝北人”大型公益活动，举办了第二届历史文化鼓会、广场舞展演和乒乓球比赛等区域性活动赛事，群众文体生活日益丰富；组织两次国家级历史文化科研专家论证会，完成430类黑水靺鞨商标注册，“黑水靺鞨”文化品牌逐步形成。博物馆被命名为“省级爱国主义教育基地”。2017年，举办“城市之光”和“金色田野”、第三届历史文化鼓会、第十届体育运动会等文化体育系列活动。

党的十八大以后，萝北县大力发展文体广电事业，配套完善文体设施，深入推进全民健康行动，实施文化惠民工程，丰富城乡群众文化体育生活，促进了县域文化的全面繁荣。萝北县文化事业活力彰显，先后荣获“全国特色文化产业县”“全国文化信息资源共享工程示范县”等荣誉称号。

第一节　群众文化丰富多彩

萝北县从1979年开始，除每年在冬末春初举行一次“凤岭之春”音乐会外，还举行全县春节文艺会演，开展春节群众文艺活动，又称作“凤岭新春”文艺会演。1986年，萝北县组成了专业文艺团队，配合萝北县委、县政府中心工作，下到基层慰问演出，深受群众的喜爱。1990年，县文化馆组成了一支业余演出队，伴随名山口岸的开通，他们走出国门，开展对俄文化交流活动。2000年，萝北歌手付晶参加“新世纪全国城市之歌”大奖赛，演唱的《锦绣鹤岗》获得金奖。2001年，为以旅游拉动经贸发展，萝北县首创的地方节日“戏水节”在名山举办。群众、演员、艺术团体同台演出，盛况空前。龙江奇石、根雕文化等商品参加展销。2002年2月，萝北县首届“滚冰节”在肇兴举行；4月，萝北县首届开江节暨饮食文化周在名山开幕，招来八方群众参与。群众赏江鱼，品美食，忆传统开江文化演出活动，热闹非凡。2007年，举办首届“中国·萝北中俄犹国际戏水狂欢节暨首届国际界江高层论坛”，形成了以水陆循环线路为旅游核心，群众文化呈现全面提升的态势。萝北县经营类文化活动场所、公共类文化活动场所、文化活动节逐年增多，人民群众的文化生活日益丰富。跳舞、卡拉OK、打台球、上网等成了群众工作之余不可缺少的文化活动。儿童公园、凤翔广场、社区场地都成了群众休闲娱乐的重要场所。老年合唱团、腰鼓队、朝鲜族老年舞蹈队、扇子舞队、新潮舞队、中小学文艺演出队等应运而生。

丰富的文化生活展现出萝北县人民热爱家乡、热爱生活的精神面貌。2008年奥运会成功举办后，萝北县兴起了全民健身，城乡掀起广场舞热潮。群众广场舞、群众文化开展得如火如荼。这有力地加快萝北县文化体育产业发展、提升萝北知名度。2013年夏至今，萝北县每年都开展以弘扬先进文化、加强道德建设、促进民族团结为主题的广场文化周、电影展演、文艺演出、文化鼓会、广场舞等活动。活动形式丰富多样，歌舞表演、才艺展示、文学艺术创作、书画、摄影展览、文体比赛等活动，切实丰富了萝北人民的文化生活。2014年1月，萝北县又举办了首届中国·华夏东极抚远至神州北极漠河冰雪汽车挑战赛活动，滑冰、滑雪项目也是萝北县多年来传统的群众运动。

群众文化表演

第二节　文学艺术与时俱进

改革开放以来，在县委、县政府的领导下，萝北文联在原有5个文艺家协会的基础上又增加至9个协会：作家协会、诗词家协会、书法家协会、美术家协会、摄影家协会、民间工艺家协会、曲艺家协会、音乐家协会、舞蹈家协会。县文联团结引领、联络协调全县文学艺术工作者组建了一支支强有力的红色文艺轻骑兵队伍，深入基层，扎根人民，开展了诸多丰富多彩的文艺活动，积极推动了萝北县文学艺术事业繁荣发展。

2005年5月，萝北县成立了六大文化挖掘办公室。历时近三年的抢救性挖掘和整理，汇集成一套《黑龙江省萝北历史文化丛书》并出版。此丛书包括土著、掘金、抗联、知青等6篇，从不同侧面记述萝北上起远古下至当代的大量历史事实。

2009年起，出版了《界江之韵——萝北百年诗词集萃》；创办了《湿地风》文学季刊，刊发县内外文学作者稿件两千余篇（首），其中百余篇作品被外域报刊转载，其中焦玉富撰写的《打造文艺精品，繁荣艺术创作》文章在《中国文联发展实务》刊登，赵日新诗集《弦月》、王国祥诗集《草根畦诗稿》纷纷由中国文化出版社出版发行。此外音乐、舞蹈、曲艺等协会每年都有精品节目参加省市大型演出，并取得优异成绩。

党的十八大以来，县文联先后建立了省文联、省美术馆版画院、《黑龙江画报》萝北创作基地，利用萝北县文艺创作基地邀请省内外团体来萝北采风，宣传界江萝北。通过创作交流，组织活动，促进界江萝北文化事业的发展。

第三节 “曲艺之乡”叫响全国

2008年8月，宝泉岭管理局被中国曲艺家协会授予“中国曲艺之乡”荣誉称号。管理局在尚志公园举行了盛大的授牌仪式，中国曲协党组书记、主席、著名相声表演艺术家姜昆出席授牌仪式，管理局以“宝泉岭盛开曲艺花”为主题，举办了文艺演出，管理局近20名文艺工作者与赵炎、师胜杰、赵连甲等10位国内曲艺名家同台演出，局直地区和各农场近4万人观看。宝泉岭管理局曲艺事业的发展，不仅把北大荒曲艺推向全国，而且为建设边疆曲艺大省做出了重要贡献。

宝泉岭管理局实施文化精品战略，营造了良好的文化创作氛围，推动了曲艺、小品等创作，使“曲艺之乡”实至名归。近两年来，在全省曲艺、小品比赛中，八人簧《北大荒新鲜事》获得创作、表演双一等奖；在省“宏达杯”曲艺小品比赛中，现代二人转《风景这边独好》获得金奖。小品《牵挂你的人》《晚晴》《旗帜》、情景剧《雪的思念》在东三省小品大赛中获得金奖。2013年，小品《旗帜》首次进京演出，并代表黑龙江省参加了5月在广州举办的中国第九届艺术节，荣获全国“群星奖”。2014年10月25日，在第七届中国曲艺节上，小品《非诚勿扰》获得优秀节目奖，是黑龙江省唯一获奖作品。

此外，形式多样的演出活动丰富着职工群众的业余生活。梧桐河农场成立的抗联精神宣传队，主唱红色歌曲，其编排的红色舞蹈和红色小品受到群众赞许；江滨农场的大型文化广场活动每年演出超百场；共青农场有一支业余文艺宣传队，每年自编自导自演文艺专场上百场。

党的十八大以来，管理局不断满足人民群众的精神文化需求，每年以1亿元左右的投入用于文化基础设施建设。

为活跃群众文化生活，宝泉岭在全局开展了“文化香飘宝泉岭”主题系列活动。以“书香宝泉岭”为载体，抓好“职工书屋”“家庭书屋”创建活动，举办“周末文化大讲堂”，开展各种知识、礼仪讲座；定期组织中小学生开展读书会、报告会、演讲会；实施“文化系民”工程，广泛开展了“邻居节”“廉政文化节”“校园艺术节”“社区文化节”等活动。仅2011年，宝泉岭就组织5 000人以上大型广场文化活动15次。在打造“中国曲艺之乡”和“少儿版画之乡”品牌的基础上，力争未来再打造“摄影之乡”“合唱之乡”“青少年文学艺术之乡”等宝泉岭文化品牌。

第十章　卫生事业日新月异

1986年，萝北县坚持了以卫生改革为中心，以抓好卫生预防保健、医学教育和农村卫生建设为重点，以提高全县人民健康水平为目标，逐渐建立健全了县、乡、村三级医疗预防保健网，实施区域卫生规划，强化卫生监督管理，开展大规模食品安全专项整治活动，有效地降低了慢性病的发病率，控制了肝炎、流行性出血热、肺结核、肝炎等各类传染病的发生与流行。

改革开放以来，县政府不断加大卫生基础事业的投入，积极探索卫生体制改革，全面推行两院绩效工作制度，全面展开新型农村医疗制度，不断完善防疫体系。特别是跨入新世纪以后，相继建成县疾控中心、县医院门诊大楼、住院处大楼，中医院门诊、住院处大楼，妇幼保健院业务楼。改建肇兴、名山、团结、环山卫生院，以及30个村级卫生所，改善群众就医条件，从而使城乡医疗卫生事业得以健康发展。

爱国卫生运动坚持不懈。在市场经济大潮中，县政府加强了药品、食品的监督管理。30多年，全县无一为因药品伪劣或食品不卫生而引发的病例，荣获全国卫生示范县的美称。

随着全县的医疗卫生事业的发展，萝北各乡镇、村队都建立了卫生院或卫生所。卫生医疗设备日益精良，技术力量更加雄厚，中医、西医、中西医结合队伍不断壮大，城乡的卫生医疗条件逐年改变，人民健康水平不断提高，基本做到了小病不出村、大病不出乡镇，重病不出县。由于政府多年来一直重视食品卫生安全工作，获得“国家级餐饮服务示范县”荣誉称号。2003年抗非典型性肺炎（SARS）中，采取了流调隔离、医学观察、现场消毒等非常措施，最终切断了疫源，防止了SARS在萝北县内的发生和蔓延，取得非典战役的伟大胜利。2007年，以凤翔镇为重点开展“垃圾清运会战”和“全民大清扫活动”，凤翔镇被评为省级卫生城镇。2008年投资380万元，改造了县医院住院处。新农合参合率达96.68%，提高了报销比例，扩大了受益面，累计报销医疗费用200万元。相继推出的16项民生福利举措，让全县百姓享受到经济发展带来的实惠。免费开展了新婚人员婚检和农村妇女病普查，扩大了新农合补偿范围，补偿额同比增长65%。强化了甲型流感联防联控，辖区内没有发生大的疫情。建成3个中心乡镇计生服务站，人口计生工作继续保持全国领先。2011年被评为国家级计划生育优质服务先进县。2012年建成卫生监督所办公楼，改造名山、凤翔镇卫生院，更新县直两院大型诊疗设备，为6个乡镇卫生院配备了急救车，被评为全省卫生应急综合示范县。在全省率先开展“先看病、后付费”新农合医疗服务模式，减轻了农民群众就医负担。2017年，完成城镇医保和新农合机构整合，在全省率先推行药品采购“两票制”，实行特殊药品使用跟踪监控和首位淘汰，开展医共体和乡村医生一体化建设，建立村医保障和退出机制，完成县人民医院二级甲等初评。深入开展国家级农产品质量安全县创建工作，县级食品检测水平位居全省前列，有效保障了全县人民“舌尖上的安全”，被评为国家公立医院改革示范县，并受到国务院办公厅通报表彰，为全省县级公立医院综合改革的推广做出应有的贡献。

第十一章　体育事业蓬勃发展

改革开放以后，萝北县体育事业发展迅速。场地设施先进，群众体育活跃，竞赛成绩突出，对外交流频繁。用于健身休闲的室内外体育场所，分布于各机关企事业单位，公共健身设施已由城市普及到乡村。

1979年，参加合江地区田径运动会，刘兴东100米成绩12秒50，打破了省少年组纪录。1984年、1988年女子篮球队连续获得合江地区冠军。1989年参加鹤岗市足球赛获冠军。1991年参加鹤岗市围棋比赛获冠军，即代表市队参加在石家庄举办的全国围棋大赛。同年参加鹤岗市运动会，女篮获得甲级队第五名，围棋冠军。1996—1998年，连续获得鹤岗市少年冰上速滑团体总分第一名。1997年参加鹤岗市第六届运动会，获得17项冠军，24项亚军，萝北体育代表队被评为精神文明运动队。

萝北县与邻国俄罗斯自20世纪90年代起，一直进行体育交流，互访频繁，增进了两国人民友谊，也促进了体育事业的发展。

新世纪以来，建成黑龙江省最先进的县级体育场。该体育场为封闭式，内设400米塑胶跑道、人工草坪足球场及7 000个看台座位。群众体育活动从初春到深秋，晨练已成为大多数中老年人不可缺少的生活内容之一。儿童公园、凤翔广场上，每当晚霞来临，数以千计的城镇居民陆续聚集其间，参加不同形式的文体活动。冬季则广泛开展冰雪运动，青少年中的一些优秀者被选拔到县体校学习，其中培训出不少运动人才，萝北籍全国滑雪冠军多人多次。2004年，萝北县被黑龙江省体育局确定为高山滑雪后备人才培训基地。高山滑雪项目成为萝北县体育事业的优势品牌项目，也逐渐成为萝北县对外宣传的一张靓丽名片。

随着习近平总书记视察东北提出“绿水青山是金山银山，黑龙江的冰天雪地也是金山银山”的理念，萝北县更加重视滑雪文化的建立、传播和发展，将旅游与滑雪文化有机结合起来，致力打造萝北滑雪文化形象，使大众对滑雪运动产生认同感，有力地推动萝北体育和旅游业融合发展。

第一节　萝北县体育训练中心

2005年，萝北县少年业余体校更名为萝北县体育训练中心。2006年和2007年，县政府加快基地建设，先后建成中心体育场和中心体育馆并投入使用。这强有力地推进了萝北高山滑雪项目建设，保证了训练计划顺利实施。

多年来，萝北县体育训练中心不断收到国家、省体育部门赠送的滑雪器材，利用省专项资金和县财政匹配资金，每年拨出专项资金购置和更新训练器材，由最初几千元，增加到现在每年6万余元，确保了日常训练的正常进行，为国家队、八一队、省市运动队和大专院校输送了许多优秀运动员，多次被评为省“业余训练先进集体”和省“县区级高山滑雪后备人才优秀基地”。

经历30多年的发展，萝北籍教练员及运动员冒严寒、战酷暑，刻苦训练，使萝北县的高山滑雪运动声名远播，捷报频传。

在2009年黑龙江省第十二届运动会雪上项目比赛中，萝北籍运动员共夺得25枚金牌；2013年黑龙江省第十三届运动会高山滑雪项目比赛中，萝北籍运动员共夺得16枚金牌、17枚银牌、5枚铜牌。2016年全国十三届冬运会中，萝北籍运动员共夺得2枚金牌、4枚银牌、3枚铜牌。骄人的成绩，展现了萝北县高山滑雪的强劲实力，并赢得了全国各代表团的一致好评。2018年黑龙江省第十四届全运会雪上项目中，高山滑雪共30块金牌，拿回24块。萝北县青少年高山滑雪后备人才基地建设和人才培养取得了辉煌的成绩，共培养输送高山滑雪运动员100余人，建队以来共获20多个全国冠军和50多个全省冠军。

第二节　黑龙江畔冰雪厚少年萝北竞风流

冰雪是大自然赐予老区萝北的独特的礼物，高山滑雪项目成为萝北对外宣传的一张靓丽的名片。

提起世界高山滑雪项目比赛，萝北人民无不骄傲，因为萝北少年滑雪队员多次创造了世界高山滑雪的传奇。

1979年夏，萝北县业余体校卢中选校长找到教练李允泰说：“滑雪项目又是省、地两级的重点体育项目，县领导下决心克服困难坚决上冰雪项目，学校准备撤销足球班，由你建立滑雪班，你对这有啥看法啊？”李教练说：“足球训练我内行，搞滑雪我是门外汉。再说滑雪怎么滑法，我连见都没见过，真是太神秘了！”卢校长笑着说：“啥都是这样，我们都是从不会到会的。不会，我们可以从挂鞋穿板一点一点开始啊！我知道你体育素质高，啥事都难不倒你，学校决定让你去省滑雪队和兄弟市县有滑雪班的体校学习，再去有雪场的市县参观学习，县领导支持，你就努力干吧！我相信你准行！”

在解放军462部队支援40副滑雪板后，教练李允泰便在体校正式筹建起滑雪班高山、越野两个项目。然后，就率领队员进行轮滑、滑草，苦练滑雪基本功。1981年就带队参加在延寿长山滑雪场举行的全省少年滑雪比赛初见成效。1983年2月，萝北体校队员权龙哲、林明光、孙杰代表合江地区参加在吉林省松花湖雪场举办的全国少年滑雪比赛，荣获一枚高山小回转金牌。

1984年2月，在尚志县乌吉密雪场举办的全国少年滑雪比赛中，萝北体校队员王新红代表合江队荣获一枚高山小回转的金牌。1984年，萝北体校滑雪班壮大教练队伍，教练员、运动员自制滑轮土雪板，创造用摩托车牵引滑轮等方法，大大地提升了运动员的综合素质。萝北体校在延寿县全省少年滑雪比赛的成绩突出，在全省冬季项目的比赛实属一大新闻，震动了国家体委三司冰雪处。

1986年1月，全省少年滑雪比赛在萝北新建的望云峰滑雪场进行。萝北队在家乡荣获14项冠军、6项亚军、6项季军，团体总分第一名，为家乡人民争得荣誉。萝北体校滑雪班名声大震。此后，萝北县体校为国家培养出一大批优秀运动员，输送到各级重点体校和专业队伍。1994年，萝北体校高山滑雪队断档，望云峰滑雪场也随之停用。

在省体委的推荐、国家体委的批准下，于1995年2月在吉林省通化市金厂滑雪场举办的全国少年滑雪比赛，萝北体校以萝北县代表队参加比赛，荣获金牌一枚（高山短线路小回转董长红），银牌两枚（高山滑降朴哲根，短线路小回转蒋玉玲），团体总分名列全国第五名。萝北运动队员为家乡人争得了荣誉。

直到2004年，省重视冰雪项目，因萝北原有滑雪基础，重新命名为黑龙江省高山滑雪后备人才基地。

萝北籍全国滑雪冠军

体校老校长卢正洪重新组建滑雪队，刘成龙应邀受聘萝北体校任教练，从头再来，以吃苦耐劳、敢闯敢拼、实现自我、再创辉煌的精神，凝聚萝北体校滑雪队，滑雪队员每年都冬训于亚布力，参加国家、省运会并取得优异的成绩。萝北体校训练基地被评为全省高山滑雪优秀后备人才基地。

第十二章　界江红色旅游彰显活力

新世纪以来，萝北县提出了以文化为灵魂，以城建为载体，以旅游为产业生命支撑的工作思路，实施了三年的“文化、城建、旅游三位一体建设年”的活动，大力加快了县域内景点景区建设，促进旅游业发展。

名山口岸开通后，为了展示萝北县文化底蕴和拉动县域经济发展，政府有计划地以黑龙江界江、森林、苇场湿地开辟为旅游观光之所，相继建成了以界江中的名山岛为中心的旅游区、鹤北母树林国家公园、苇场都鲁河湿地风景区以及太平沟黄金古镇为中心的风景区。

每当旅游季节，萝北县域旅游景点，出现不绝于途的各色人群，各色车辆，游人如织。来自全国各地的游人先汇集于名山登岛饱览无尽风光、沿岛陆相连的大桥，步行至中俄友好广场，领略异域风情。然后，乘豪华游轮或

龙江三峡

逆水北上去游龙江三峡，在两岸青山相对、两国绿水相连中畅游；或驱车南驰苇场湿地，仰观蓝天鹤翔，俯瞰大泽鳞游；或驱车北上游太平沟兴龙峡谷，体验拓展项目，品森林氧吧，至太平沟黄金古镇，感受淘金文化。

2008年，成立界江旅游文化产品开发公司。建成萝北界江四星级宾馆；利用“哈洽会”重点推介界江旅游，萝北界江游被省政府确定为全省重点扶持发展项目。萝北县被列入全省十大旅游集合区，名山镇被确定为全省重点旅游名镇。

2010年，萝北县政府首次承办了界江国际旅游节。萝北县旅游产业方兴未艾。2011年，名山旅游名镇和太平沟黄金古镇建设创造了“萝北速度”，名山旅游区晋升为国家4A级风景区，建成了博物馆、界江国际大酒店等一大批旅游配套服务设施，开通了萝北—嘉荫森林界江探秘风情游精品线路，在全省打响了“界江之都”品牌。

党的十八大以来，全县旅游业发展进入快车道。县政府集中开发建设名山、太平沟、都鲁河湿地三大景区，打造了名山岛、龙江三峡、兴龙峡谷、黄金古镇等一批知名景点，推出了萝北—嘉荫森林探秘游、对俄边境游等多条精品线路，初步形成了要素比较齐全的现代化旅游产业发展格局，“界江之都”品牌享誉省内外。

2012年，名山风景旅游区新建26个项目。名山镇成为黑龙江省旅游名镇。太平沟风景旅游区实现了委托经营、探索实践的景区市场化运营模式。在都鲁河湿地风景旅游区完成“诺亚方舟”综合楼内装修和10公里荷花展示带建设。参加俄比罗比詹市区域发展国际会议，在建成的旅游专业网站和官方微博上，展示了俄犹风情小镇——名山，使萝北旅游资源“界江之都”品牌逐步走出全国，推向世界。

2013年，太平沟黄金古镇三期工程和龙鼎山步道、山顶观光塔、影视基地，太平沟景区晋升为国家4A级风景区。都鲁河湿地植被恢复，蓄水面积增大，观鸟赏花，一派湿地风光。边境旅游异地办证正式启动，口岸开通了境外1日、3日、4日游线路。开发生产的芦苇编织和石墨雕塑、陶艺制品等旅游纪念品受到游人的喜爱。冬季浮桥项目成功实施，使萝北口岸成为全省第四个四季通关口岸。

2014年，组建7支业余鼓队，开展了春节系列活动和冰雪汽车挑战赛；口岸出入境人员3.7万人次。完成了名山景区博物馆、通岛桥等水毁工程维修，大卫广场成功对外招商，百花园和百木园扮靓新区，犹太教堂装饰一新，成为区域内婚纱摄影和举办欧式婚礼的首选。太平沟景区完成了龙江三峡国家森林公园景观带、雪乡生态园道路及旅游码头主体等工程，维修改造了九龙广场、蒙古风情园。都鲁河湿地景区完成了湿地道路一期工程，新建观鸟屏1处，栽种荷花2公顷。与嘉荫县签订了互荐旅游团队协议，成立太平沟文化旅游产业园区管理处，兴龙峡谷、红松母树林等景点实现市场化运营，新增6个冰雪游乐项目；引进女真民族工艺品企业，丰富了旅游纪念品市场。深入挖掘名人轶事、古物文明，促进了旅游和文化的有机融合。

2015年，萝北县打造的“黑龙江流域鼓乐之乡”品牌享誉全省，“龙江三峡”文化旅游集合区被确定为省级文化产业示范区，博物馆被评为国家三级馆，入选全省“十大陈列展览精品”行列。

2016年，举办中俄皮划艇赛、国际汽摩冰雪挑战赛、“7·16”戏水节、首届灯光节、金秋五花山色龙江行等活动30场次。通过“萝北旅游”“微秀萝北”等网络平台推介旅游产品，全年接待游客40万人次。

2017年，太平沟景区完成建成黑水靺鞨文化广场，名山景区完成建成名山岛音乐广场，实施名山无线网络覆盖工程。都鲁河景区疏通河道、恢复植被185公顷。软陶工艺品实现线上线下销售。以“吃江鱼、尝野味山珍、品朝鲜风味”为主题，倾力打造江红特色渔村、太平沟农家乐、红光朝鲜族美食小镇等“鱼滋米味”特色餐饮品牌。通过深圳文博会、北上广旅游推介会等平台，深度推介中俄犹旅游集合区，“游龙江三峡、赏两国风光”旅游品牌成为萝北县旅游的主打品牌，其知名度和影响力不断提升，全年接待游客50万人次。

界江之都——萝北

2011年11月28日，《远方的家·边疆行》摄制组来到黑龙江省有着“界江之都”美称的萝北县。萝北小城，整齐安静，街上中俄文字标出的店铺，鳞次栉比。隔江就是俄罗斯犹他州小城阿穆尔杰特，鸡犬相闻，冬季黑龙江结冰后两岸边民在江上易货贸易。现在主要是旅游，俄罗斯边民过境买衣服、玩具、日用品等。

乘快艇游界江，看到两岸秋季的原野和山林斑驳陆离，五彩缤纷。游龙江三峡，在艇上看日出云海——清晨的江面，水汽袅袅，云雾缭绕，初升的太阳映在江中，水天一色，让人沉醉；从陆上看似江，从船上看似峡，从空中看似湖，从天上看似龙。

初秋时节，两岸山上下起了第一场雪，五花山上的绿树挂满积雪，萝北秋季的雪景格外的美。

来到太平沟黄金古镇，体验古老淘金文化，更是让人兴奋不已。这里自古以来就是淘金人聚集之地，采金因破坏环境，政府已明令禁止，现在已开辟成旅游景点，复原古时建筑，有一老者给我们表演淘金：用铁锹把河沙铲入木斗内，用水反复漂洗，因金沙重，逐渐沉入木斗底部——最后亲眼见到两粒金沙。

来到太平沟林场，在夫妻哨所里感受护林工人执着奉献精神，这里没通电，生活艰苦，防火季节要住在瞭望塔上，靠电台向上级报告火情等情况。

参观萝北口岸，该口岸主要是两地边民的旅游和商贸往来。边民杨某合伙在江对面的俄境内合租2 000多公顷土地种大豆，我们受邀过境俄罗斯，感受中国边民异域生活，杨某介绍，一年播种一次，不用田间管理，收获后大豆在俄直接就卖了，每公顷地交了150–200公斤大豆的租费以后，500公顷地一年收入可达100多万。在境外的农场里，他们为我们准备了丰盛的午餐。

短短的几十分钟，画面的交替，呈现在世人的面前——萝北的小城、界江，独特文化，原始山林及气候，甘于寂寞的护林夫妻对护林工作的一份坚守、豁达，萝北边民的异域生活等等，都为世人认识边疆萝北、宣传边疆萝北作了一个很好的推介，为边疆旅游发展起到积极作用。

界江无言，见证着历史的沧桑；古镇无声，讲述着曾经的故事！想当年，十里长街，百户商号，千家灯火，万两黄金。看今朝，一江春水，两岸风情，三峡美景，四海宾朋。你来或者不来，太平沟黄金古镇都在这里等你！

第十三章　老促会推动老区发展，助力脱贫攻坚

20世纪90年代初期，萝北县通过调查、资料整理和申报，被民政部认定为二类革命老区县，全县63个行政村中有36个行政村属于革命老区村，分布在凤翔、团结、肇兴、太平沟等乡镇，有革命老区户8 815户，人口27 899人，耕地面积64万亩。

自萝北县老促会成立20多年来，深入贯彻落实党中央关于“支持革命老区加快发展”“要切实帮助老区人民解决生产生活中面临的实际困难”“加快老区发展步伐做好老区扶贫开发工作”的指导方针，结合萝北实际，认真开展了宣传老区、调查研究、推荐脱贫致富项目等工作。

弘扬老区精神，传承红色经典

从2005年至2018年，多年来，老促会以多种契机为依托，通过各种形式来宣传革命精神，重温红色记忆，为老区人民提供精神营养并注入时代动力。

以纪念抗日战争胜利60周年为契机，在萝北电视台“这方热土”“萝北人家”“场局采珍”专题节目中开展革命老区抗日战争光荣史、革命先烈和英雄人物老区专题宣传。同时在全县各乡镇和各中小学，召开演讲会、座谈会、文艺演出多次。在萝北电视台演播《战场上走来的兵》《回眸荒原》专题节目，热情宣传

十万转业官兵开发北大荒和垦荒青年建村开荒、艰苦奋斗的光辉业绩。以《鹤岗革命风云录》和《中共鹤岗历史》第一卷为主要宣传资料，宣传萝北抗日事迹，弘扬革命光荣传统。

以纪念冯仲云、赵尚志诞生一百周年为契机，在萝北电视台播放他们抗联的英雄事迹和萝北抗联十二烈士的英雄壮举；借庆祝建县一百周年之机，撰写出版了萝北抗联史书《走向悲壮》；还在建县一百周年大型文艺演出中，表演了抗联歌曲和舞蹈，以“黑龙江省萝北历史文化丛书之抗联文化篇”《走向悲壮》为主要资料，利用电视讨论、清明节祭扫烈士灵园、“八一节”开展纪念活动和庆祝建国60周年文艺演出等形式大力宣传抗联精神，发扬革命光荣传统。

在清明节和建军节期间，设立电视专栏，宣传冯仲云、赵尚志等人和萝北抗联十二烈士英雄事迹，以“中国人民抗日战争暨世界反法西斯战争胜利70周年”为契机，在老区乡镇广泛开展弘扬抗战精神的红歌合唱、书画摄影、座谈交流等主题教育和实践活动，吸引机关干部、村（社区）、企业、学校、军营等基层单位的群众，踊跃参与激发广大干部群众的爱国热情和建设家乡、服务家乡的积极性。

以科学发展观为主导，以电视专题、出版书籍、文艺演出、刊物发稿等多种形式，宣传抗联精神、党的富民政策和新农村建设各类典型，为全县人民全面奔向小康增加了精神食粮，提高老区人民建设新农村的信心和决心。

通过宣传革命老区，全县人民了解了萝北老区的革命历史，了解了抗日联军做出的英勇牺牲和巨大贡献，激发了老区人民热爱萝北、建设萝北的热情，增强了战胜困难、全面建设小康的勇气和信心，增强了老区人民的光荣感、自豪感、使命感和建设老区的紧迫感，促进了全面建设小康社会的进程。

深入实践调研，促进老区发展

在充分发挥主流媒体作用的基础上，充分利用省老促会的刊物宣传萝北老区，科学建言老区建设，发挥参谋和监管的作用。

2006年，围绕“支持革命老区加快发展增加老区人民收入”这一中心课题进行4次调查研究，并写了4个调查报告，提出19条建议，全部被县委县政府采纳落实。针对环山乡尖山村这个省扶贫重点村，认真深入开展6次调查研究，形成5份调研报告和1份统计数字报告，提出16条建议，全部被县政府采纳落实。

2010年，帮助团结镇勤俭村申报新农村建设资金10万元，美化绿化净化了村容村貌。对萝北县旅游情况和农民增收情况开展深入调研5次，形成调研报告2篇，提出合理化建议8条，全被县政府采纳。围绕县委县政府工作重点，针对新农村建设问题、老区发展的热点难点问题、改善民生问题和老区村脱贫致富问题深入调研4次，形成调研报告3篇，提出建议12条，全部被县委县政府采纳。

2013年，协调有关部门，向上争取资金10万元，用于肇兴镇群力村、文明村修建道路边沟。开展了“发挥示范作用老区带着奔向小康”等4次调研，形成调研报告4篇，特别是“发挥示范作用老区带着奔向小康”这份报告受到了省老促会会长于万岭的亲自批示，赞扬报告的3条建议是积极可行的，具有前瞻性的。

2014年，针对新农村建设问题、老区发展的热点难点问题、改善民生问题、老区村脱贫致富问题等，进行老区贫困情况调研3次，形成3份调研报告，提出9条建议。给县委、县政府提出8条建议，全部被采纳落实。在省老促会的《开发研究与老区建设》刊物上发表了“春风送温暖辟蹊径——关于萝北县设立村级事业发展基金的调查与思考”“党的十六大以来萝北的变化”“萝北县改革开放三十年巨变”文稿。

推进脱贫攻坚，加快小康进程

2005年，主动协调县民政局、农业局、经济计划局、水务局、交通局、广播电视局和扶贫办等政府部门，认真申报并促进落实了三双村、兴河村的自来水、修路、卫生所和有线电视项目，三年向省里争取资金15.4万元，对这两个村实现脱贫起到了实际作用。

2006年，协调有关部门推荐环山乡尖山村为省扶贫整村推进重点村，从省政府争取资金27.5万为该村的朝阳屯修沙石路1公里，解决了行路难的问题；为该村的尖山屯建了自来水，解决了64户240口人吃水难的问题。协调县政府给龙胜村拨款62.5万元，协调省、市老促会共15万元，加上村委会自筹7万元合计84.5万元，为全村三个自然屯全部安装了有线电视、为东胜组安装了自来水，为都鲁河组修了一条0.5公里长的水泥路。另外，建畜牧综合服务站一个、小型泵站一个、松花江堤坝200米。

2011年，协调县农业局和扶贫办，向上争取老区村重点扶持资金36.1万，其中石虎沟村争取新农村建设资金10万元，为太平沟村争取扶贫路建设资金26.1万元，同时将这两个村列入市新农村试点村、省级扶贫村，县政府在太平沟村复建黄金古镇，使该村成为鹤岗市重要旅游线路景点。

2016年，县委县政府组织召开了老区脱贫攻坚工作会议，传达了64号文件精神和国家、省扶贫开发工作会议精神，着重学习了64号文件中3个方面工作重点、8个方面主要任务、6方面政策支持等内容，专题召开了4个老区乡镇、36个老区村的主要领导会议，充分发挥老促会的监测评估作用。

2018年，萝北县成立了老区发展史编纂委员会。在老促会的组织和领导下，召开《萝北县革命老区发展史》编纂会议，希望让更多的人认识萝北，为家乡振兴助力。

第十四章　攻坚脱贫奔小康

久困于穷，冀以小康。这是中华民族千年追求的梦想。全面建成小康社会，是我们党确定的第一个百年奋斗目标。

党的十八大以来，党中央站在新的历史起点上，以强烈的历史责任感和担当精神，高举中国特色社会主义伟大旗帜，以实现“两个一百年”奋斗目标和中华民族伟大复兴的中国梦为己任，贯彻落实创新、协调、绿色、开放、共享的发展理念，统筹推进“五位一体”总体布局，协调推进“四个全面”战略布局，不断提高党的执政能力和领导水平，显示出高度的道路自信、理论自信、制度自信、文化自信，凝聚起团结奋进的磅礴伟力！萝北县按照中央、省、市的总体部署和要求，带领全县各级党组织、共产党员和人民群众，锐意进取，开拓创新，努力在全面建成小康社会进程中走在前列，不断开创经济文化强县建设新局面。

党的十八大提出了到2020年全面建成小康社会的奋斗目标，这是我们党向人民、向历史作出的庄严承诺。全面建成小康社会是实现中华民族伟大复兴的重要基础、关键一步。下大力气破解制约如期全面建成小康社会的重点难点问题是摆在我们面前的重要任务，因此，“让贫困人口和贫困地区同全国一道进入全面小康社会是我们党的庄严承诺”。

习近平总书记在黑龙江省视察时提出，黑龙江省脱贫攻坚任务依然很重。要坚持精准扶贫、精准脱贫，做到“六个精准”，落实“五个一批”，因村、因户、因人施策，提高扶贫脱贫工作成效……这些要求为萝北县脱贫攻坚工作提供了科学指南，也是我们必须完成的硬任务。

“诺言就是债务。”“诺言就是责任。”萝北县共有8个乡镇，63个行政村，92个自然村，农村总户数1.45万户，农村人口4.64万人。全县8 538个农村贫困人口（国标4 396人，省标4 142人）。为打赢脱贫攻坚战，2016年1月，萝北县制定了《关于打赢脱贫攻坚战的实施意见》，扎实推进萝北县扶贫开发工作。在推进落实精准扶贫工作中，萝北县坚持“县委统领、政府主导、社会参与、自力更生、整体推进”的扶贫工作方针，建立健全扶贫开发工作机制，积极争取各类项目，整合各类资源，聚集各方力量，构建了“立体式”扶贫格局。

实行县、乡、村三级定点驻村帮扶工作责任制。包扶单位干部职工、乡镇领导、乡镇机关干部、村两委成员、村党员、种养大户及合作社包扶贫困户。帮扶人员通过入户走访、精准识别贫困户、指导填写扶贫手册、建立贫困户档案等工作，现全面完成贫困户建档立卡和信息录入，并逐户排查，梳理致贫原因，掌握帮扶需求，整合农业、交通、水利、卫生、民政等各类资源，采取政策支持、项目引带、救助扶持等方式，变“输血式”为“造血式”，从根本上解决贫困户的生产生活困难问题，脱贫效果显著。经过不懈的努力，2014年，完成2个贫困村出列任务，脱贫人口2 569人；2015年，完成2个贫困村出列任务，脱贫人口2 700人；2016年，完成3个贫困村出列任务，脱贫人口3 267人。2017—2020年，巩固脱贫成果。目前，全县已基本完成脱贫任务，7个贫困村全部出列，实现贫困村农民人均可支配收入增长幅度高于全省平均水平。

第一节　老区村的发展

习近平总书记指出："全面建成小康社会，最艰巨、最繁重的任务在农村，特别是在贫困地区；没有农村的小康，特别是没有贫困地区的小康，就没有全面建成小康社会。"

萝北县63个行政村中有36个行政村属于革命老区村，分布在凤翔、团结、肇兴、太平沟等乡镇，有革命老区户8 815户，人口27 899人，耕地面积64万亩。

当前，萝北县正处于扶贫攻坚、加快发展的关键阶段。老区村人民曾为革命做出过巨大贡献，也付出过巨大的牺牲。老区人民没有张扬往事，没有居功自傲，而是默默无闻、无欲无求。他们虽生活不富裕，却对党和政府仍然那样一如既往地忠贞热爱。为确保到2020年与全国同步进入全面小康社会，这更增加了我们的使命感，我们要用习近平总书记关于新时期扶贫开发战略思想武装头脑，指导实践，推动工作，坚定信心，共同发力，打赢精准扶贫攻坚战。

萝北县政府每年都投入资金，帮助老区村屯修水泥路，美化村容村貌，配备现代化办公用品，建设文化体育广场，改善老区村人民的生活环境，丰富老区人民的精神生活。党和政府不忘初心，心系百姓，不遗余力地帮助老区村民解决吃住行的问题，帮助老区村民发展生产，发家致富。萝北县老区村得到了良好的发展。喜看2020年的老区村定会贫困人口不愁吃、不愁穿，贫困人口义务教育、基本医疗、住房安全有保障，老区村民人均可支配收入增长幅度高于全国平均水平、基本公共服务主要领域指标接近全国平均水平。

县委书记李思勇慰问贫困户

精准扶贫见实效革命老区换新颜

鹤北镇九里庄村坐落在鹤北林业局中兴林场东北麓，与嘉荫县隔嘉荫河相望，距离县城100多公里，是全县最偏远的一个小山村。

据老村长安风君介绍，九里庄是昔日的老金沟——德胜沟，是清后宫胭脂沟之一。末代皇帝溥仪在其自传中对兴东兵备道及下辖的九里庄有过叙述。东北沦陷后，著名的抗联将领赵尚志将军带领抗联队伍在九里庄北面的德胜沟、金满城等地与日本关东军作战、周旋。为了保存抗联有生力量，赵尚志将军多次从九里庄德胜沟取道太平沟兴东过江去苏联休整，九里庄因而被省政府命名为革命老区村。

20世纪六七十年代成立人民公社，九里庄村变身为九里庄大队，归属太平沟人民公社管辖，先后从山东、辽宁等地迁来大批移民进行二次开发。

在“一穷二白”“割资本主义尾巴”的计划经济年代，二次闯关东的移民们依然是“捧着金碗要饭吃”。不到100垧的薄溜地，也不打粮，一年到头工分分值才几分钱，“过年靠救济、吃粮靠返销”成为那个年代的常态；集体经济积累几乎为零，全大队一栋砖瓦房也没有，吃着河沟里的水，靠点着煤油灯熬过漫漫长夜；村里不通公路、更没有汽车，唯一的交通工具就是牛马车，去趟县城得先到太平沟住一宿，来回得一个礼拜；没有卫生所，有个头疼脑热只能吃两片安乃近或用土法子抗一抗，一旦有个急病只能听天由命。

20世纪80年代初，改革开放的春风终于吹到了边陲九里庄。农村土地联产承包责任制激发了村民无穷的致富动力，终于使“过年靠救济、吃粮靠返销”成为过去，村民心中企盼多年的“一亩地、两头牛，老婆孩子热炕头”的初级阶段目标开始变成现实。

随着改革的不断深入，市场经济的大潮也催生出了以现任村党支部书记王义友为代表的九里庄村第一批时代弄潮儿。开矿采金、包山号倒套子，种木耳段、采集山货，让九里庄人不再“捧着金碗要饭吃”，村里一大批“敢吃螃蟹”的精明人掘到了人生的第一桶金，率先完成资本的原始积累，成为令人羡慕的万元户、十万元户。随着鹤北林业局的开发，九里庄村终于通了公路，每天一班客车；靠着嘉荫乌拉嘎金矿，村民们告别了昏暗的煤油灯，开始用上了电；洗衣机、电视机等家用电器，小四轮等农用机械和摩托车、北京212等现代交通工具也陆续进入富裕农家。

2000年以后，九里庄村由太平沟乡划归鹤北镇管辖。2003年春天，刚从绥滨县调任萝北任县委常委、组织部长的宫传录同志，带领县委组织部班子成员到九里庄村调研，走访看望困难老党员并为村党支部送去彩电、DVD等电教设备，村里的老党员们激动地说“多少年了，组织上终于来人啦”。随后的十几年里，县委、县政府不断加大对革命老区村的帮扶力度，时任县委副书记、县长刘德诚到村现场办公，从100万元村级事业发展基金中优先拨付30万元，为村里建桥解决雨季出行难问题；县组织部积极争取上级支持，为村里新建了办公活动场所，配齐了电脑、投影仪等办公设备；县财政局争取省级专项资金100多万元为村里修建了水泥通村路、主干道和文化广场；县文化广电体育局先后为村文化广场安装了健身器材，为村文化室配备了文化长廊电子屏，为村图书室配齐各类图书，为每户村民安装了电视卫星接收设备，可以收看30多套电视节目；县科协作为包村单位，先后为村里新建了科普宣传栏，配备了电脑、科普图书。在县委县政府的高度重视下，在历任县帮扶单位的无私帮助和大力支持下，在村两委的带领下，九里庄这个革命老区村终于旧貌换新颜。在2016年全镇美丽乡村建设评比中，九里庄村名列第一。

产业助力强村富民着力打造现代美丽乡村

位于团结镇政府东南的勤俭村是有名的老区村。近年来，在打造现代美丽乡村过程中，取得喜人的成绩，先后获得全省六个十佳和谐村屯，全省新农村建设试点村、县级综合发展先进村等荣誉称号。

勤俭村打破分散的生产经营模式，大力发展富民产业，创建新型经营主体，打造农业示范园区，发展特色优势产业。首先把土地、人力、物力和资金等生产要素整合起来，建立了占地面积达11 000平方米的勤俭现代农机合作社，固定资产达1 320万元，拥有各种现代大型农用机车30台（套）。2016年，合作社流转经营面积1.6万亩，增收32万元，社员人均增收2万元。其次以合作社为依托，建成了1 500亩的玉米高产基地，打造了现代农业生产示范园区。2016年粮食产量平均每公顷达到11吨，年均增长近17%。三是大力发展红小豆、马铃薯等经济作物及畜牧养殖业。2016年，全村种植红小豆60公顷，马铃薯12公顷；养殖山羊256

只、牛30头，实现效益70多万元。此外，通过外出务工、自主创业等形式实现人均增收5 200元。

乘国家建设新农村的东风，勤俭村加快基础设施和公共服务设施建设，村容村貌焕然一新。争取到村办公室社区改造，村内道路硬化，环境卫生整治、一事一议等项目资金370余万元，改造、完善了通村道路、供水、排水、供电、通信、网络等基础设施，建设了3.5公里标准化硬质路面，硬化道路边沟5 400延长米，安装栅栏4 200延长米，安装太阳能路灯44盏，全村住房砖瓦化率达98%，村内道路硬化率、自来水入户率、有线电视入户率均达到100%。采取争取专项补贴、帮扶共建等方式，建设了240平方米的“六位一体”村级活动场所，配套建成了村文化活动室和农家书屋，建成了集休闲、娱乐于一体的文化体育活动中心，村庄建设水平全面提升。

为了营造优美整洁的村容村貌，勤俭村组村委会强化管理，建了村级环卫队，组成专项整治工作组，实行定岗、定人、定时、定路段、定任务的“五定”责任制，成立了由老党员组成的环境卫生监管会，开展了“大家齐动手、美化我家园”系列环境卫生整治活动；围绕村旁、路旁、水旁、宅旁“四旁”开展绿化美化工作，以村内主次干道为重点，在一条主干道两侧栽植云中杨1 500棵，在六横六纵村内路两侧栽植云杉4 000余棵，在村旁、宅旁栽种孔雀草、步步高和串红等花草42 000余株；村容村貌整洁有序，村民幸福感、满意度逐年提升。

多年来勤俭村注重用文明乡风，淳朴民风扮靓美丽乡村。通过印制宣传单、村规民约卡片、正能量短信微信、开展创建活动等形式，厚植社会主义核心价值观、荣辱观，组建了秧歌队、健身舞蹈队，积极开展各类文体娱乐活动，在全村形成了健康向上的社会文明新风尚；制定符合村情民情的《村规民约》，建立了

“门前三包”责任制，组织建立了民调会、治保会等村级配套组织，村民自制能力显著提高。

太平沟石虎沟村变迁

石虎沟村位于萝北县太平沟乡所在地西侧，距县城54公里，全村共有户籍户数127户，人口323人，其中常住人口62户、159人，拥有耕地5 921亩。

2017年5月31日，萝北县林业局驻村工作队被派驻到太平沟乡石虎沟村，并在乡党委的领导下积极开展扶贫工作。

驻村工作队根据村内情况逐户调查、宣传扶贫政策，填写贫困户帮扶台账并在走访中发放宣传单、悬挂条幅，张贴工作队公示牌，发放工作队联系卡。在驻村期间，以加大感情投入为基础开展工作，为慢病贫困户办理慢病手续，帮助五保户更换房屋柱脚，联系县中医院为肺心病贫困户送氧气瓶，及时看望慰问因车祸受伤和患大病的3户普通村民。通过点滴小事和真帮实扶与村民建立感情，为更好地开展精准扶贫工作奠定了一定基础。

驻村工作队通过调研，发现石虎沟村存在道路和村级卫生室未达到脱贫标准等问题后，林业党委决定在基础设施、脱贫硬件设施和民生设施方面予以支持。投资118万元，帮助石虎沟村修建村内水泥道路420米，新建铁栅栏3 000米，新建村级卫生室和信息站109平方米，13米方涵1个，石砌边沟46米，扩建晾晒场260平方米，增设8个文化宣传栏等项目。

为了推动精准扶贫，增强拔穷根、摘穷帽的政治责任感，村“两委”和驻村工作队逐步完善阵地建设。落实了支部“三会一课”、组织生活会、民主评议党员等基本制度，建立和完善了各项规章制度、配套设施，改善了村“两委”办公条件，使党支部真正成为教育党员的学校、团结群众的核心、攻坚克难的堡垒。强化组织建设指导。严格按照“建强基层组织、推动精准扶贫、落实基础制度、办好惠民实事”四项中心任务扎实开展工作，注重从农村党员队伍建设抓起，建立传帮带机制，着力提高村“两委”班子战斗力和凝聚力。

为充分发挥党员干部“双带作用”，从石虎沟村实际出发，依托村内成熟的五味子、平贝等北药种植经验和基础，发动党员干部积极探索和推行特色种植致富门路。2017年在村“两委”、党员和种植大户的带动下，石虎沟村扩大五味子种植15亩、木耳10 000袋，试种“谢花面”倭瓜20亩、试种天麻50平方米，使贫困户脱贫致富的门路进一步拓宽。

在乡党委、乡政府的领导下，石虎沟村不仅注重精神上的扶志，又注重技术上的扶智，积极倡导文明新风，通过重新制定完善村规民约及开展五好家庭、致富能手评比等精神文明创建活动，引导村民崇尚科学、破除陋习、发家致富，引导村民发扬传统美德、社会公德、家庭道德，从而自觉养成科学、文明、健康的生活方式。结合石虎沟村村情实际，开展了“走特色路带村民富”特色党建活动，通过组织种植大户、技术人才到田间地头为农户送技术、送信息、送门路，党员干部带头试验探索发展特色作物的新品种、新技术、新方法、新思路，补齐了农民致富增收的技术短板，增强了致富增收的信心、拓宽了农民致富增收的门路，促进了脱贫攻坚从“输血”向“造血”转变，帮助农民群众脑袋口袋“一起富”、精神物质“双脱贫”。

第二节　精准扶贫结硕果

“贫穷是人类最大的敌人。”社会学者说，一个向好的社会，会珍视并呵护每个人的价值，致力于让贫困人口不愁吃、不愁穿，义务教育、基本医疗和住房安全有保障的“两不愁”“三保障”，正是体现了这份珍重与呵护。全面建成小康社会，一个都不能少；共同富裕路上，一个也不能掉队。这份尊严、幸福与美好，在温暖的时代栖息生长。在社会主义大家庭里，扶贫脱贫不仅仅是一个地方、一个单位、一个人的事。萝北县加大投入支持力度，集中优势兵力作战，继续用“六个精准”“五个一批”，打好直击贫困的“组合拳”。黑龙江省在全国率先出台《关于脱贫攻坚监督执纪问责办法》，终身问责成为脱贫攻坚的执纪利剑，为全国脱贫攻坚贡献了“龙江智慧”。

全县在深入实施帮带扶贫工程中，坚持以“县、乡、村三级帮扶”为牵动，立足各包扶单位、帮扶责任人在资金、物资、技术等方面的优势，开展了“结对子、一帮一，不脱贫不摘钩”活动。对全县63个村的1 095个贫困户，制定不同帮扶措施，涉及产业项目、转移就业、资金支持、协调贷款、争取救助、技术指导等九个方面，做到村村有脱贫措施，户户有帮扶办法。推动实施产业扶贫工程，南部平原乡镇突出绿色水稻，北部山区乡镇突出专用玉米和特色经济作物种植，大力发展森林种植养殖和森林旅游等复合模式林下经济，实施“互联网+农业”工程，建成10个“互联网+农业”高标准示范基地和1个“智慧农业”展示中心。实施政策扶贫工程：抓住房保障，抓教育保障，抓医疗保障。实施基础设施建设扶贫工程：加快贫困村“三通三有”基础设施建设，确保贫困村实现中心屯通硬化路、通有线电视、通网络，做到有标准化卫生室、有具备资质的村医、有达标的村级文化活动场所。

县科协帮扶老区脱贫致富

20世纪90年代末，因黄金开采使九里庄村的生态环境遭到严重破坏。虽然经过近20年的保护和土地复垦，生态得以迅速恢复，但是复垦的土地不再肥沃，大豆产量只有平原区的一半，依靠种植业增收乏力。

村里第一批富起来的村民，基本上都举家迁往县城或外出务工经商。全村户籍登记人口是73户184人，常住户只剩下41户10人。除在县城居住的农户外，实际在村里居住的不到30户共50多人，大多是老、弱或病残状况，其中不乏收入在脱贫线以下、住着危房的贫困户。

2016年春，县委、县政府高度重视脱贫攻坚工作，召开动员会，选派县科协精准扶贫对接九里庄村建档的6户贫困户。通过入户走访，发现他们均属于年老体弱、丧失劳动能力的家庭。面对这一现状，县科协帮扶工作队没有气馁，积极与镇村两级干部、村养蜂合作社共同商讨帮扶对策。土地贫瘠、耕地稀少是全村最大的短板，但绿色生态、无公害恰恰又是九里庄村最大的优势。村蜂养殖合作社理事长赵海涛面对年养殖规模在500箱以上的养蜂采蜜发展的强势，主动提出参与精准扶贫、产业帮扶，回馈家乡父老。2017年，县科协与村养蜂合作社达成合作共识，重点为5户没有劳动能力的农户办理3万元扶贫小额贷款，购买25箱蜜蜂，委托九里庄蜜蜂养殖合作社（协会）寄养三年。“买蜂没钱科协筹，不懂技术协会帮；带蜂入社搞寄养，年终分红写华章。”实行“带蜂入社、年终分红”产业帮扶模式以来，5户贫困户均增收1 800元，实现了“两不愁”目标。实施带蜂入社产业帮扶三年，取得了显著实效，确保了每户每年增收2 500元。

为促进村养蜂产业帮扶升级，县科协协调县市监局、县绿办还为合作社办理SC产品质量认证和绿标。2017年底，村蜜蜂养殖合作社共计销售蜂蜜30吨，实现销售额近百万元，成功实现了由过去单一蜜蜂养殖向现在的养殖加工销售一条龙产业化转型。2018年5月，县科协又汇同鹤北镇政府为村蜜蜂养殖合作社申报了投资16万元的蜜蜂寄养产业扶贫项目，通过保底分红的方式使合作社与5户贫困户建立起扶贫利益连接机制，纳入县扶2018—2020年产业扶贫项目库。

其间，县科协帮扶工作队汇同镇、村两级干部还对村里其他贫困户实施贫困户动态管理和上级产业扶贫政策，如贫困户王义发有鱼池想养鱼致富但缺资金，经多方筹资为其解决了鱼苗款，并请县里渔业养殖专家前来亲自指导，帮助脱贫致富。为潘生和王廷因两户贫困户，积极争取县住建部门危房改造补助资金，新建了彩钢房，实现了“三保障”工作目标。2018年，县科协帮扶工作队汇同镇、村两级干部为最后建档立卡贫困5户申报了光伏发电产业扶贫项目，每年户均增收3 000元，受益周期长达20年；又为有意愿的王廷因、刘爱霞申报了木耳种植托管产业扶贫项目，每年户均增收1 000元。同年，汇同镇、村两级为村里的贫困户、低保户、五保户、残疾户等10户“四类人群”申报了幸福大院危房改造计划，秋天建成入住。截至2018年底，潘生、王廷因、刘爱霞3户实现脱贫。

身残志坚　励志脱贫

2014年12月，刘洪霞一家被列为萝北县太平沟乡石虎沟村的建档立卡贫困户。34岁的刘洪霞和36岁的丈夫郑广才都是肢体残疾，10岁的女儿郑淳涵，在县里第一小学四年级就读，家里人均耕地不足3亩。全家居住在一个仅有常住人口62户163人的中俄边境的一个小山村，家庭的生活来源基本是靠丈夫冬天在附近林场山里干活维持家用，虽然没有外债，但也不宽裕。

2014年6月15日，丈夫郑广才因一场意外的车祸造成全身20几处粉碎性骨折，医生下达了3次病危通知书，在医院昏迷了28天后，终于在爱人和女儿声声呼唤下，苏醒过来。因术后需要卧床休养半年，且不能自理，孩子又需要上学，生活的重担全部压在了刘洪霞肩上。

丈夫术后回到家中，淳朴的父老乡亲纷纷来看望这个不幸的家庭，乡、村干部也来到家中慰问，不断地与刘洪霞谈心，“别有压力，没有过不去的坎，重要的是照顾好丈夫和孩子，生活上有困难，就找我们，大家共同面对”！

2015年，乡、村干部根据刘洪霞家的实际情况，为了保证家里的暂时生活和孩子的教育，按照程序帮助刘洪霞家向民政部门申请到了三口人的C档低保。2016年，乡领导、驻村工作队和村干部多次到刘洪霞家中，为其宣讲脱贫致富案例，鼓励她发展产业。

县长孙坤看望刘洪霞

“不要让眼前的困难压倒，为了丈夫你不要对生活失去希望，为了孩子能得到良好的教育环境，你要鼓起勇气，振作起精神，为了家庭，你要撑起一片天！”乡、村干部的话，让刘洪霞一家感到了党和政府的温暖，更加坚定了靠自己的双手创造幸福生活的信心。

在苦难中，刘洪霞经过和卧床的丈夫、年迈的公婆商量一番，向村干部讲了自己与家人的想法：石虎沟村是五味子、平贝种植的专业村，还是有着120余头黄牛、300只绒山羊养殖的专业村。在政府的帮扶下，为刘洪霞家共同拟定了长、短效两套发展方案。一是发展庭院经济，种植北药五味子项目。帮扶责任人免费为刘洪霞提供了四亩地的五味子种苗，乡村干部定期到刘洪霞的五味子地，查看五味子长势，提供应时管理技术指导，让刘洪霞逐渐掌握了种植的窍门。这为刘洪霞长期脱贫提供了保障。二是育成牛养殖。在各级帮扶部门的帮助下，购买了三头育成母牛，预计年增收15 000元。在社会各界和政策的助力下丈夫去医院进行取八处钢板的手术，康复三个月后被鉴定为3级残疾。妻子刘洪霞一天忙到晚，康复半年的郑广才忍着病痛坚持锻炼，拄着双拐到五味子地除草、修剪果枝。公公婆婆也抽时间来家帮忙，为了让刘洪霞安心发展产业，主动承担了帮忙照顾拄着双拐的丈夫和五味子种植管理。看着丈夫用双拐锻炼坚毅的脸、公婆久违的笑容以及日渐壮大的牛群，刘洪霞是越干越有劲，满腹的感谢不知从哪说起，现在刘洪霞逢人就说：“是党的关怀让我有一个完整的家庭，是乡、村干部真帮实帮让我对生活充满了希望。”

2017年9月的一天，刘洪霞在喂牛收草时，不小心右手带入正在旋转的机器中，一场噩耗再次闯入这个刚有起色的家庭。帮扶责任人、村干部、驻村工作队又来了，再次帮助刘洪霞打气鼓劲，劝说她不要有思想包袱，一定要坚强起来。“困难是暂时的，但只要你人心不冷，我们齐心协力，抱团取暖共渡难关，什么事都会有解决办法！”帮扶责任人已经成为这个家庭的常客，看着刘洪霞丢掉指关节的手指外露着钢针，无法继续照顾牛群，于是乡、村干部主动帮忙把饲草给运到刘洪霞家，由公婆、村里的结对党员和村干部，帮助喂养和照看，在众人帮助和刘洪霞家人的努力下，总算把2017年的冬天度过去了。春节过后，刘洪霞去医院拔去了手上的钢针，被鉴定为肢体4级残疾，对一个贫困家庭来说，夫妻都是残疾，无疑是雪上加霜，村里的乡亲们也为这对小夫妻暗暗发愁，感到束手无策。但是困难没有压倒这个自力更生的小家，正如刘洪霞的公婆所说：“你们村干部把我家的看得比自家的还重要，两个年轻人已经这样了，我们也得自食其力，啥事不能总靠政府啊！”

2018年，萝北县扶贫办为全县的贫困户制定了四项扶贫产业政策。当乡、村干部、驻村工作队到刘洪霞家探望宣传扶贫政策时，丈夫郑广才说：“我现在身体恢复得挺好，喂牛现在是可以。”刘洪霞说：“我现在就是右手残疾，家里的农活都能将就着干。国家的精准扶贫政策，让我们这个不幸的家庭，重燃了希望，针对我们的家连续几年的真帮实扶，才有了我们的今天。昨晚看完电影《十八洞村》后，我要向电影里的军人学习，首先我要先富精神和志气，当我家庭几次面临绝境时候，是党和政府及社会各界人士的大爱，帮我解决重重困难，让我时刻感受到党的好政策，我要与贫困打一场硬仗。”2018年初，石虎沟村的帮扶单位林业局，又为刘洪霞家免费提供了3 300棵五味子苗木、县扶贫办免费给刘洪霞提供了200根水泥桩，帮助刘洪霞扩大了五味子种植面积3亩；同时，帮助刘洪霞家申请成功了五万元贴息贷款，新购买4头黄牛。目前，刘洪霞家共有五味子7亩、黄牛14头，预计五味子年增收5万元、黄牛年增收6万元。

刘洪霞一家现在逢人就说：“我家遭受这么多不幸，能有现在的样子，是不幸中的万幸，是党和政府的政策好，是全村父老乡亲的帮衬让我们渡过一次一次的难关，让我们走上了脱贫致富的道路，我们衷心地感谢！没有共产党就没有我们的今天，我们要尽自己的所能报答帮助我们的人，积极带动村里其他贫困户早日脱贫。”

目前，刘洪霞身残志不残，已经成为石虎沟村的一名入党积极分子。刘洪霞正用自己的实际行动去带动村里其他的贫困户一起走向共同富裕的明天！

众志成城　奔向美好未来

历史的号角总是在时代的关键节点吹响。党的十九大，开启了新时代中国特色社会主义新征程。

赋有红色基因的萝北人民，将大力弘扬“尊法、开放、包容、奉献”的萝北精神，牢固树立“萝北自信”，按照县委的战略部署，牢固坚持“转变发展方式、释放优势动能、打造特色产业、建设生态强县”的工作思路，以加快发展“四大产业”为重点，一以贯之招商引资上项目，坚定不移抓发展、惠民生、保稳定，努力开创经济社会发展新局面。2018年，全县地区生产总值达43.5亿元，财政收入7.3亿元，首次突破7亿大关；公共财政收入3.6亿元，固定资产投资13.1亿元，社会消费品零售总额18亿元；城镇、农村常住居民人均可支配收入26 452元和18 132元，进出口贸易额1亿美元，2017年全县经济综合实力跃升至全省第17位。

“幸福都是奋斗出来的。”40年风雨兼程，40年硕果累累。萝北县先后被评为国家科技进步示范县、全国土地节约集约利用先进县、全国特色文化产业县、全国文化信息资源共享工程示范县、全国产粮工作先进单位、全省文明村镇建设先进县、法制环境先进县、农产品质量安全县、卫生应急示范县、抗洪先进集体等诸多荣誉称号。诸多荣誉的取得是在中共萝北县委县政府的坚强领导下，全县人民共同奋斗获得的。

回首中国共产党的历史，就是一部让中国人民站起来、富起来、强起来的伟大的奋斗史和信仰史。诞生于萝北黑土地上的抗联精神和北大荒精神，一个个英雄的名字“崔庸健”“赵尚志”“邵万财”“刘忠民”“刘海”“杨华”，等等，像一面面闪光的旗帜，激励了无数革命后人为共产主义远大理想奋斗终生。他们是中国共产党的脊梁，是中华民族的栋梁，是我们心中永远的历史丰碑。他们用宝贵的生命诠释了共产党人的信仰和忠诚，用泣血的笔书写了共产党员为人民利益舍生忘死的正义和悲壮。而正是这种信仰、忠诚、正义和牺牲精神，奠定了共和国大厦的坚厚基石，成就了中华民族的惊天伟业。

改革开放四十年，萝北的日新月异的变化，都有赖于中国共产党的领导，有赖于中共萝北县委县政府的正确领导，有赖于全县人民的艰苦创业和改革创新。

回首过去，无悔时代；展望未来，信心倍增。让我们在县委县政府的坚强领导下，在承前启后的伟大时代中，脚踏实地，众志成城，奔向美好未来！

未来三年的奋斗目标

从现在开始到2021年，是全面深化改革、转变发展方式的攻坚期，也是全面建成小康社会的决战决胜期，更是补短板、释潜能、大有可为的战略机遇期，我们必须增强机遇意识、创新意识、担当意识，把握形势、主动作为、科学作为，确保萝北经济社会在新常态下实现新跨越，继续在全市争一流、站排头。

全县总体发展思路是：按照县第十七次党代会的安排部署，深入贯彻党的十八大和十八届三中、四中、五中、六中全会精神，认真落实习近平总书记系列重要讲话精神，以“四个全面”战略布局为统领，以“五大发展理念”为导向，以经济建设为中心，以稳中求进为总基调，牢固坚持“转变发展方式、释放优势动能、打造特色产业、建设生态强县”的工作思路，大力发展矿产资源加工、农副产品加工、商贸物流、旅游服务“四大产业”，强化招商引资和向上争取，增强经济综合实力，统筹发展基础民生事业，全力维护社会和谐稳定，推动萝北经济社会全面振兴发展，与国家和省市同步进入小康社会。

未来三年的宏观愿景

在综合实力上实现新跨越。围绕富民强县这一目标，持续提升经济实力，预计到2021年全县地区生产总值达58亿元，年均增长8%；财政收入达8.2亿元，年均增长6.5%；全社会固定资产投资达22亿元，年均增长20%；社会消费品总额达21亿元，年均增长8%；城镇和农村常住居民人均可支配收入分别达28 011元和21 133元，年均增长4%、6%，县域综合实力全省排位继续向前跃升，成为龙江东北部地区实力雄厚、独具特色的边陲新城。

力促传统农业县向工业强县转变。工业承载着萝北振兴的希望，我们将坚持向资源开发和精深加工要发展、向引进外来投资者要发展、向优势产业和产品延伸要发展、向高新技术成果产业化要发展，一以贯之地依托优势资源抓招商、上项目、保存量、扩增量，提升工业经济规模、质量、效益，逐步构建矿产资源加工产业占据国内市场重要份额、农副产品加工产业异军突起、腐殖酸和大理岩等其他矿业经济梯次开发、各类园区多点发力的新型工业体系，实现“资源集约、要素集聚、产业集群”，走出一条结构更优、质量更高、效益更好、优势充分释放的可持续发展之路。到2021年，萝北石墨产业园区晋升省级园区，污水处理厂、物流中心、综合服务配套等基础设施基本完备，3条深加工产业链初步形成。石墨产业总产值力争达到50亿元，深加工占比70%以上，年利税超5亿元；规上企业达30户，力争有1至2户企业成功上市，规上工业增加值4.5亿元，年均增长15%。萝北县将成为国家新型工业化、矿产资源精深加工、科技成果转化示范基地和享誉全国的石墨经济先进县、全省工业强县。

全力推动农业转型升级。农业是立县之本，事关国家粮食安全和农民增收致富。未来五年，我们一方面，要深入实施藏粮于地、藏粮于技战略，充分承接国家现代农业示范区释放的政策红利，通过推进生态高产标准农田、土地整治等一批农田水利基础建设项目和一系列先进适用技术的推广，稳步提高粮食生产能力。另一方面，主攻转变发展方式，围绕“种出绿、养出绿、叫响绿、卖出绿”，全力做好“绿色”文章，打好“生态牌”，全面深化绿色、有机、生态品牌理念，逐步走出一条粮经饲统筹、农林牧渔结合、种养加一体、一二三产深度融合的农业现代化道路。到2021年，农业产业结构更趋合理，观光农业、体验农业、创意农业等新业态不断涌现；农产品品牌在全国打响，初步实现大粮仓向绿色菜园、绿色厨房的转变，成为全国绿色高效生态型现代农业样板区，真正成为“绿色食品强县”；农民持续增收，农村面貌焕然一新，贫困人口全部脱贫，农村成为广大农民朋友安居乐业的美好家园。

倾力释放第三产业新活力。坚持“内外贸并举”，以消费升级为导向，加快内贸流通创新，推动生产性服务业集聚化、生活性服务业便利化发展，通过新高中、步行街等基础工程建设，引带建成现代特色服务业聚集区，打造集教育、金融、商贸、卫生等服务为一体的十分钟生活圈。强力推动口岸码头改扩建、通用机场、鹤名铁路等一大批重点基础设施项目和名山保税区、互市贸易区建设，逐步形成水、陆、空立体化交通体系和北跃现代粮食加工物流园区、名山中俄贸易产业加工园区、境外农业产业园区多点支撑辐射的大市场、大贸易、大流通、现代化商贸物流新格局，使萝北成为龙江东北部地区面向俄罗斯举足轻重的国际贸易大通道。到2021年，力争进出口贸易额突破3.5亿美元，进出口货物突破30万吨。旅游产业要充分运用PPP模式，创新投融资机制，引入社会资本，合理整合资源，完善配套设施，盘活现有资产，全面激活温泉度假、生态休闲、健康养老等新业态，晋升一个国家5A级风景区，推动萝北旅游打包上市，使萝北成为闻名全国、享誉中外的界江观光之都、养生避暑胜地。

缔造城乡新面貌。建设美丽萝北是大家的共同企盼。未来五年，我们将扎实推进以人为核心的新型城镇化建设，把海绵城市等新理念植入城市建设管理之中，高品位规划统一城市建筑风格、色彩，集中展现异域边城风情，通过大规模的棚户区改造，基本消灭主城区棚户区和农村危房；城区道路全面改造、升级，沥青黑色路面实现县城覆盖；高标准统筹推进城市绿化、亮化，做到“一区一景、一街一韵”，错落有致，特色鲜明；“三供两治”体系日趋完善，建成污水处理再生利用、热源厂二期、管道燃气等项目；数字化、智能化“大城管”全面推行，城市管理体制和长效机制得以理顺。巩固国家级生态县创建成果，实施“蓝天、碧水、青山”三大保护工程，“北林、东水、南湿地”生态格局更加优化；生态文明建设全面进步，持续向乡村延伸；积极推进资源节约型和环境友好型社会建设，“绿色发展、循环发展、低碳发展”理念深入人心，萝北真正成为本地人骄傲、外地人向往的山清水秀、土沃粮丰、人与自然和谐相处的“秀美生态之县、文明宜居之城”。

为辖区百姓创造更多福祉。建设幸福萝北、提升百姓幸福指数是政府一切工作的出发点和落脚点。未来几年，县政府将致力于构建基础财源巩固、主体财源多元、接续财源跟进、财政收入稳定增长的财源体系，为民生事业发展提供充足的资金保障。我们将坚持落实上级政策与本地创新相结合，全面发展各项社会事业，努力提高百姓生活水平。县政府承诺，无论形势如何变化，都将把民生事业放在政府工作首位，都将把资金向民生项目倾斜，确保每年都出台民生新举措，民生投入都有新增加，通过加快构建和不断完善就业服务、社会保障、终身教育、医疗卫生、社会养老等服务体系，使萝北群众幸福感、获得感、归属感、安全感普遍增强。到2021年，公共服务保障逐步实现均等化、优质化；义务教育全部达到省级标准；公立医院改革全面完成，基本实现大病不出县；文化、旅游、体育等产业深度融合，各项事业齐头并进；“平安萝北”“法治萝北”深入推进，社会更加和谐稳定；力争实现学有优教、劳有多得、病有良医、住有宜居、老有颐养，让辖区人民享受到比以往更多、更优厚的社会福利。

雄关漫道真如铁，而今迈步从头越。萝北人民在党的领导下，浴血奋战，艰苦奋斗，为中国革命和建设事业做出了巨大牺牲和重要贡献。党的十八大以来，萝北改革持续进行、全面推进，不断激发内在动力，释放发展红利。消除贫穷、改善民生、逐步实现共同富裕，是社会主义的本质要求，是党的重要使命。萝北县委县政府把扶贫开发摆在突出位置，聚焦精准扶贫、精准脱贫，统筹资源配置，强化政策措施，大打精准扶贫、蓝天保卫、清黑除恶等战役。在“科学发展观”的思想指导下，萝北县牢记习近平总书记的“中国粮食，中国饭碗”的谆谆教导，加强农业基础、国家粮仓地位不动摇，推进农业深加工等产业，努力打造国家粮食安全县，发展绿色农业，发展边贸，发展旅游，充分利用资源和区域优势，坚持走环境立县、农业富县、工业强县之路。

蓝图已经绘就，号角已经吹响，萝北“十三五”正驶入发展的“快车道”。萝北县委一以贯之的改革创新精神，合理而高效地利用界江，开发界江，让古老的黑龙江在萝北这里焕发青春活力。努力打造“和谐界江、绿色界江、文化界江”，在国家边境地区建立“和谐世界”的样板区。这为我们指明了前进的方向。

党的十九大为我们吹响了全面建成小康社会的决胜阶段的号角。在回顾萝北百年党史中增强开拓前进的勇气，在面向未来中坚持不忘初心、继续前进。老区萝北的昨天灿烂辉煌，老区萝北的今天生机勃勃，老区萝北的明天更加美好。一个文明、富足、开放、和谐的萝北，必将如同雄伟的兴安岭，在我国东北边陲蓬勃崛起，创造新的辉煌！

附 录

一、人物

赵尚志

赵尚志，男，中共党员，抗日民族英雄，抗日联军著名将领。1908年10月出生，辽宁省朝阳县人。1919年，赵尚志随家迁居哈尔滨，1925年考入哈尔滨许公中学校，受俄国“十月革命”和五四运动影响参加革命，同年加入中国共产党。入党后，赵尚志赴广州考入黄埔军校，成为第五期学员。1926年，他按照党的指示返回哈尔滨，从事学运工作。“九一八”事变后，他全身心地投身到抗日斗争中来。他先后创建了珠河反日游击队、东北反日游击队哈东支队、东北人民革命军第三军、东北抗日联军第三军，并先后担任中共满洲省委军委书记、中共满洲省委常委、中共北满临时省委执委主席、北满抗日联军总司令、抗联三军军长、抗联第二路军副总指挥等职务。他指挥抗日队伍在松花江流域、小兴安岭山麓纵横驰骋，运用游击战争的战略战术与敌浴血奋战，给日本侵略者以沉重的打击，使日军丢魂丧胆。

1936年冬，赵尚志率领部队转战汤原、富锦，开辟背靠小兴安岭的辽阔江北游击区后，曾多次出没于萝北深山老林之中，多次在萝北境内与敌人作战。1942年初，在准备袭击鹤岗梧桐河警察分驻所时，被混进队伍里的特务用枪击中，身负重伤的赵尚志被俘后英勇牺牲，年仅34岁。

李兆麟

李兆麟，原名李超兰，曾用名李烈生、孙正宗、张玉华，化名张寿篯，乳名小升子（1945年8月改名李兆麟）。1910年11月2日生于辽宁省辽阳县铧子乡小荣官屯的一个农民家庭。“九一八”事变后加入革命。1932年初回到辽阳县，参加了辽阳东北抗日义勇军四十一军的抗日武装斗争，任参谋长。5月加入共青团不久转为中共党员，到本溪和沈阳做工运和兵运工作。1933年8月到哈尔滨满洲省委军委工作。1934年任游击队副队长、东北反日游击队哈东支队政委。1935年1月东北人民革命军成立，先后任二团、一团政治部主任。1936年1月起任东北反日联合军总政治部主任、东北抗日联军第六军代理政治部主任、东北抗日联军政治军事学校教育长、第三军政治部主任、北满抗日联军总政治部主任和东北抗日联军第三路军总指挥等职。是中共北满省委和东北党委的主要领导人之一。

1945年8月，李兆麟参加了苏联红军发起的远东战役，一举消灭了日本侵略军，推翻了“满洲国”，光复了祖国东北。抗日战争胜利后，他担任中共北满分局委员、哈尔滨市委委员、滨江省副省长、哈尔滨中苏友好协会会长等职，为贯彻党中央“争取东北”“建立巩固的东北根据地”的指示，作出了重要的贡献。

1946年3月9日，李兆麟被国民党反动派暗害于哈尔滨道里水道9号街，时年36岁。

冯仲云

冯仲云，男，汉族，中共党员。1908年2月27日生于江苏省武进县余巷镇的一个小职员家庭。他从小勤奋好学，富有同情心，参加过“五卅”反帝爱国运动。1926年9月，考入清华大学数学系。1927年5月在学校加入中国共产党，并担任中共清华大学党支部书记职务，1930年4月，冯仲云在北京被捕入狱，在党组织营救下，同年10月出狱。出狱后，党组织将其派到东北，以哈尔滨商船学校数学教授为掩护，负责哈尔滨各大学的知识分子工作。“九一八”事变发生后，冯仲云担任全满反日总会的党团书记。1932年秋，冯仲云以中共满洲省委驻松花江下游代表的身份前往汤原县，领导松花江下游地区的抗日斗争。他在萝北建立抗日地下联络站，协助汤原中心县委组建抗日游击队，对反日山林队进行艰苦细致的政治思想工作，使其接受党的领导并参加抗联。在抗日斗争形势十分严峻的形势下，他配合李兆麟领导的黑嫩平原抗日游击战争。为了寻求苏联援助，恢复同党中央的联系，他多次赴苏联伯力。战争年代，冯仲云曾担任中共满洲省委秘书长、抗联三军政治部主任、中共北满临时省委书记、中共北满省委常委、宣传部长兼东北抗联六军政治部主任。抗战胜利后，冯仲云从苏联回国，担任苏联红军驻沈阳警备区副司令、松江省人民政府主席、水利部副部长等职务，曾当选为党的八大代表及一、二、三届人大代表。“文革”中遭受“四人帮”迫害，于1968年3月病逝，终年60岁。

戴鸿宾

戴鸿宾，别名高新生，人称“戴半拉子”，1911年8月18日生于辽宁省抚顺县两半山屯。1919年迁到黑龙江省汤原县西北沟靠山村，以种地为生。1932年初，在汤原县西北沟靠山村参加抗日救国会活动。10月，加入中国共产党并参加创建汤原游击队，后任小队长。1933年末任游击队中队长。1934年10月汤原反日游击队扩编为汤原反日游击总队任总队长。1936年1月游击总队改编成立东北人民革命军第六军时任二团团长，同年9月改任东北抗日联军六军四团团长，1937年2月任抗联六军军长，1939年7月任东北抗日联军总司令部大队队长、1940年春任东北抗日联军第三路军第十二支队队长，同年9月18日离队到沈阳隐居。1945年“九三”光复后，找到党组织，担任三江人民自治军副司令员、合江军区副司令员兼一分区副司令员、第五支队队长等职。1945年10月15日重新入党。1948年5月任吉林省林务局副局长。1949年9月任吉林省公路局局长。1951年1月任吉林省交通厅副厅长、林业厅经营局长。1963年12月任吉林市政协副主席。1968年3月28日病逝。

马德山

马德山（1911—1938年），原名金乘浩，朝鲜族，1911年12月生于上海市。1927年随父母迁居萝北县梧桐河屯，为福丰稻田公司种地。1929年就读于崔石泉（崔庸健）创办的松东模范学校，接受革命思想教育并积极参加革命活动。1930年加入共青团，1931年加入中国共产党，是东北抗联六军的发起人之一，先后担任交通员、司务长、连政治指导员、团政治部主任。1936年11月任抗联六军一师师长。在萝北的高家窝棚战斗中不幸壮烈牺牲，以身殉国。时年仅27岁。

李凤林

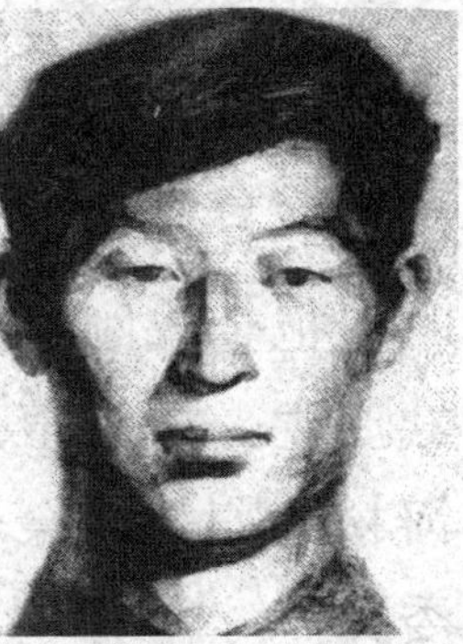

李凤林，男，原名李增智，中共党员，1910年出生，辽宁省海城县人。1928年秋，因生活所迫举家来到萝北县鸭蛋河（今萝北县凤翔镇）附近的七马架定居。不久，经介绍，加入中国共产党，从此李凤林走上了革命道路。同年冬，党组织任命李凤林为中共鸭蛋河区委书记。1936年初，党组织调他到抗联六军工作。在抗联部队，他先后担任六军四团二连连长、六军保安团团长等职务。1937年3月，李凤林所在部队在桦川县的葡萄沟与日军遭遇，战斗中李凤林壮烈牺牲，年仅27岁。

徐光海

徐光海，男，又名徐炳仁，朝鲜族人，1907年生于朝鲜庆向南道，1910年日本侵略军吞并朝鲜后，随父流亡中国东北。1927年受雇于萝北梧桐河附近的福丰稻田公司，在梧桐河东屯定居。不久，受中共地下党革命活动影响，参加了减租减息斗争。1930年在梧桐河村加入中国共产党。“九一八”事变发生后，积极参加梧桐河党支部组织的化装宣传队，深入到萝北、鹤岗及汤原等地宣传抗日救国道理。1933年，又被党组织派往活动在萝北一带的抗日义勇军“阎王”队做教育转化工作。1935年以后，徐光海在汤原游击队里与戴鸿宾、裴敬天等人经常活动在桦川、集贤、富锦一带，狠狠打击日军和汉奸恶霸地主。1936年11月，徐光海被任命为抗联六军一师政治部主任。1938年12月，徐光海与裴成春带领后方医院转移时，在激战中，壮烈牺牲。

金成刚

金成刚，女，1899年生人，原籍朝鲜介川郡。1921年冬全家逃难到中国东北。1927年受雇于福丰稻田公司，定居于萝北县梧桐河村。共产党员崔石泉在梧桐河开展革命活动时，把金成刚家设为革命活动地点。1929年金成刚加入中国共产党，成为萝北县最早的共产党员之一。她先后担任梧桐河村的妇救会会长、汤原县鹤立区妇女主任及中共汤原县委委员。

1933年，金成刚与中共汤原中心县委书记裴治云等十一位同志一起被捕入狱，她在狱中经受住竹签子刺指甲的酷刑，表现得十分英勇顽强，坚贞不屈。1933年10月15日，在鹤立镇壮烈牺牲。

裴成春

裴成春、裴锡哲、裴锡九、裴敬天是一奶同胞，姐弟四人，都是萝北县早期的共产党员，都是为抗击日本帝国主义而牺牲的烈士。姐弟四人原籍朝鲜清道郡，1910年随父母移居中国东北，1927年定居萝北梧桐河村，受雇于福丰稻田公司。大姐裴成春（1902—1938年），1932年加入中国共产党，1933年任汤原无风浪区妇女救国会会长，同年秋调入汤原游击队，后来在抗联六军密营做后勤方面的领导工作并创办了帽儿山被服厂。1937年，北满临时省委扩大会议在被服厂召开，她领导全厂承担会议服务工作，保证会议顺利进行。1938年，裴成春调任抗联六军一师后勤处做领导工作。同年12月，与徐光海率领后方医院转移时，壮烈牺牲，时年36岁。

李敏

李敏，女，原名李明顺、李小凤，朝鲜族，1924年11月出生于黑龙江省萝北县梧桐河东屯。1932年在安邦河参加反日宣传，1936年参加东北抗日联军第六军四师被服厂做军服。1937年秋加入共产主义青年团，1939年1月转为中共党员，在六军历任护理员、政治教员、抗联教导旅广播员、报务员。1945年8月回国任绥公工委委员、省军区警卫连副指导员、北安县团委副书记、省文教办副主任、副处长。

1958年11月任哈尔滨一工具厂党委书记。1973年后被选为黑龙江省总工会副主席、党组副书记。1982年任黑龙江省政协副主席兼统战部副部长、省民族事务委员会主任、党组书记。1988年1月任黑龙江省第六届政协副主席。1993年1月离休。现任黑龙江省老区建设促进会副会长。2000年享受正省级生活医疗待遇。2018年7月去世。

李亚洲（李桂兰）

李亚洲，女，别名李桂兰，1917年出生于辽宁省海城县。1928年定居黑龙江省萝北县七马架。1932年参加妇女救国会任会长。全家迁移到汤原县太平川后任太平川妇救会会长、洼区妇救会会长。1936年在四块石成立抗联六军被服厂任政治主任，同年3月由共青团员转为中共党员，并与吴玉光结婚。1938年3月15日被俘，在汤原县监狱关押了四个多月，后来送到哈尔滨判处十年徒刑。1944年5月出狱。1945年“九三”后在鹤岗市水暖社工作。1983年4月恢复党籍，提为十七级干部，随后离休。

刘振声

原为黑龙江陆军三旅五团三营十连三排排长。五团自动瓦解后，刘振声率领该排坚持抗日，组成抗日义勇军，报字“中侠”，活动在萝北一带。后被收编为抗日联军第六军第五师，刘振声任师长。

王明宪

王明宪（1892—1960年），萝北太平沟人，以养蜂为业。“九一八”事变后，他怀着对日本帝国主义的满腔仇恨，在太平沟江边的一巨石上用铁凿奋力刻凿下：“此石可烂　倭匪之仇不可忘　九一八”十四个大字，后屡遭日伪追杀而幸免。此石定名为“爱国石”，已被省文物局确认为省级文物保护单位。王明宪也被公认为爱国人士。

崔玉佩

崔玉佩，萝北兴东人。日伪时期的爱国抗日村长，因为抗联筹集粮食、衣物，为抗联提供情报而被日军杀害。

十二位烈士

裴治云、金成刚、崔贵福、石光信（女）、孙明玉（女）、丁重九、孙哲龙、金术龙、李振永、林国镇、金峰春、柳仁化等均为萝北县梧桐河东屯人，其中共产党员7人，共青团员4人，普通群众1人。1933年农历八月，以裴治云为首的12人召开秘密会议时，因叛徒告密集体被捕。在严刑拷打下，宁死不屈的十二烈士被日军集体杀害于鹤立镇印刷厂。

王世英

王世英，1921年生于山东省宁津县河北张庄人。15岁做学徒工，1938年7月参加革命。在八路军115师津浦支队任战士、宣传员、侦察员。1939年加入中国共产党。抗日战争和解放战争时期，先后担任保卫干事、政治特派员、军法处副处长、敌工科科长、解放军军官教导团团长兼政委。1949年调解放一团工作。1950年，领导全团人员修建了总俱乐部、大澡堂、鹤宝公路和1 300余间土坯营房。1952年5月，部队集体转业，解放一团改名为宝泉岭农场。王世英是宝泉岭农场的首任场长，为宝泉岭机械化农场各项事业发展奠定了基础。

1961年任新疆生产建设兵团二师副师长，6月8日检查工作乘车途中不幸遇难，年仅40岁。

刘海

刘海，字冬生，1911年10月生于江西省永新县合东乡东塘村一个佃农家庭。1926年参加革命，1930年入党，1934年参加了举世闻名的二万五千里长征。参加革命60多年，南征北战，出生入死，屡建功勋。曾先后担任过农民协会会员、少先队队长、赤卫队队长、苏维埃主席、连指导员、三五九旅七十七团团长、北京公安二师六团团长和预备七师二十一团团长等职。1971年12月，调任合江专署体委副主任、合江地区革委会副主任、合江专署副专员，1983年离休。1989年10月22日，老红军刘海去世，享年78岁。

抗日战争时期，他不仅勇于参战，还在革命最艰苦的岁月里参加王震领导的三五九旅南泥湾开荒大生产运动，并被评为劳动模范。全国解放后，他随军来到萝北荒原，走进开发建设北大荒的行列，为萝北地区后来的现代化建设奠定了坚实的基础。在他的领导下，仅用了5年时间，在原有农场的基础上，扩大建起军川、江滨、名山、延军、青年（现共青）等5个大中型国营农场，原有的宝泉岭农场也得到了扩大和发展。当时，开荒和播种面积达400余万亩耕地的萝北垦区，成了国家商品粮生产基地之一，每年平均向国家交售商品粮亿万斤。

刘春来

刘春来同志，1937年参加革命，1938年光荣地加入中国共产党。1938年起历任战士、副班长、班长、副排长、排长、副连长、连长、副科长、代营长、二十一师教导队队长、营长、副团长、教导队队长、一三二师文化速成中学副校长、炮兵主任、师炮兵参谋长等职。1958年，身为步兵预七师炮兵司令部参谋长（正团级）的刘春来同志，积极响应党中央"动员十万官兵开发北大荒"的号召，带领的预七师二千多名转业官兵，开赴北大荒，转业到萝北。参加边疆建设，历任预七师农场副场长，萝北县副县长、中共萝北县委书记处书记、县委副书记、县长等职。1963年当选为黑龙江省第三届人民代表大会代表。

从1959年2月19日至1963年5月4日，刘春来同志除在党内担任县委书记处书记、副书记外，在行政上一直担任了四年多的副县长，分管文化、教育、卫生等工作。刘春来同志因长期的艰苦生活，带病工作，积劳成疾，于1964年1月逝世。

刘春来同志为中国人民的解放事业南征北战二十余年，最后6年把宝贵的生命无私地奉献给萝北黑土地。斯人虽去，英魂永存。

杨华

杨华，北京志愿垦荒队主要发起人。1932年生于北京市石景山区西黄村，中共党员，北京庄第一任庄主席，生产队长，四分场副场长，历任北京垦荒队队长。1955年、1959年两次出席全国青年建设社会主义积极分子代表大会，并荣获奖章。1956年出席黑龙江省首届团代会。1957年出席共青团第三次全国代表大会。多次参加县党代会。1974年、1979年出席了黑龙江省青年上山下乡积极分之代表大会。1985年5月作为特邀

代表参加了全国新长征突击手代表大会，受到了胡耀邦的亲切接见。

1955年8月16日，全国第一支青年垦荒队——北京青年志愿垦荒队诞生，杨华任大队长。8月30日，他与五名青年发起组织全国第一支青年垦荒队——北京青年志愿垦荒队，到黑龙江省萝北荒原垦荒。9月4日，杨华带领垦荒队员来到了人烟稀少的萝北荒原，在一个小桦树林中支起帐篷，驱散成群结伙的狼群。11月12日，萝北县青年垦荒工作委员会成立，杨华受命担任运输队长。1956年，萝北青年垦区根据垦荒队员的籍贯，分别建立了八个集体农庄，杨华担任北京庄主席。1959年，青年垦荒队并入国营农场，杨华先后调任过几个生产队的主要领导。1974年他担任共青农场副场长。2017年2月8日因病医治无效，在哈尔滨逝世，终年85岁。

庞淑英（女）

庞淑英，女，北京青年志愿垦荒队发起人之一。曾任北京庄副主席，三分场副场长，七队副队长。搞家庭副业，是勤劳致富的带头人。1955年9月参加全国青年建设社会主义积极分子大会。出席过第三届全国妇代会。1957年应邀到苏联，参加在莫斯科举行的苏联第六届农业积极分子大会。1985年5月，团中央邀请她作为特邀代表参加全国新长征突击手代表大会（因事未到会）。

徐世华（女）

徐世华，女，北京垦荒队员。是垦荒队中最早的女拖拉机手，多年战斗在机务战线上。1964年参加共青团第九次全国代表大会，见到伟大领袖毛主席。1959年被授予“全国三八红旗手”称号。她曾当选为中共黑龙江省第四届委员会和萝北县第八、九届人大代表。两次当选为黑龙江省劳动模范，多次被评为共青农场劳动模范。

梅树生

梅树生，哈尔滨垦荒队发起人之一。曾任哈尔滨庄总支书记、队长、庄主席、党支部书记及共青农场职工医院党支部书记。1985年5月作为特邀代表参加了全国新长征突击手代表大会，受到了胡耀邦的亲切接见。

杜俊起

杜俊起，天津垦荒队发起人之一。曾任天津队副队长、农庄副主席、主席，生产队、农机修造厂和木材厂党支部书记。1985年5月作为特邀代表参加了全国新长征突击手代表大会，受到胡耀邦的亲切接见。

王玉海

王玉海，1912年出生于山西虞乡县二区石围村的一个贫农家庭。1931年9月，经人介绍参加国民党的杨虎城部队。1937年10月自愿参加八路军。1943年2月加入中国共产党，在部队历任班、排、连、营长、团参谋长、副团长、大队长、炮兵团参谋长、预备一师炮兵副师长等职。

1958年带领部队集体转业到萝北创建农场。5月初，带领大批转业官兵到达延兴，开始了艰苦紧张的建场劳动。他们一边建筑简易房舍（大部分是马架子），一边开荒播种，兴办工副业，解决农场生产和职工生活需要的一些产品。经过一年的辛苦劳动，全年工农业生产总值近10万元，为后来农场的发展奠定了初步的基础。

1959年8月，萝北县与农场政企合一，被调任萝北县县长、县委书记处书记、萝北农场场长。1961年被调到宝泉岭农场任党委书记兼场长。同在萝北农场一样，继续保持和发扬密切联系群众、生活上艰苦朴素的优良作风。1965年组织上为照顾他年高体弱，调他到东北农垦总局视察室任视察员。组建生产建设兵团后，王玉海被调到兵团第二机械厂（现红兴隆机械厂）任副厂长。1970年7月15日因患心肌梗死逝世，终年58岁。

高维林

1919年3月28日，生于山东省莱阳县第九区院上乡大刘格庄农民家庭里，自幼务农。1928年4月，祖父带着一家五口人，背井离乡来到黑龙江省宁安县杨麻子沟。1932年，高维林一家重返山东的大刘格庄。1941年2月，高维林毅然地参加了八路军。

从1941年到1958年的军旅生活中，出生入死，曾经历过抗日战争、解放战争、抗美援朝、四川剿匪。参加了著名的孟良崮战斗、胶东战役、淮海战役、渡江侦察、解放济南、解放上海、抗美援朝，并参加各种战斗140余次，出生入死、浴血奋战，多次负伤、屡建奇功。

1959年，场县合一、县场合署办公，农场机构有所变动，高维林调任萝北县水利局局长。不久调任农管部书记兼部长，同时兼任农工部副部长。高维林每到一个部门工作，都能发扬求实务实的工作作风，以身作则，工作踏实，成绩显著。1960年3月，当选为萝北县副县长，主管工业、财贸、交通等工作。

菜篮子工程：三年自然灾害过后，城镇居民吃菜问题处于紧缺状态，高维林主动请示县委、县政府，从共青农场划出光辉队作为专业蔬菜队。在凤翔镇东成立一个集体所有制的菜队，这样，萝北县城居民吃菜问题得到基本解决。

工业建设：先后在萝北县建成木材加工厂、水泥厂、砖瓦厂、汽车修配厂、纤维板厂，造纸厂、拖拉机修配厂。恢复农具厂，发展机械厂。

高压电建设：从1960年至1976年间，萝北县境内的农场、生产队、林场等百分之九十都用上了高压电，基本上解决居民照明和工业生产用电。

1974年至1975年，由省投资，高维林具体负责修建都鲁河永久性大桥。从此，鹤岗至萝北公路交通畅通无阻。

高维林，1983年离休返乡，1993年11月29日于莱西市去世，享年74岁。

濮存昕

1953年出生于北京，1969年下乡到黑龙江生产建设兵团二师十五团（宝泉岭农场）。八年后返城回北京，现为北京人民艺术剧院演员。

作为著名的演员，他以精湛的艺术表演来活跃生活，给人以艺术的陶冶和享受。还热心公益事业，做爱心大使，为被各种困难困扰的人献上爱心，为解除他们的困难而奔波。2000年11月，卫生部授予濮存昕“预防艾滋病宣传员”称号。12月1日是全球“预防艾滋病活动日”，他到艾滋病病人的病房去，在病床前与病人交谈，鼓励他们战胜疾病。在做艾滋病公益广告时，与病人握手，帮他们铺床，拿拖鞋……以自己的实际行动宣传认识、预防艾滋病，关心艾滋病病人。在中国少儿基金会的名下设立了濮存昕基金会，每年向基金会注入资金，以用更多的钱捐助贫困少儿就学读书。捐款30万元为宝泉岭管局设立“知青助学基金”，受资助的学生有1 100多人，获此奖的优秀教师150多人，受资助的学生中有500多人考入了大学。免费为宝泉岭做豆瓣酱广告，同时承诺无论何时何地使用他的名字和形象做宣传，都不算侵权。

李晓华

1951年1月18日生于北京一个普通工人家庭。兄弟四个，他排行老三。1968年，16岁的李晓华被卷入上山下乡的大潮，同成千上万的知识青年一起来到了远在中国北方的北大荒。在黑龙江生产建设兵团，他一干就是八年。八年磨炼之后，李晓华终于辗转回到北京。他不忍心再给操劳了半辈子的母亲增加负担，开始了一个男子汉的拼搏。为此，他当过锅炉工、炊事员，还做过贩卖服装的小本生意。几年后，他资金积累很快达到了百万以上。

他的事业如日中天，在日本、欧美建立自己的公司，还在国内数省投资办厂，业务领域包括房地产业、机械制造、家用电器、塑料制品、商业投资、食品加工、餐饮娱乐和旅游业等等。他成了名副其实的实业家，成为中国大陆屈指可数的亿万富翁之一。

数年来，李晓华为贫困地区、灾区、教育、科技、体育等公益事业累计捐助3 000多万元人民币。他的善举引起海内外舆论的普遍关注，为此，他获得联合国科学与和平周组委会颁发的“世界和平使者”称号，成为获此殊荣的唯一中国人。他还荣获了“95中国十佳优秀民营企业家”和1996年“全国十大扶贫状元”的荣誉称号。

沈滨

沈滨，男，汉族，1937年出生于辽宁省彰武县一个普通农民家庭，幼年丧父，家庭生活困难。解放后上学，1956年从哈尔滨商业学校毕业，先后在哈尔滨市、黑龙江省食品公司工作，1957年因筹建黑龙江畜牧场来萝北县，1958年被错划右派回农村务农，1979年中共萝北县委给落实政策，恢复公职，从1981年5月开始较长期时间担任萝北县五金交电公司经理。

沈滨除主要担任经理职务外，他还任过萝北县商业局副局长，是黑龙江省家电协会常务理事、中国人民政治协商会议萝北县副主席、萝北县工商联主任委员。是黑龙江省著名的商业企业家、高级经济师，在黑龙江省商业系统有很高的声望。

1985年被评为“全国商业劳动模范”，1986年荣获“黑龙江省劳动模范”的光荣称号。任萝北县五金公司经理期间，该公司先后被黑龙江省人民政府授予“六好企业”和“先进企业”。

宋宝琴

宋宝琴，女，汉族，1935年9月出生于黑龙江省勃利县，1949年3月参加工作，在勃利县麻袋厂担任工人记账会计。1956年3月加入中国共产党。1956年7月来到萝北县，先后担任萝北县委人委办公室会计、萝北县妇联副主任、萝北县财政局副科长，1984年3月以后任萝北县审计局副局长、局长、总审计师。

1984年，县财政科副科长宋宝琴受派负责组建萝北县审计局，任局长。为了维护财纪法规，她大胆刹歪风，追查违纪案件。办理案件时，处处做到客观公正，没有发生一起错案，被群众称为“黑脸包公”，为萝北经济工作做出了巨大贡献。

在审计岗位上，她结合工作勤耕不辍，撰写论文交流，获得市级审计优秀科研成果奖。

出席了黑龙江省和全国审计系统先进集体、先进个人表彰大会，带出一支作风正、敢碰硬的审计队伍，县审计局被萝北县委、县政府授予“物质文明、精神文明”和“党风根本好转”的先进单位称号，被市审计局授予“先进集体”称号。

王庆

王庆，男，1968年10月出生，大专学历，中共党员，1987年8月参加工作，2008年7月起任鹤岗市萝北县统计局党支部书记、局长。先后获得全国农业普查、第三产业普查国家级先进个人，人口普查、农业普查、经济普查省级先进个人，鹤岗市统计系统先进个人等16项荣誉称号，在年终考核中，连续二次荣获“三等功”，三次荣获“嘉奖”。

在他的带领下，萝北县统计局获得“第二次全国经济普查”“第五次全国人口普查”“第二次全国基本单位普查”国家级先进集体，“第二次全国农业普查”“黑龙江省统计系统”省级先进集体，“黑龙江省县级粮食产量抽样调查工作优秀单位”，鹤岗市统计系统标兵单位、先进党支部、优胜单位等近30项殊荣。为萝北县统计事业的发展与进步做出了突出贡献。

李爽

李爽，女，1992年6月27日出生于萝北，汉族，2011年毕业于哈体院。2003年7月，被鹤岗体工大队招入，由李振雄执教进行高山滑雪双板技术专项训练学习。2004年2月在佳木斯卧佛山比赛获得小回转第八名，3月被送入黑龙江省队，由王勇教练执教，改学滑单U型池。

李爽一向严格要求自己，不管有多苦有多累，不管是伤痛还是危险，她都刻苦努力，积极配合教练进行训练。2006年被选进入国家队。2008年获得高山滑雪全国总决赛个人首枚金牌，2009年获世青赛季军，2011年获世界杯总积分季军和世界大冬会季军，2011—2012年赛季全国冠军赛技术规定第一名，2012年获全国冬运会三冠王和世界杯加拿大站亚军，2013年获世界杯芬兰站冠军和意大利26届大冬会冠军，2014年获冬奥会第八名。

郭桂荣

郭桂荣，女，汉族，中共党员，大学文化，推广研究员，1963年出生，1986年毕业于佳木斯农校，曾任萝北县农业技术推广中心推广站站长。是鹤岗市人大代表，省级劳模，国家粮食突出贡献科技人员。2011年12月26日在人民大会堂接受总理颁奖，2015年享受国务院特殊津贴。

参加工作30多年来，她一直摸爬滚打在生产一线，晴天一身汗，雨天一身泥，从没有休过星期天和节假日，千家万户的地块能了如指掌，农业增产农民增收是她生命的全部。她为农服务的足迹踏遍了萝北的每一条路、每一块田，被农民亲切地称为主心骨大姐、亲人和当家的。她不懈努力，忘我工作，面对多家企业的高薪聘请，她的回答是“我离不开这片土地，更离不开这儿的农民”。帮助农民脱贫致富是她永远的梦，她的手机24小时开机，是全县占线时间最长的手机，是农民朋友的热线。为萝北农业增产、农民增收做出了积极的贡献。

杨丽

杨丽，女，汉族，大学文化，中共党员，1969年12月19日出生于湖南省湘潭县，1985年6月参加工作。是黑龙江省第十次妇女代表大会代表，中国共产党鹤岗市第十一次代表大会代表。

参加工作以来，先后在萝北县水利局、政府办公室、政府督办检查室、县妇女联合会、人口和计划生育局、卫生和计划生育局等部门工作，做过打字员、秘书等职务，也担任过部门主要领导职务。无论做什么工作，无论在哪个岗位，杨丽同志都能坚持做到干一行爱一行，全心全意为人民服务，工作踏实，任劳任怨，团结同志、克己奉公，努力学习，不断提高自身素质，得到各级领导和群众的好评。在她所经历的单位任主要领导期间，多次获得先进集体荣誉称号。她多次获县委、县政府嘉奖，连续多年获省级优秀信息工作者。2010年，获全国城乡妇女岗位建功先进个人、省级“三八红旗手”等荣誉称号，2011年被授予黑龙江省优秀县妇联主席荣誉称号。

安利欣

安利欣，女，中共党员，萝北县肇兴人。1968年11月至1972年5月在萝北县召兴公社永兴大队下乡。1973年7月至1991年3月在萝北一中工作，历任班主任、教导主任、主管教学副校长、一中党总支副书记。1975年至1982年连续被评为县、市级优秀教师。所带班级升学率一直在全县名列前茅，所写论文《根据初中生的心理特点做好学生思想工作》被评为黑龙江省级最佳论文。

1983年由基层推荐、全社会参评，被评选为全国优秀班主任，荣获金质奖章。1984年获黑龙江省优秀教师、五讲四美先进个人。1985年至1990年，连续被评为县、市级优秀教师。

1988年，在合江地区首批职称评审中，被破格评为高级教师职称。

1991年3月调任萝北县委宣传部副部长。1994年9月任县委常委宣传部长。1997年9月任县委常委组织部长。2002年4月，任萝北县委副书记、县纪检委书记。2008年任口岸委主任（正处级）。2012年退休。

二、萝北遗址、遗迹

爱国石

此石位于萝北县太平沟村黑龙江岸上。上刻“此石可烂　倭匪之仇不可忘　九一八”十四个大字。是当地爱国志士王明轩（王明宪）所刻。

2002年，萝北县人民政府修建一座石亭，将石刻有效地保护起来。2005年，该石被黑龙江省人民政府公布为省级文物保护单位，并定名为“爱国石”。

赵尚志遇难地

梧桐河上游西岸，距现在鹤北林业局先进林场场址东北9公里的山坳间（旧称吕家菜园子），立有一石碑，上镌刻遒劲的8字碑文：“赵尚志将军遇难地”。

1949年秋中华人民共和国建国前夕，赵尚志的哥哥赵尚朴专程来到鹤北赵尚志遇难地祭奠烈士。并用白桦树做一木碑，亲笔书写“赵将军遇难地”几个字，立在赵尚志负伤的地方，以示纪念。

1984年8月，黑龙江省省长陈雷亲笔书写了“赵尚志将军遇难地”碑文，委派赵尚志的战友李敏及赵尚朴亲往赵尚志遇难地立碑铭志。

宝泉岭尚志公园

该公园系宝泉岭农垦分局所建。为弘扬赵尚志将军为了抗日“万死不辞，只是国仇未报，死难瞑目”英勇不屈的抗日精神和强烈的爱国主义情怀，教育后代继承革命先烈的遗志，发扬光荣的革命传统，于1987年修建。

园内树有“赵尚志烈士永垂不朽”的纪念碑，建有一栋“赵尚志博物馆”。纪念碑前每年都有成百上千的民众前来祭扫、献花、致敬、默哀。

博物馆内，雕有一尊赵尚志将军的半身塑像，陈列着赵尚志生前的日常用品和战斗用品及一些珍贵的照片、图片。

马德山烈士纪念碑

该纪念碑坐落在萝北县江滨农场场部西南3公里处。纪念碑高大、雄伟、威严。碑正面雕刻着“马德山烈士千古”7个大字。背面雕刻着马德山烈士的生平事迹。

萝北县革命烈士墓

萝北县革命烈士墓坐落在县城凤翔镇西，距镇中心两公里处，哈萝公路北侧，占地面积4 000多平方米。

烈士墓由墓基、墓碑两部分组成。墓基88平方米，高90厘米。墓碑由一块高2米、重两吨的整块黑色大理石制成。墓碑镌刻着“邵万财、胡慧良、项秀田革命烈士纪念碑”十六个金色大字。

为缅怀烈士，教育后人，中共萝北县委、县政府于1970年、1984年两次修缮烈士墓。这是1985年7月25日竣工的烈士墓。

抗联被服厂

旧址在今莲花乡勤俭村（原麻花林子）东，小莲花泡南沿。日伪统治时期，抗联六军五师（刘振声部）建被服厂和临时医务所于该地。当时环境险恶，生活艰苦。厂房和工作人员的住宅均为地窨子。解放初期，尚存部分房架，现已开垦为耕地。

老等山

老等山，说是山，实乃高不过三十米的土岗。在今苇场乡东南，都鲁河西岸。山的四周多沼泽，山包上，经常栖息着成群的俗名叫“老等”的水鸟，因此得名。1938年夏秋两季，李兆麟曾设指挥部于该地，指挥抗联第三、六、九、十一军分三批从这里进行了第二次西征。

现在的老等山及其周围沼泽地大多开垦为良田。2007年9月上旬，抗联战士李敏曾带一支“抗联精神宣传队”到此确认。

苏联红军过江地遗址

苏军五路进军萝北驱逐日军的路线图：

（1）从嘉荫河口登陆约一个营，沿九里庄、老沟向鹤岗方向发展。

（2）从太平沟小北河和三道沟登陆约一个营，沿都鲁河、尚志向鹤岗方向发展。

（3）从金满屯登陆约一个团，向尚志方向发展。

（4）从名山登陆部分兵力，向凤翔方向发展。

（5）从上街基、柴宝屯登陆部分兵力，向凤翔方向发展。

双丰烈士桥

烈士桥，原名金刚桥。位于黑龙江省鹤岗市萝北县鹤北镇双丰林场东南约1公里处。东距四方林场10公里，南距鹤北镇40公里，西距梧桐河150米，北距双益林场30公里。全桥长50米，宽5米。

1940年，日军自兴山（鹤岗市）至乌拉嘎修筑140公里的警备公路，在1 000多名劳工中多为是政治犯和国民党十九军被俘的官兵，在修路期间每天都有几十名劳工被枪杀，最后只剩二三百人。劳工不堪忍受日本侵略者的残酷压迫，在金刚桥举行暴动，后全部被杀害在金刚桥头。